S'organiser, tout simplement

Des mêmes auteurs, chez le même éditeur

S'organiser, c'est facile !

J'aide mon enfant à s'organiser

Chez le même éditeur

Le développement durable au quotidien, Farid Baddache

Le développement durable tout simplement, Farid Baddache

Votre CV sur le Net, Sébastien Bailly

S'organiser, c'est facile !, Stéphanie Bujon et Laurence Einfalt

Guide des premiers secours à la maison, Dr Pascal Cassan et Caroline Cross

Rédiger sans complexes, Michelle Fayet

Gagner en efficacité, Dr Patrick M. Georges

Le commerce équitable, Tristan Lecomte

Comment écrire ses mémoires, Marianne Mazars

Guide de la maison économe, Jérôme Robert et Laurent Fabas

L'entretien de motivation, Patrick de Sainte Lorette et Jo Marzé

Le CV et la lettre de motivation, Patrick de Sainte Lorette et Jo Marzé

Faites le bilan de vos compétences, Patrick de Sainte Lorette et Corinne Goetz

Tester et développer sa mémoire, Patrick de Sainte Lorette et Jo Marzé

Savoir prendre des notes, Renée Simonet et Jean Simonet

Laurence Einfalt et Stéphanie Bujon

S'organiser, tout simplement

EYROLLES

Groupe Eyrolles
61, bd Saint-Germain
75240 Paris Cedex 05
www.editions-eyrolles.com

Mise en pages : Facompo

ISBN : 978-2-212-54199-1

Sommaire

Partie III
Trouvez votre meilleur profil

Partie IV
Les fiches pratiques

Introduction

« J'ai trop de choses à faire. »

« Je n'ai pas le temps de tout faire. »

« Le plus dur, pour moi, c'est de commencer (ou de finir). »

« Je n'arrive pas à concilier mon travail et mes loisirs. »

« J'aimerais faire du sport ou jouer d'un instrument de musique… mais je n'ai pas le temps. »

« J'ai des difficultés à retrouver rapidement des documents. »

« Je sais déléguer, mais je me perds dans le suivi. »

« Je n'ai pas le temps de ranger… et je n'aime pas ça. »

« Je garde tout sur mon bureau dans l'espoir de ne rien perdre. »

« Je ne sais pas que faire des informations intéressantes. »

« C'est la course le matin et le stress le soir. »

« Je n'arrive pas à gérer les tâches de fond si je m'occupe des urgences. »

« Les techniques de gestion du temps, ça ne marche pas pour moi. »

« J'ai un nouveau téléphone ou agenda pour mieux m'organiser, mais je ne sais pas m'en servir. »

« Je m'énerve quand je perds mes affaires ou quand j'oublie un rendez-vous. »

« Je suis crevé le soir et, pourtant, j'ai le sentiment de n'avoir presque rien fait. »

Vous vous reconnaissez ?

Quelle que soit votre occupation principale (employé, rentier, cadre, parent au foyer, profession libérale, étudiant), quels que soient votre âge et l'endroit où vous vivez, si vous vous êtes reconnu dans l'une ou plusieurs de ces phrases, vous subissez de plein fouet le décalage entre ce que vous voudriez faire et ce que vous effectuez en réalité.

Ce décalage peut produire différentes émotions : énervement, fatigue, colère, tristesse, inquiétude, sensation d'incompétence...

D'où viennent ces émotions désagréables ? Et surtout, pourquoi ce décalage ? Trois hypothèses sont le plus souvent retenues :

■ Trop d'activités à effectuer

On peut penser que nous avons tout simplement trop de choses à faire par rapport à ce que nous pouvons assumer. Trop de travail, trop d'obligations choisies ou subies, trop de sollicitations auxquelles il est difficile de résister.

Mais alors, comment expliquer que certains d'entre nous s'en sortent, tout en étant placés dans le même contexte (mêmes fonctions, même nombre d'enfants, mêmes activités extraprofessionnelles, même emploi du temps) ? Pourquoi certains donnent-ils l'impression d'avancer dans la vie, de réaliser leurs projets, et d'autres pas ?

Il se pourrait bien que ce ne soit pas le nombre de tâches à faire qui génère ces sensations désagréables de débordement. Ce doit être autre chose.

■ Pas assez de temps pour tout faire

Manquer de temps. De temps, vraiment ? Est-ce si sûr ?

Après tout, nous vivons depuis des siècles avec le fait que les journées font vingt-quatre heures, de même que nous vivons avec, disons, l'attraction terrestre. C'est un fait absolu, intangible.

Nous le connaissons, hélas, fort bien depuis que, tout petits, accroupis devant notre jeu de construction ou les yeux rivés sur notre jeu vidéo, on entendait depuis la cuisine : « *Les enfants, à table !* » On n'avait *déjà* pas le temps de jouer, vous vous souvenez ?

Aussi, si nous plaçons deux personnes devant la même liste de tâches, en leur allouant exactement le même temps, il n'est pas nécessaire de faire partie de la prestigieuse université de Palo Alto (département psychologie expérimentale) pour deviner ce qui va se passer. L'un des cobayes réussira immanquablement à réaliser plus de tâches que l'autre, dans le même temps.

Il se pourrait donc bien que le problème ne se situe pas exactement au niveau du temps dont on dispose.

Trop d'informations à traiter

Cette fois, l'argument est de poids. L'ère de l'information dans laquelle nous évoluons constitue un vrai piège pour tous ceux qui sont curieux, ouverts sur le monde, à l'écoute des nouveautés, en prise avec les autres... comme se doit de l'être tout *homo sapiens* normalement constitué, en somme.

L'accès au câble, à Internet, la possibilité d'être joint et de joindre en permanence les membres de notre « tribu », avouons-le, tout cela est grisant.

Et toutes ces informations, ces événements, ces blogs, ces lettres d'information, ces catalogues, ces sites Internet interactifs... que de contenus potentiellement intéressants ! Le savoir est au bout de nos doigts et nous nous en gorgeons.

Sans parler des informations dont on nous abreuve sans qu'on les cherche : e-mails intitulés *Pour votre information* ou *À voir*, copies de rapports, de comptes rendus, de notes de service, de messages en tout genre dont il faut impérativement prendre connaissance sous peine de... rater quelque chose.

En réalité, le problème n'est peut-être pas la quantité d'informations à traiter, mais cette « peur de rater » quelque chose. Car après tout, si cette sensation de débordement provenait directement de la trop grande quantité d'informations à traiter… chacun de nous s'évanouirait sous le poids des données en pénétrant dans une simple bibliothèque municipale !

Mais alors, comment être satisfait de soi-même si on a la sensation de ne pas avoir assez accompli, de passer à côté des « vraies » choses de la vie, de perdre son temps ? Comment ne pas s'exaspérer d'être constamment débordé par les événements ou encore de rater des occasions ?

Il existe une solution

La méthode que nous proposons dans ce guide s'applique à tous les domaines de votre vie. Pas seulement aux tâches quotidiennes à accomplir, mais aussi à l'organisation de vos différents espaces de vie, de grands événements privés ou professionnels, de projets en groupe… C'est pourquoi nous avons partagé cet ouvrage en quatre parties.

Dans la première partie, nous vous expliquerons les étapes de la méthode une par une, en les détaillant, en vous donnant des pistes concrètes pour l'appliquer aussi tôt que possible.

Dans la deuxième partie, nous aborderons des domaines qui vous permettront de perfectionner la méthode et de l'adapter à votre personnalité et à votre situation personnelle. Que vous ayez tendance à reporter les tâches, besoin de les déléguer, que vous soyez confronté à des problèmes de motivation, de perception du temps ou d'étourderie, que vous ayez besoin, aussi, de développer vos propres objectifs pour une vision plus large de votre vie, vous en saurez assez pour progresser encore.

Dans la troisième partie, nous étudierons plusieurs profils de personnes organisées. Nous vous proposerons alors des solutions déjà testées et confirmées par nos clients, nos proches et nous-mêmes. Ces applications vous permettront de voir fonctionner le système « dans la vraie vie » et de l'adapter à vos propres projets.

Enfin, dans la dernière partie, vous trouverez des fiches méthodologiques applicables aux situations d'organisation les plus fréquentes de la vie quotidienne privée et professionnelle.

En somme

De l'information brute à la mise en œuvre de l'action, notre méthode vous accompagne et vous oriente. Il n'est absolument pas question de robotiser votre vie quotidienne, loin de là. À chaque étape, vous faites vos propres choix.

Essayez donc

Au début, vous aurez l'impression de passer du temps à vous organiser. Vous souvenez-vous de votre apprentissage de la conduite ? Toutes ces opérations qu'il fallait faire dans l'ordre et coordonner ? Compliqué, n'est-ce pas ? Quel triomphe lorsque, finalement, vous avez obtenu votre permis ! Et maintenant, il y a fort à parier que vous conduisez de façon machinale, fluide et que vous pouvez, très facilement, apprécier le paysage ou parler tout en conduisant. C'est cela que nous vous proposons : un ensemble de « gestes », à apprendre puis à pratiquer. Puis, progressivement, au lieu de vous « organiser », vous passerez votre temps à choisir ce que vous voulez faire de votre vie, et à le faire.

Faites votre premier choix :

- soit vous laissez s'accumuler les « choses à faire » dans votre cerveau et autour de vous, et vous parez à l'urgence à chaque instant, avec une vie dictée par ce qui est important ou urgent pour votre patron, vos enfants, votre conjoint, votre voisine de palier, votre belle-mère, votre percepteur, et vous supportez le stress que cela représente ;

- soit vous les canalisez vous-mêmes et décidez que votre cerveau vous sert à contrôler votre vie, à choisir ce que vous voulez en faire, en tenant évidemment compte de vos proches et de votre environnement, mais aussi de vos capacités, de vos désirs et de vos besoins.

Pour nous, qui n'avons pas toujours été organisées, le choix est vite fait. Bien sûr, en s'organisant, la responsabilité est plus grande. Quand un système est là pour vous rappeler de téléphoner à votre responsable de formation ou à votre grand-mère, vous ne pouvez plus dire, sans mentir, que vous avez oublié de l'appeler. Si vous ne les appelez pas, c'est parce que *vous avez décidé* de ne pas le faire, pour vos propres raisons.

Grâce à notre méthode, vous pourrez mettre en œuvre vos décisions personnelles, et non celles que votre environnement vous impose.

À vous d'essayer… maintenant.

Partie I

Une méthode tout-terrain

Chapitre 1

Avant de vous lancer...

À l'origine des émotions pénibles : des ampoules

- Trop de choses à faire ?
- Pas assez de temps pour les faire ?
- Trop d'informations à traiter ?

Et si cette sensation de débordement n'était due à aucune de ces trois causes ?

Ampoules et engagements

Imaginez qu'à chaque fois que vous vous dites : « *Il faut que je...* », « *Je dois...* », « *Il faudrait quand même que je...* », « *Ne pas oublier de...* », « *Tant que j'y pense...* », « *Tiens, si je... ?* », « *Il faut que je pense à...* », « *Si je ne fais pas...* », « *Il est urgent de...* », « *Un jour, je...* »..., vous allumez une ampoule dans votre cerveau.

À chaque ampoule correspond une chose à faire, à dire, à réparer, à vérifier, à écrire, à pointer, à préparer, ou encore une chose pour laquelle vous devez prendre une décision. Beaucoup possèdent en permanence de véritables guirlandes dans la tête ! Ce sont ces guirlandes clignotantes qui vous réveillent à 4 heures du matin, ou qui vous empêchent de regarder tranquillement *La Mort aux trousses* en savourant le suspense.

Votre cerveau prend ces ampoules pour des alarmes. Il est persuadé qu'il faut absolument que vous les éteigniez. Pour les éteindre, bien entendu, il faut agir.

Maintenant, imaginez que ces ampoules sont, en réalité, des engagements, des contrats que vous prenez avec vous-même : manger plus équilibré, ne pas oublier de dire à Patrick de revoir son plan, faire réparer ce cadre, pointer mes relevés de banque, faire mes notes de frais, rappeler à Élodie son cours de piscine, finir la conclusion de ma dissertation…

Toutes les fois que vous ne passez pas à l'action (quelle qu'en soit la cause, raison objective ou prétexte), tout se passe comme si vous ne respectiez pas l'engagement que vous avez pris avec vous-même.

Exercice 1 : Votre ami ne tient pas ses promesses

Vous avez un ami. Celui-ci ne retourne pas vos appels téléphoniques, ne répond pas à vos lettres, vient en retard aux rendez-vous sans vous en avertir… Quelle opinion avez-vous de lui ? Notez-la ci-dessous :

____

____

____

____

Si vous avez noté : *« Je peux difficilement lui faire confiance »*, *« Il n'est pas fiable »*, *« Il ne respecte pas ses engagements »*, *« Il n'a pas l'air de se soucier de ce que j'éprouve »*…, sachez que c'est exactement ce qui se passe lorsque, bien involontairement, vous ne respectez pas ce que votre cerveau prend pour des engagements formels.

Les sensations négatives que vous éprouvez devant la masse de choses à faire proviennent du fait que vous vous adressez des messages dont le thème est votre propre incapacité à être fiable, à respecter vos engagements, à vous respecter vous-même, finalement. Il y a donc de quoi être en colère ou attristé, d'autant qu'au départ, vous partez le plus souvent d'une idée très positive. Regardez toutes ces bonnes résolutions que vous avez encore prises le 1er janvier dernier, elles étaient pourtant vraiment bonnes !

Nous sommes plus bêtes que nous le pensons

« *Je pense à rappeler ma belle-mère lorsque je suis devant la machine à café du bureau.* »

« *Tu trouves la solution de ton problème de maths en faisant des longueurs à la piscine.* »

« *Elle pense à ses impôts en plein massage crânien chez le coiffeur.* »

« *Je révise mentalement ma présentation au lieu de profiter de la présence de mon conjoint.* »

« *Il se réveille en pleine nuit, argumentant avec son supérieur au sujet de ses objectifs.* »

« *Elle pense à contacter le traiteur de son mariage au beau milieu d'une réunion...* »

Que celui à qui cela n'est jamais arrivé nous jette la première pierre. Il est pénible de constater que notre cerveau nous rappelle d'éteindre nos ampoules quand, précisément, on ne peut pas le faire ! Mais le pire n'est pas tellement que notre cerveau nous remémore nos engagements à des moments saugrenus, mais c'est surtout que nous les oublions lorsque c'est le bon moment. Alors qu'il nous rappelle à l'ordre fréquemment : « *Ah, oui, j'avais promis que...* » Et ça, c'est rageant.

Peut-être comprenez-vous mieux maintenant ces sensations de débordement, de moindre disponibilité : votre cerveau vous rappelle en permanence vos engagements, d'une façon anarchique, au gré de ses connexions contextuelles et non quand ça vous arrangerait bien.

Autrement dit, notre cerveau sophistiqué de chef de projet, d'étudiant, de femme active, de retraité n'est pas efficace. Du moins, pas en tant que pense-bête.

Il semble pourtant évident que nous aurions intérêt à posséder un système fiable qui soit capable de :

- nous lister tout ce que nous devons faire ;
- nous présenter ces tâches où et quand nous pouvons les réaliser. Et seulement de cette façon.

Or, ce système ne peut pas être notre cerveau. Celui-ci, saturé par le traitement des informations, la gestion des émotions, le raisonnement, s'avère un piètre partenaire dès qu'il s'agit de passer intelligemment à l'action.

La solution : un système externe fiable « anti-ampoules »

Ainsi, il faudrait pouvoir mettre en place un système qui nous permettrait d'éteindre les ampoules et donc de supprimer les émotions négatives dont nous nous bombardons en permanence. Autrement dit, ce système devrait nous aider à passer de l'intention aux actions. Il serait bon aussi de pouvoir lui faire davantage confiance qu'à notre cerveau pour nous rappeler nos engagements.

Ce serait donc un système externe et non plus notre bonne vieille mémoire, aidée médiocrement de Post-it® et de « listes de choses à faire ».

La méthode que nous vous proposons repose sur un système qui va vous permettre de gérer tous les aspects de votre vie, personnelle et professionnelle. Avec lui, vous retrouverez facilement toutes les informations et tous les objets que vous avez manipulés. Il tient compte de notre tendance à tout repousser à plus tard et sa mise en place ne dépend pas d'un outil informatique. Vous aurez enfin la possibilité de traiter non seulement les urgences (ça, vous le faites déjà très bien) mais aussi tout le reste : ce qui vous fait envie et les tâches de longue haleine.

Issue non seulement de l'expérience de conseil en organisation que possède Laurence Einfalt auprès de particuliers et d'entreprises, mais aussi des recherches et expérimentations que mène Stéphanie Bujon dans ce même domaine depuis des années, cette méthode a pour objectif de vous offrir ce luxe : une tête enfin vidée de ses guirlandes, enfin libre de réfléchir (et non plus consacrée majoritairement aux tentatives de souvenirs) et une capacité décuplée à passer à l'action. Une méthode tout-terrain qui vous permet de vous organiser tous les jours de votre vie, sept jours sur sept.

Parce que nous croyons qu'une vie réussie est certes faite de bonnes idées, mais surtout de réalisations.

Notre monde est constitué de « déclencheurs d'ampoules »

À la minute où vous lisez, où que vous soyez, des dizaines d'idées traversent votre esprit.

Certaines sont des informations : celles que vous venez de lire, celles qui vous reviennent à l'esprit (« *C'est vrai que j'avais commencé une liste de choses à faire, le mois dernier* »), celles qui n'ont qu'un lointain rapport (vous avez lu « *expérimentations* » et pensez au super cadeau d'anniversaire qu'a reçu votre excellent ami, chercheur au CNRS).

D'autres sont des appels à l'action : continuer de lire ce livre, filer à la réunion de 14 h 30, regarder dans le mode d'emploi de votre lecteur MP3 pourquoi le voyant vert clignote, acheter votre abonnement de bus.

D'autres encore sont des choses que vous voulez vous rappeler, mais dont vous n'avez pas besoin tout de suite : la couleur préférée de Sylvain, pour lui choisir un cadeau de départ ; le mot de passe de votre blog ; les dates des vacances scolaires de la Toussaint.

Sans compter toutes les informations inutiles : Le Bon Samaritain fait des soldes la semaine prochaine (mais vous avez déjà votre tenue pour le mariage de Clara) ; « *Il faut manger cinq fruits et légumes par jour* » (vous le faites déjà) ; Bonato a une réunion de service lundi prochain (pourquoi avez-vous retenu ça ?)...

Nous sommes d'accord, il ne s'agit là que d'échantillons. Votre tête déborde d'idées de toutes sortes, parmi lesquelles, bien sûr, vous sentez bien qu'il faudrait faire le tri. En réalité, vous faites en permanence le tri, au point que, parfois, vous avez l'impression d'avoir le cerveau qui « mouline ». C'est avant que votre cerveau « mouline » que nous cueillons l'idée avec vous.

Une méthode en cinq étapes

■ Récolter les ampoules

La première étape de notre méthode consiste à récolter tout ce qui traverse votre esprit et votre vie, de manière à éteindre l'ampoule qui clignote dans votre tête. Pour reconnaître une ampoule, c'est simple.

Exercice 2 : Votre première récolte d'ampoules

Sur votre lieu de travail ou chez vous, choisissez un endroit de 1 m^2 environ, de préférence une table. Examinez les objets qui se trouvent sur cette table... et notez rapidement sur un morceau de papier toutes les choses qui vous viennent à l'esprit en les regardant, sous la forme de *« Il faut que »* : *« Il faut que je paye mes factures », « que j'appelle Machine pour déjeuner avec elle ce midi », « que je taille mon crayon à papier », « que je répare cet étui de portable »*, etc.

____
____
____
____

Voilà ! Vous avez récolté vos premières ampoules !

C'est l'étape la plus importante du processus. Pour organiser sa vie, il faut avoir devant soi les éléments pour le faire.

Nul doute que, si vous ne l'avez jamais fait, l'idée de noter toutes ces choses vous semble être une perte de temps. Pourtant si vous lisez ce livre, c'est bien que vous pensez que votre système d'organisation a des lacunes... des fuites. Et ces fuites se situent souvent à ce niveau-là du processus : si vous avez oublié d'appeler Nadine, c'est parce que vous aviez en tête ce congrès pour lequel vous deviez rédiger une intervention... Appeler vous est « sorti de la tête ». Votre tête était pleine d'autres choses à ce moment-là. Si vous aviez noté quelque part d'appeler Nadine, et retrouvé votre note au bon moment, vous ne l'auriez vraisemblablement pas oublié.

Réfléchir à ce que vous voulez en faire

La deuxième étape vous incite à réfléchir à chacun des éléments que vous avez récoltés. L'organisation est faite de ça : la *proactivité*, *pro* pour « avant », et *activité* pour « agir ». L'organisation, c'est ce qu'on fait en vue d'agir : et c'est d'abord réfléchir.

Les éléments récoltés sont pris un par un, et c'est à nous de décider quelles suites donner à chacun. Est-ce que j'attends comme résultat de « *déjeuner avec Brigitte ce midi* » :

- une bonne partie de rigolade ?
- qu'elle m'invite au resto ?
- qu'elle me trouve un poste dans sa nouvelle boîte ?
- que je lui fasse retrouver le moral suite à sa dépression ?
- qu'elle me donne des pistes pour la réunion de mardi ?
- de ne pas déjeuner tout seul ?
- de lui extirper son numéro de téléphone personnel ?

À partir du résultat qu'on attend d'une action, on peut réfléchir à la manière dont on va agir. On vérifie que c'est la bonne action, d'abord. Peut-être vaudrait-il mieux s'organiser une rencontre (pour la réunion de mardi), ou plutôt prévoir un dîner un de ces soirs (pour rigoler ou lui rendre le moral). On vérifie que c'est le bon moment, aussi. Pourquoi ce midi et pas demain midi, ou la semaine prochaine ? Que c'est la bonne personne, enfin. Après tout, peut-être que Nicolas pourrait, mieux que vous, lui demander de vous recommander chez Outcome & Co...

Votre objectif : trouver l'action la plus simple, la plus petite pour faire avancer l'affaire, de manière à aboutir au résultat voulu. Ne pas trouver l'idée, mais *l'action*. Vous notez qu'on passe ici de l'idée à l'action, qui se définit par un verbe, et potentiellement un lieu, une date, une personne qui agit. Et si finalement les états d'âme de Brigitte vous importent peu, et ses entrées chez Outcome & Co tout autant, vous pouvez toujours décider de donner la priorité à autre chose, et tout simplement laisser tomber.

Organiser le résultat de vos réflexions

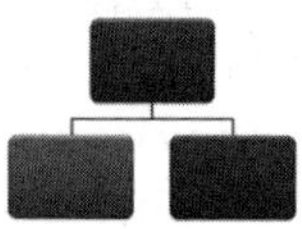

La troisième étape vous entraîne, elle, à « lancer » un message de rappel dans un circuit, pour qu'il revienne au bon moment et à la bonne personne. Pour ce faire, il faut déjà sortir du circuit les informations qui n'ont plus lieu de s'y trouver. Chacune doit être « aiguillée ».

Mille fois vous avez fait une « liste de choses à faire » ou empilé quelques dossiers sur un coin de bureau en vous disant : « *Dès que j'ai bouclé le rapport Y, je commence par ça* » ou : « *Tous les jours je fais au moins un truc de ma liste.* » Tout ça pour retrouver listes et dossiers sous des piles de documents que vous avez dû traiter depuis, « en urgence », ou pour être détourné par une préférence évidente pour les relations sociales ou les jeux vidéo. Cette étape permet de vous assurer qu'au moment où vous le souhaitez – lundi prochain, 9 h 20, ou quand Germain vous aura confirmé votre rendez-vous, ou encore tous les jeudis soir – un rappel apparaîtra à un endroit où vous le recevrez, pour que vous passiez à l'action en temps voulu.

> **Exercice 3 : Comment déléguez-vous ?**
>
> Avez-vous récemment demandé à quelqu'un de faire quelque chose pour vous ? Avez-vous délégué une tâche à un collègue, un membre de la famille ? En avez-vous gardé une trace quelque part ? Comment vous rappelez-vous de « suivre » les tâches que vous déléguez ?

Vous avez délégué le rapport Y à Théophile pour le 4 novembre ? La veille, vous vous en souviendrez et penserez à le relancer s'il a oublié. Vous vous êtes promis de faire un jogging tous les samedis matin ? Votre survêtement vous sautera dessus à votre réveil samedi prochain (enfin, façon de parler !). Vous attendez le nouveau catalogue de la banque pour savoir si vous avez assez de points de fidélité pour un lecteur MP3 ? Une note vous le redira dès que vous aurez le catalogue entre les mains.

Plus besoin de redécorer votre bureau avec des Post-it® que vous ne lisez plus. Finies les piles de documents sur le bureau pour les voir et ne pas oublier... Fini aussi le coup de tonnerre quand vous vous rappelez brusquement que vous deviez vous rendre à tel rendez-vous il y a deux heures, ou cuisiner un pot-au-feu pour votre belle-mère qui arrive dans vingt minutes. Vous saurez ce que vous voulez faire au moment où vous voulez le faire, parce que vous vous serez envoyé un message et qu'il sera arrivé au bon moment.

Vous tenir à jour

À la quatrième étape, vous pensez être entièrement pourvu, qu'aucune « bombe à retardement » ne peut plus vous arriver... Pourtant, l'idée, transformée en « projet d'action », doit sortir à un moment du système, pour donner un résultat : l'action. Et pour cela, vous devez vous tenir, régulièrement, au bout de la chaîne, pour récupérer le projet et le mettre en œuvre. Vous devez passer en revue tout votre système et en profiter pour surveiller les fuites. Le rapport Y de Théophile n'est pas bouclé la veille du 4 novembre, qu'à cela ne tienne, *il faut que je le relance*... donc je recueille vite fait cette ampoule et la replace au bon endroit du système. J'ai enfin reçu le catalogue de la banque, mais leur lecteur MP3 n'a même pas de casque, *je dois pouvoir trouver mieux sur Internet*. Et voilà une ampoule de plus...

Exercice 4 : Zut ! j'ai oublié.

Vous est-il déjà arrivé d'oublier un rendez-vous que vous aviez noté dans votre agenda ou sur un Post-it® collé sur votre bureau ? À votre avis, pourquoi est-ce arrivé ?

____

____

____

____

Vous qui avez déjà noté dans un agenda un rendez-vous que vous avez quand même oublié, vous connaissez la nécessité de surveiller son système d'organisation, de consulter ses outils, d'observer la progression de ses projets. Si, à l'école primaire, noter ses devoirs sur son cahier de textes est souvent suffisant pour s'en souvenir une fois de retour à la maison, on ne peut plus compter sur sa mémoire quand on est dans le monde du travail, chargé de famille, ou même étudiant. Noter ne suffit pas, il faut relire, pour connaître et souvent aussi pour modifier et mettre à jour.

■ Et... agir

La cinquième étape vous paraîtra peut-être incongrue... Passer à l'action. Est-ce que « passer à l'action » fait partie, réellement, du système d'organisation ? Bien sûr que oui. Regardez-vous sur votre canapé à 19 h 30, devant ce jeu télévisé hautement intellectuel. Vous savez que c'est maintenant qu'il faudrait vous lever pour ranger la cuisine et faire cuire les pâtes, si vous voulez dîner à 20 heures. Mais vu l'état de la cuisine, vous ne savez finalement plus par quoi commencer. « *Je sors d'abord les pâtes ou je range la pile d'assiettes ? Et si, finalement, je commençais par faire une petite partie de cartes avec les enfants, ils ont bien le droit à un peu d'attention aussi, non ? Ou bien je regarde la fin de Jean-Pierre Magui... j'en saurai plus sur la capitale de l'Uruguay, comme ça.* »

Au moment de passer à l'action, vous avez plusieurs problèmes à régler :

« *Par quoi dois-je commencer, étant donné la situation dans laquelle je me trouve et les moyens dont je dispose ? D'abord les pâtes, le rangement de la cuisine, les enfants ou la télé ?* »

« *Suis-je assez motivé pour mettre en œuvre l'action que j'ai choisie ? Comment me convaincre qu'il est urgent de préparer le dîner ce soir ? Ou comment me décider à entamer une partie de cartes avec Juliette et Arnaud alors que je n'aime pas tellement les cartes ?* »

« *Comment se fait-il que, pour autant, je n'arrive pas toujours à passer à l'action immédiatement, même si je l'ai choisie et qu'elle correspond aux circonstances et aux moyens dont je dispose ? Pourquoi suis-je toujours devant ce jeu télévisé idiot, alors que j'ai faim ?* »

Une fois que ces questions seront résolues, vous n'aurez plus de raisons de ne pas faire ce que vous avez prévu de faire, et vous passerez à l'action. Vous cocherez la case *Fait* de votre chère liste ou de votre assistant personnel électronique. Et vous connaîtrez la satisfaction d'une tâche bouclée, finie, terminée.

Les cinq étapes, pour s'organiser tout simplement

Récolter	Réfléchir	Organiser	Faire le point	Agir
mes ampoules mentales et extérieures	à ce que c'est et à ce que je veux en faire	le résultat de mes réflexions	pour savoir où j'en suis et décider sur quoi je vais...	... agir

Quelques termes qu'il est bon de connaître dès maintenant

Même si nous détaillerons les termes « nouveaux » utilisés dans cet ouvrage, vous serez mieux prémunis si vous avez à votre disposition notre vocabulaire habituel :

– **3PA** : acronyme de Plus Petite Prochaine Action, c'est-à-dire, en vue d'un résultat désiré, la plus petite action que je peux faire maintenant, pour progresser vers mon but. Pour la trouver, se poser la question : *« Si je m'y mettais maintenant, qu'est-ce que je ferais, physiquement, tout de suite ? »*

– **Agir** : effectuer une action physique qui rapproche d'un résultat choisi.

– **Agenda** : outil permettant de consigner les dates et heures d'événements ou d'actions qui doivent advenir à date fixe.

– **Ampoule** : élément matériel ou immatériel « incomplet » de la vie, qui provoque un engagement avec soi-même, n'importe quoi qui n'est pas à sa place, pas dans l'état où on voudrait qu'il soit.

– **Archives** : documents à conserver pour mémoire, qui ne nécessiteront pas d'action avant plusieurs années.

– **Boîte** (« Entrée » ou à ampoules) : corbeille ou autre contenant qui permet de recueillir les « ampoules » au quotidien, sous toutes leurs formes, c'est-à-dire documents écrits, pense-bêtes, objets, messages électroniques, vocaux, etc.

– **Échéancier** : outil permettant de classer des documents à la date où on aimerait les retrouver.

– **Organiser** : ranger et classer des objets ou des documents (numériques ou papier) de manière à les rendre immédiatement disponibles quand on en a besoin.

– **Point (faire le)** : effectuer le bilan et la revue de travaux en cours, passés ou en projet.

– **Projet** : ensemble de plusieurs actions permettant d'atteindre un résultat.

– **Récolte des ampoules** : action de réunir en un ou plusieurs points précis l'ensemble des « ampoules » qui surviennent dans la vie.

– **Réserve** : ensemble des informations que l'on décide de garder pour le jour où on en aura besoin.

– **Rituel** : ensemble d'habitudes rythmant le quotidien, comme le rituel de mise au travail en arrivant au bureau (aller chercher un café, dire bonjour à Irène, ouvrir sa messagerie) ou celui du coucher du petit enfant (bain, pyjama, dîner, dents, histoire, bisous).

– **Urgence** : élément nécessitant une action dans la journée, sous peine de problèmes ou d'inutilité de l'action.

Votre matériel

Même dans notre monde *high-tech*, il nous reste encore beaucoup de papiers et d'objets à gérer « physiquement ». C'est pour en tenir compte que nous vous proposons la liste de matériel ci-dessous :

Au moins trois « corbeilles »

Ce que nous entendons par « *corbeille* », c'est un contenant pour du papier, facile à remplir. Une boîte à bottes ou un couvercle de boîte de ramettes peut faire office de corbeille.

De quoi écrire

En lisant ces trois mots, la moitié de nos lecteurs pense « *papier-crayon* » et l'autre « *écran-clavier* ». En vérité, votre choix a peu d'importance, à quelques détails près...

Vous verrez que vous devrez prendre des notes dans des endroits incongrus : en marchant dans la rue, en attendant le bus, en surveillant vos enfants au square, dans les toilettes d'un bistrot, dans votre lit, chez l'épicier... Bref, si vous choisissez un écran et un clavier, choisissez-les petits et faciles d'utilisation.

Mais si vous avez toujours adoré le crissement du stylo sur la feuille, contentez-vous du papier. De même, trouvez un stylo facile à utiliser, qui marche, et du papier pratique, facile à retrouver. Le Post-it® et la feuille volante, même avec les meilleures intentions, finissent souvent écrasés au fond de votre sac à main ou de votre attaché-case. Carnets, cahiers, chemises et classeurs vous permettent de les garder ensemble, ce qui n'est pas superflu.

Des fournitures de bureau standards

Post-it®, ciseaux, trombones, agrafeuse (et ses agrafes), ruban adhésif... ajoutez-y des surligneurs, très efficaces pour coder son organisation. Assurez-vous que tous ces « petits outils » sont en bon état de marche, en quantité et accessibles facilement, car ils participent, eux aussi, à votre efficacité.

Une titreuse

Cet appareil, dont on trouve des versions très peu coûteuses, permet de créer rapidement des étiquettes pour tous les systèmes d'organisation et de rangement. Vous pouvez appliquer la méthode sans elle mais vous ne regretterez pas d'en avoir une.

Des chemises cartonnées, toutes simples, en quantité

Une poubelle

Vidée régulièrement, car une poubelle pleine est à la fois inutile, et tout à fait insuffisante comme objet d'art contemporain pour décorer votre bureau...

Un agenda

Choisir son agenda ne se limite pas à arriver dans un magasin chic et à prendre l'objet le plus coûteux, ou inversement à filer à Carrechan prendre le plus petit carnet premier prix. Si vous avez déjà un agenda qui vous convient, en termes de format, de place pour écrire, de souplesse d'utilisation, gardez-le pour le moment. Sinon, voyons si nous pouvons vous aider à le choisir...

Exercice 5 : Comment choisir votre agenda ?

1) Vous organisez :

☐ seulement votre temps personnel

☐ le temps de toute la famille

☐ votre temps professionnel et votre temps personnel

Indice : autant que possible, essayez de n'avoir qu'un seul agenda qui réunira les rendez-vous et informations pour votre travail, votre vie personnelle et votre famille. Si vous avez des enfants en âge de lire, mais encore trop jeunes pour utiliser un agenda, vous pouvez ajouter un calendrier familial, à condition de le mettre à jour très régulièrement.

2) Question technologie, vous êtes plutôt :

☐ passionné par les hautes technologies et au fait de tous les nouveaux appareils de la vieille école : papier-crayon

☐ prêt à tout essayer si ça peut vous sortir de votre galère

☐ fou de nouveautés, mais souvent déçu

☐ à la recherche d'un système souple, mais sans devoir passer des heures à lire le mode d'emploi

Indice : si vous avez un système qui fonctionne déjà bien, conservez-le et ajoutez-lui quelques fonctionnalités. Ne vous lancez pas aveuglément dans l'achat d'un PDA (assistant personnel électronique) ou d'un smartphone (téléphone intelligent) si vous n'y connaissez rien. Demandez d'abord à un ami ou à un vendeur de vous montrer comment cela fonctionne pour vous rendre compte des obstacles que vous rencontrerez peut-être. Si les fous de technologies adorent jouer du smartphone, les amateurs de papier trouveront un bon compromis en choisissant l'organiseur à anneaux rechargeable. Il a en plus le mérite d'être relativement économique à long terme, et facile à faire évoluer au fur et à mesure des besoins.

3) Vos rendez-vous, c'est plutôt :

☐ des périodes de vingt minutes, car vous travaillez par consultation

☐ des rendez-vous et des réunions de travail, et une séance coiffeur de temps en temps

☐ beaucoup de déplacements, des stages, des sorties

☐ jour et nuit, 7 jours sur 7

Indice : quels que soient votre emploi du temps et le type de rendez-vous que vous avez d'habitude, vous trouverez facilement un agenda, même papier. Vous serez cependant amené à faire des choix : ainsi, vous ne trouverez pas de petit agenda papier présentant une semaine de rendez-vous par double page avec un marquage horaire par quart d'heure 24 heures sur 24 et 7 jours sur 7, il serait tout simplement illisible. La plupart des spécialistes de la gestion du temps encouragent l'utilisation d'agenda permettant de voir le programme de toute une semaine en même temps. Notez que cela n'est pas facile à faire avec un assistant électronique, étant donné la taille de l'écran.

4) Pour écrire, vous êtes plutôt :

- ☐ crayon-gomme et pattes de mouche
- ☐ plume et « pleins et déliés »
- ☐ stylet magique
- ☐ clavier

Indice : si vous savez écrire petit et adorez les crayons gris, l'agenda papier vous aimera. Par contre, si vous écrivez bien grand et gros, tenez compte de l'espace qui vous est alloué pour écrire vos rendez-vous et prendre d'éventuelles notes. Quant au stylet, c'est un coup à prendre. Mais il se laisse doucement détrôner par les mini-claviers de certains PDA à la mode. Si ça vous tente, demandez quand même à essayer le clavier avant de l'adopter : vue la taille des touches, il vous faudra jouer de précision et de délicatesse. Vous avez aussi la possibilité d'enregistrer la majorité de vos rendez-vous avec un logiciel agenda sur ordinateur, muni d'un vrai grand clavier, à condition de ne pas oublier de synchroniser vos agendas, sinon, attention aux doubles rendez-vous !

5) Vos déplacements au quotidien :

- ☐ vous vous déplacez beaucoup, pour le travail et dans votre vie personnelle, principalement en voiture
- ☐ vous vous déplacez surtout à pied et en transports en commun
- ☐ vous devez surtout planifier votre activité professionnelle, qui occupe la plupart de votre temps
- ☐ vous ne travaillez pas ou votre travail ne nécessite pas une planification très compliquée
- ☐ vous travaillez chez vous et vous vous déplacez peu

Indice : votre agenda doit vous suivre partout où vous pourriez être amené à prendre un rendez-vous ou à vérifier votre emploi du temps. Selon votre mode favori de déplacement, et la taille de votre sac à main ou sacoche, vous choisirez un agenda plus ou moins lourd et encombrant. Mais pour vous en servir correctement, il doit sortir facilement de votre sac, et ne pas vous provoquer une luxure de l'épaule gauche...

À part pour des cas très particuliers, il est tout à fait imprudent de cantonner votre agenda à un lieu particulier. Ainsi, le calendrier accroché au frigo ne fera pas votre affaire le jour où il faudra prendre un rendez-vous chez le dentiste, dans son cabinet. Et le super logiciel de planification en ligne du bureau ne pourra rien pour vous chez vos beaux-parents qui n'ont pas Internet. Peu d'entre nous peuvent se permettre de dire à leur mère : *« Appelle ma secrétaire pour prendre un rendez-vous la semaine prochaine... je ne maîtrise pas du tout mon planning ! »*

En général, donc, vous devez choisir entre le papier (relativement encombrant) et l'électronique (« virtuel »), et si vous choisissez l'électronique, vous avez besoin d'un appareil portable performant (ordinateur, assistant personnel, téléphone sophistiqué). Si vous utilisez déjà un téléphone portable, vous aurez sûrement intérêt à utiliser un smartphone et, ainsi, vous n'oublierez (presque) plus jamais votre agenda sur votre bureau...

6) Le stylo de votre sac ou sacoche :

☐ il disparaît tous les jours...

☐ il y en a plusieurs, mais aucun ne marche correctement

☐ il est toujours dans la même poche

☐ vous en avez un fixé dans votre agenda, un dans le porte-chéquier, et un autre, en cas de coup dur...

☐ votre stylo, c'est un stylet, et il ne disparaît pas

☐ votre stylo, c'est le clavier de votre PDA, et vous le maîtrisez comme un ado son portable...

Indice : pour bien se servir d'un agenda, il faut pouvoir le « dégainer » rapidement... avec un « outil scripteur ». Si vous avez toujours un stylo accroché à votre agenda, vous mettrez moins longtemps à noter un rendez-vous sur papier que si vous devez ouvrir un logiciel de planification sur votre PDA après l'avoir allumé. Mais si vous devez chercher votre stylo, ou votre stylet, à chaque fois, votre temps sera différent. Notez aussi, puisqu'on parle ici de commodité d'utilisation, que le PDA doit être régulièrement rechargé sous peine de devenir totalement inutile. Soyez aussi réaliste que possible.

7) Votre relation avec votre agenda :

☐ elle est purement utilitaire : vérifier vos rendez-vous, les noter, éventuellement faire le bilan du mois écoulé

☐ elle est sentimentale : vous personnalisez votre agenda comme le font les ados, y notez des bouts de journal intime, des projets artistiques...

☐ il vous sert de mémoire : vous vous en servez pour vous rappeler les titres de films que vous avez vus, les noms des gens que vous avez rencontrés...

Indice : en général, les tâches et rendez-vous programmés dans un agenda électronique ne sont pas conservés après le jour prévu, sauf si vous les reportez. À moins d'effectuer des sauvegardes régulières, vous ne pouvez donc pas vous en servir de mémoire de votre vie (comme votre grand-tante). Pour le côté créatif et intime de l'objet, c'est à vous de voir : certains sont plus créatifs avec un crayon à papier et d'autres avec des images numériques... Mais il est clair que ce « compagnon de vie » doit être pour vous suffisamment attractif pour être couramment utilisé.

8) Votre mémoire est plutôt :

☐ visuelle : vous vous rappelez facilement l'emplacement où vous avez noté quelque chose sur une page

☐ chronologique : vous vous souvenez des dates, de la chronologie des événements, des nombres

☐ kinesthésique : vous vous rappelez mieux les choses quand vous les écrivez mauvaise

Indice : les « visuels » aiment bien l'espace de la page pour mémoriser, ils sont plus souvent à l'aise avec le papier, ils visualisent plus facilement le temps sous la forme d'un planning hebdomadaire, par exemple. Les chronologiques ont une ligne temporelle en tête et s'aident plus facilement d'une date pour retrouver une information sur un agenda électronique. Le fait d'écrire (parfois plusieurs fois) peut aider les kinesthésiques à mémoriser plus facilement. Mais dans tous les cas, l'agenda est le sauveteur des mauvaises mémoires... à condition de ne pas oublier de l'utiliser !

9) Vous partagez votre agenda :

☐ avec vous-même et c'est déjà pas mal

☐ vous transmettez régulièrement votre planning au bureau pour que le secrétariat puisse prendre des rendez-vous

☐ votre planning est partagé avec tout le service et avec la nounou

Indice : qui dit synchronisation entre systèmes électroniques dit aussi facilité de transmission de son agenda à d'autres personnes... L'informatique facilite le partage de l'agenda, c'est clair. Il est toujours possible de faire une photocopie vite fait, si vous avez un copieur à disposition !

10) Dans votre agenda, vous aimez avoir :

☐ absolument tout sous la main : vos rendez-vous, la pointure d'Agathe, le numéro de téléphone de Brigitte, les courses à faire à Bristorama...

☐ juste de quoi vous débrouiller quand vous faites vos courses et quand vous avez un rendez-vous à noter

☐ votre numéro de Sécu et vos rendez-vous, et c'est tout

Indice : vous vous lancez aujourd'hui dans une nouvelle organisation de vos tâches, et vous serez amené à adjoindre à votre « carnet de rendez-vous » un certain nombre d'informations pour le bon déroulement de vos journées. Donc, sans vous pousser à l'achat d'un outil très perfectionné, nous pensons que le petit planning que vous offre votre banquier en début d'année est insuffisant pour notre méthode.

11) Votre budget pour un agenda :

☐ pas plus de 10 euros, vous achetez assez de trucs inutiles comme ça...

☐ entre 10 et 40 euros, mais pas plus

☐ de 40 à 80 euros

☐ jusqu'à 150 euros

☐ peu importe, c'est le patron qui paye...

Indice : nous mettons le budget en fin de liste car il ne doit pas être votre critère premier... N'achetez pas un PDA hors de prix pour vous rendre compte que vous ne pouvez rien faire sans votre carnet à spirale et votre crayon gris. Même votre patron serait choqué !

Il y a des agendas papier à tous les prix (de 0 jusqu'à 200 euros, voire plus si vous aimez le luxe). Si l'achat d'un agenda modulaire peut paraître coûteux au premier abord, il en existe à partir de

25 euros environ et on ne rachète chaque année qu'une recharge. Prenez donc la peine de vous renseigner sur le prix des recharges et sur la compatibilité avec d'autres marques et formats.

Certains se lancent dans la conception de leur propre agenda. On trouve régulièrement sur Internet des pages très ingénieuses à télécharger et à imprimer soi-même. L'idée est intéressante, mais il faudra tout de même trouver un support et surtout penser à imprimer régulièrement des recharges, à les perforer si besoin, etc. C'est un effort que les plus désorganisés parviennent rarement à faire.

Concernant les PDA et autres smartphones, si vous n'en n'êtes pas encore coutumier, commencez peut-être par emprunter l'ancien modèle de votre meilleur copain pour l'essayer quelque temps. Aujourd'hui, les PDA font (presque) tout : ils gèrent votre temps, vont sur Internet, téléphonent, trouvent votre chemin, jouent de la musique, diffusent la télé et la radio, enregistrent des textes et des tableaux et en créent de nouveaux, prennent des photos et des vidéos, lisent vos e-mails. C'est vrai que c'est tentant… Mais le prix va avec. Assurez-vous donc, avant d'acheter un assistant personnel pour sa fonction agenda, que vous l'utiliserez comme agenda… et pas seulement pour regarder le foot au lieu de boucler votre rapport !

Conseils pratiques

Les critères importants pour bien choisir son PDA :

- **l'ergonomie** : s'il ne vous suit pas partout et que vous n'avez pas envie de vous en servir, même s'il veut bien faire la vaisselle, il ne vous servira pas !
- **l'encombrement** de l'appareil ;
- **sa facilité de prise en main**, notamment le confort de saisie des informations (utilisation du stylet, du clavier virtuel, du clavier AZERTY, du clavier numérique) ;
- **son poids ;**
- **sa taille et la lisibilité de l'écran** (plus l'écran est grand, moins l'autonomie est importante) ;
- **son autonomie ;**
- **le système d'exploitation** (l'OS) : selon ce que vous souhaitez faire avec votre PDA, et les logiciels que vous souhaitez absolument utiliser, vous choisirez l'un ou l'autre des systèmes les plus courants ;

- **la mémoire** : vérifiez qu'une mémoire amovible complète la mémoire interne de votre PDA ;
- **la bureautique et l'accès à la messagerie** : selon votre utilisation, choisissez un PDA qui vous permet ou non de créer des documents (textes, tableaux, présentations), et un système qui transmet ou non automatiquement vos e-mails sur votre smartphone. Évidemment, assurez-vous que votre PDA est compatible avec votre ordinateur, à la maison comme au bureau.

Et pour le classement ?

Soyons simples : dans un premier temps, hormis des chemises cartonnées toutes simples, n'achetez rien de nouveau pour votre système de classement. Nous aborderons la question en détail dans un prochain chapitre du livre, où nous vous aiderons à réfléchir aux outils de classement qui vous conviennent le mieux. Le classement est une telle corvée pour beaucoup d'entre nous qu'il doit être abordé à la fois avec simplicité et précision.

Prévoyez cependant un espace pour stocker vos dossiers à classer, ou une caisse, si vous n'avez pas déjà un meuble dédié à cet usage.

Maintenant que vous disposez de toutes les informations de base et du matériel nécessaire, n'attendez plus, lisez la méthode. Ne cherchez pas le parfait agenda ou la Rolls des stylos... Commencez !

Vous aurez intérêt à lire d'abord les chapitres de la méthode d'un trait, puis à les reprendre un par un pour bien comprendre chaque étape et faire vos premiers essais. Ensuite, selon votre envie, vous lirez les chapitres suivants ou y picorerez les informations qui vous intéressent. Ce que nous espérons, c'est que cette méthode vous donnera envie de réaliser tous les projets qui vous tiennent à cœur.

Chapitre 2

■ ■ ■

Récolter les ampoules

Dans ce chapitre, première étape de notre méthode, vous découvrirez pourquoi et comment récupérer toutes les ampoules qui clignotent dans votre tête et autour de vous et qu'en faire.

Ampoule

D'une façon générale, **une ampoule** est n'importe quoi qui entre dans mon monde, qui n'est pas dans l'état souhaité, à l'endroit souhaité, et surtout pour lequel je n'ai encore rien décidé.

Repérez-vous dans la méthode

Récolter	Réfléchir	Organiser	Faire le point	Agir
mes ampoules mentales et extérieures	à ce que c'est et à ce que je veux en faire	le résultat de mes réflexions	pour savoir où j'en suis et décider sur quoi je vais…	… agir

■ Salarié, vos journées professionnelles ressemblent-elles à ça ?

9 h 22 – Au bureau, je fixe soigneusement sur le bord de mon écran d'ordinateur, comme pense-bête, un Post-it® contenant « *Pierre 0605040302* », ce qui signifie bien entendu : rappeler Pierre à ce numéro.

9 h 45 – En réunion, je prends des notes sur un bloc-notes. Croisant Jacques dans le couloir, je note brièvement sa requête sur une carte de visite (c'est tout ce que j'ai pour noter).

11 h 15 – De retour dans mon bureau, le téléphone sonne : j'attrape le premier morceau de papier venu pour gribouiller quelques mots, à la volée.

11 h 40 – Je jette un œil à mon agenda pour vérifier quand démarre la prochaine réunion. Et là, je constate que ma présentation au comité de pilotage est pour demain (qui l'a avancée ?) et que je n'en ai pas fait la moitié.

11 h 45 – Ouvrant un fichier de présentation, je note rapidement quelques idées qui me viennent, au sujet de ce prochain comité, tant que j'y pense.

12 h 15 – Ma messagerie électronique émet cette petite sonnerie qui me signale qu'un nouvel e-mail est arrivé. Je ne peux qu'y aller voir : si c'était une urgence ? En fait, non, c'est le service export qui me demande des chiffres : ça peut attendre, je remets le message en « *non lu* » pour penser à y revenir plus tard.

14 h – Au retour du déjeuner, ma messagerie vocale clignote : deux messages de la filiale britannique. Il faut que je les rappelle cet après-midi.

15 h – Mon portable sonne : je décide, en regardant d'où provient l'appel, de ne pas décrocher : tant pis, il laissera un message.

16 h – Mon assistant personnel électronique couine : je dois partir à 17 heures pour assister à la réunion de parents d'élèves. Il ne me reste plus qu'une heure pour tout faire. Flûte.

▪ Mère de famille travaillant à domicile, vos journées ressemblent-elles à ça ?

8 h 50 – En quittant la maison pour l'école, un enfant au bout de chaque main, je sais bien que j'oublie quelque chose… un papier, un pot en verre, quelques pièces pour un cinéma ?

9 h 01 – Une fois sur place, oui, c'est affiché... en revenant, je me le répète en boucle (« *Deux euros pour le cinéma, deux euros pour le cinéma, deux euros pour le cinéma...* »).

9 h 05 – Je passe devant la pharmacie, encore fermée, et flûte, j'ai encore oublié d'acheter de la crème pour les boutons de l'aînée.

9 h 15 – Arrivée à la maison, j'attrape mon thé refroidi pour le finir devant ma messagerie : une promo des Deux Belges dont j'aimerais profiter, une commande... ah mais, et est-ce que, finalement, ce client a réglé sa dernière facture ? Je chercherai tout à l'heure, car j'ai reçu un document sur lequel je dois travailler maintenant... je le pose sur le bureau avec le reste du courrier et le téléphone sonne.

10 h – Je prends note de quelques mots sur mon bloc téléphone. Je me mets enfin à travailler sur ce document...

11 h – Bon, et mes courses, je vais les faire quand ? Pas maintenant, avec tout ça, je dois aller chercher les petits dans une petite heure pour le déjeuner. D'ici là, j'aurai peut-être retrouvé ma liste de choses à faire faite hier soir avant de me coucher... Mais alors, si je ne fais pas les courses maintenant, on va manger quoi, à midi ?

Les voyez-vous, ces petites ampoules qui s'allument successivement dans votre esprit, toutes ces choses à se rappeler, toutes ces fois où vous dites intérieurement à votre cerveau : « *Eh, tu me feras penser que...* » C'est d'elles qu'il faut s'occuper en priorité, pour libérer votre « espace-cerveau ».

Nous allons les regrouper ou, selon notre terminologie, les « récolter ».

Pourquoi regrouper les ampoules ?

Aujourd'hui, il y a fort à parier que vos journées sont faites exclusivement de contraintes extérieures (les horaires à respecter, les urgences...) et des messages discrets mais insistants que les objets de votre environnement vous « envoient ». Ce qui nous donne une journée qui se précipite d'une réunion à l'autre, d'une corvée à l'autre, d'un « *Tiens, il faut que je pense à...* » à « *Mince, j'avais oublié de...* ».

Si vos journées sont constituées principalement d'urgences à traiter, à moins d'en avoir fait votre métier (médecin urgentiste, par exemple), vous gérez tout en mode panique, n'avez pas le temps de réfléchir... et oubliez ou repoussez à plus tard tout ce qui ne porte pas l'étiquette *Urgence*.

Attention

Parfois, reconnaissons-le, c'est dommage : rappeler vos amis, réfléchir à votre carrière, apprendre une nouvelle discipline, effectuer les contrôles de santé de base, rien de tout ça ne porte la mention *Urgent*. Cependant, il est difficile d'imaginer une vie épanouie et en bonne santé sans ces composantes.

Attendre que n'importe quoi devienne une urgence pour s'en occuper, c'est, à coup sûr, ne rien maîtriser : le poste de rêve vous passe sous le nez, vos amis se lassent de ne jamais vous voir, vous n'apprenez toujours pas à jouer du saxophone, vous allongez démesurément vos journées de travail, vous n'allez chez le dentiste que lorsqu'une rage de dents vous y contraint... Et nous n'évoquons là que les petits dégâts que peut provoquer ce comportement, sans parler des « gros pépins ».

Il se peut, par ailleurs, que vous utilisiez les objets comme autant de pense-bêtes pour vos tâches à accomplir. Il est vrai que, tant qu'ils sont *tous* à portée de vue, tout va bien. Dès que ces objets sont un peu plus loin (ou dissimulés par d'autres), ça se complique : il faut mémoriser, fouiller dans les piles, fixer des priorités. Cela dit, nous l'avons tous constaté, ce n'est pas parce qu'un objet est sous nos yeux que nous nous occupons de lui. Et puis, disposez-vous d'un espace « visible » suffisant pour y installer tous les objets auxquels vous devez penser ? La facture à payer est bien vite « enterrée » sous le journal du matin, et le dossier prioritaire *CherClient* sous le dossier urgent *Casse-piedPremier*.

Pour savoir où elles se trouvent

Dans les exemples donnés plus haut – et il y en a bien d'autres –, on constate que les informations qui ont une influence sur le déroulement de notre journée sont éparpillées un peu partout, sur tout type de support :

- électronique (différentes applications) ;
- audio (boîtes vocales) ;
- papier (collant, volant, attaché à d'autres...) ;
- mémoire.

De sorte qu'il est difficile d'avoir une vue d'ensemble de ce que nous devons faire. Nos ampoules sont potentiellement *partout* et sont susceptibles de se transformer en urgence n'importe quand.

Or, une urgence, c'est exactement ce qui, paradoxalement, nous empêche d'avancer, parce qu'il faut qu'on s'en occupe immédiatement, toutes affaires cessantes, au risque de faire « boule de neige ».

Donc, nous allons collecter nos ampoules... d'abord pour savoir où elles sont.

Pour ne pas devoir penser deux fois à la même chose

- Lorsque je colle une série de Post-it® sur mon bureau, je suis persuadé que leur couleur vive et leur libellé synthétique vont me faire penser à passer à l'action.
- Lorsque je mets une enveloppe importante dans mon sac à main, pour penser à la poster, je crois qu'elle est inratable.
- Lorsque je repasse mes messages lus en « non lus », c'est bien pour, en quelque sorte, retransformer ce qui aurait pu être une action en ampoule.
- Lorsque je fixe sur le réfrigérateur la liste des samedis où les enfants n'ont pas école, c'est parce que je souhaite qu'on y pense avant de planifier vacances et week-ends.

Or, que constate-t-on ?

Certes, mes yeux enregistrent cet appel à l'action. Plusieurs fois même. Et, à tous les coups, ça fonctionne : l'ampoule oubliée se rallume. Sauf que ce n'est jamais le bon moment. À quoi sert de me dire : « *Ah oui, tiens, il faut que je rappelle Pierre* » quinze fois, à chaque coup d'œil, alors que Pierre est en déplacement ?

Penser deux fois de suite à la même chose est un gaspillage de temps et d'énergie mentale… sauf si j'aime y penser, bien évidemment !

Donc, nous allons récolter nos ampoules… pour qu'elles ne nous « embêtent » plus.

▪ Pour ne plus avoir besoin de se fier à sa mémoire

Ceci vous parle sans doute : « *Bon sang, j'avais mis ça là, pour y penser… mais où est-ce maintenant ?* »

Et nous voilà partis à reconstituer, à la force de notre mémoire, l'enchaînement d'événements ayant conduit à l'enfouissement du précieux document ou de l'objet recherché. Nous mettons en branle moteurs de recherche et contribution des collègues, enfants et conjoint pour soutenir notre mémoire défaillante et finir par remettre la main sur cette satanée ampoule.

Donc, nous allons regrouper nos ampoules… pour ne plus avoir à reconstruire l'histoire à chaque instant ni à nous interrompre pour les retrouver.

Comment récolter des ampoules ?

Cette étape initiale de récolte constitue le premier pas vers la prise de contrôle de votre temps et de votre environnement.

À ce stade, peu de réflexion est nécessaire. C'est votre capacité à être exhaustif, à ne rien oublier, qui fera la différence : pour bien récolter, il vaudra mieux en faire plus que pas assez.

Nous allons ramasser toutes vos ampoules :

- celles qui clignotent dans votre tête, à l'aide de l'exercice ci-dessous ;
- et celles qui proviennent de votre environnement.

Rassurez-vous cependant : si vous oubliez une petite chose dans cette récolte, il y a fort à parier que vous la retrouverez dans les jours qui viennent. Vous aurez libéré votre esprit de toutes les autres, et vous retrouverez les quelques éléments manquants.

Récoltez vos ampoules « mentales »

Pour quel usage ?

Cela sert à vous montrer comment « vider votre tête » de ses sujets de préoccupation. Nous vous encourageons vivement à jeter sur le papier (quel que soit le support), ou sur votre fidèle PDA, toutes les ampoules qui surgissent dans votre tête, au moment où elles se présentent. Un petit bloc-notes sur la table de nuit ? Un mini-cahier dans la voiture ? Pourquoi pas. Il s'agit de :

- n'oublier aucun « *Il faut que...* » ;
- ne pas toujours devoir faire les choses « *tant que j'y pense, sinon j'oublie* » ;
- réaliser qu'il peut très bien se passer un certain temps entre l'idée et la réalisation, pourvu qu'on n'oublie pas la première.

Une liste de « déclencheurs d'ampoules » et du papier

Exercice 6 : Apprenez à « vider votre tête »

Pour récolter les ampoules et commencer à les éteindre, vous aurez besoin de quelques feuilles de papier (ou d'un traitement de texte, si c'est votre outil de prédilection) et de... détermination. Ne faites pas cette liste sur un coin d'enveloppe et choisissez un stylo qui fonctionne bien. Il vous faudra pouvoir écrire rapidement ce qui vous vient à l'esprit.

À l'aide de la liste de « déclencheurs d'ampoules » de la page 43, notez tout ce à quoi chaque item vous fait penser. N'attribuez aucune priorité, ne faites aucun tri, ne tentez pas de les décomposer en étape. Il s'agit juste de tout noter, comme cela vous vient, sans *a priori* ni culpabilité, surtout.

> Retenez-vous de passer à l'action ; une fois n'est pas coutume. De même, inutile de commencer votre liste par vos « urgences ». Il ne s'agit pas de fabriquer une liste de tâches (*to-do list*) d'un genre nouveau, mais de vous vider complètement la tête. Imaginez simplement que vous ramassez tous ces pense-bêtes pour les mettre dans une boîte.

Pour ceux d'entre nous qui se reposent depuis des années uniquement sur leur mémoire, cet exercice peut sembler étrange, à première vue. Pourquoi noter ce qu'on sait déjà ? Parce que nous ne croyons pas nous tromper en affirmant que votre mémoire d'éléphant vous a déjà fait défaut dans le passé : soit que vous ayez oublié des tâches, soit que vous ayez fait deux fois la même chose, faute de vous souvenir que vous aviez déjà planché sur la question (et où vous aviez mis le résultat).

Dans le courant de votre récolte, vous allez remarquer que noter une tâche vous fera parfois penser à une autre, d'un autre type. Puisque, vous le savez bien, notre cerveau fonctionne par association d'idées. Notez-la, cette nouvelle idée, tout de suite, sous la première et reprenez où vous en étiez. Encore une fois, ne tentez pas de les regrouper, ni par thème, ni par importance.

Continuez jusqu'au bout l'exercice, sans tenter de passer à l'action ni de décider quoi que ce soit. À ce stade, il s'agit juste de récolte.

■ Quelques exemples, pour vous aider

« Engagements pris envers des proches » peut vous faire penser à :

« J'avais promis d'envoyer les photos de l'anniversaire de Damien à ma belle-sœur » ou *« Voir avec mon conjoint ses dates de vacances »*.

« Administratif » peut vous évoquer :

« Je devrais vérifier la facture du plombier » ou ou *« Rechercher un nouvel établissement bancaire »*.

« Formation à demander » peut suggérer :

« M'inscrire à la formation Messagerie du mois prochain ».

Plus vous progressez dans l'établissement de cette liste d'ampoules, plus vous risquez de vous laisser aller à des sensations négatives : « *Ma parole, c'est incroyable le nombre de choses que je n'ai pas faites !* », « *C'est fou tout ce que j'ai encore à faire !* », « *Bon sang, j'avais oublié ça, aussi !* »

Ne vous inquiétez pas : c'est tout à fait normal et ce n'est pas grave. En réalité, rappelez-vous que ce n'est pas la liste des déclencheurs d'ampoules qui a suscité cette boîte qui se remplit. Elle était déjà dans votre tête, en strates, tous items mélangés. De la voir écrite peut faire un choc. Cependant, reconnaissons-le, c'est assez jubilatoire de mettre noir sur blanc tout ce qui nous encombrait le cerveau : c'est étonnant tout ce que nous pouvons stocker.

Combien de temps cela prend-il ?

L'établissement de cette liste peut prendre quelque temps, de dix minutes (rare, si c'est la première fois que vous faites cet exercice) à une heure et demie (plus fréquent).

Vous pouvez bien entendu faire une pause ou deux. Nous ne sommes pas pressés. Il faut juste être soigneux, et le plus exhaustif possible.

Vous devez avoir confiance dans le système que nous commençons à bâtir ensemble. Si vous considérez qu'une partie de vos ampoules mentales ne mérite pas d'être répertoriée, bientôt vous recommencerez à vous fier uniquement à vos souvenirs et à vous reposer sur le monde extérieur pour vous rappeler à l'ordre pour les urgences.

Liste de déclencheurs d'ampoules

Vie privée

- Activité physique, modifications alimentaires
- Administratif (factures, banque, emprunts, assurances, affaires juridiques, archivage, impôts, investissements)
- Courses (bricolage, pharmacie, banque, teinturier, alimentation, papeterie, cadeaux, achats par correspondance)
- Électronique (ordinateur, lecteurs, Internet, imprimantes, téléphone)
- En attente de (réponses, livraisons vente par correspondance, remboursements, objets prêtés)
- Enfants (école, garde, loisirs)
- Engagements pris envers des proches (promesses, objets empruntés à rendre)
- Équipements sportifs
- Événements à venir (fêtes, mariages, anniversaires, vacances, voyages, événements culturels, sportifs)

- Garde-robe (vêtements à acheter, retouches, tris)
- Maison (chauffage, eau, électricité, toit, jardin, murs, plafonds, décoration, réparations, appareils ménagers, placards, étagères, garage, cave, éclairage, meubles, rangement, tris)
- Objets prêtés à réclamer
- Outillage, bagages, animaux
- Participation à des associations, bénévolat
- Passe-temps (livres, disques, vidéo, travaux manuels, arts)
- Projets démarrés, jamais finis
- Projets qu'il faut démarrer
- Relationnel (famille éloignée, amis, voisins)
- Santé (dentiste, généralistes, spécialistes)
- Transports (abonnements transport en commun, réservations)
- Véhicules (réparations, révisions, achat, location)
- Vie spirituelle, gestion du stress, développement personnel

Domaine professionnel
- Absences à programmer (déplacements, vacances)
- À faire ou à répondre (appels, messages, e-mails, courriers)
- Documents à écrire (rapports, comptes rendus, propositions, articles, manuels)
- Documents à réclamer
- Engagements pris envers les autres (patrons, collègues, clients, associations)
- Finances (statistiques, budget, prévisions)
- Installation de nouveaux matériels, mobilier
- Mises à jour (bases de données, carnet d'adresses, logiciels)
- Organisation d'événements à venir (congrès, déplacements)
- Planification formelle (objectifs)
- Projets démarrés, jamais finis
- Projets qu'il faut démarrer
- Rendez-vous et réunions à organiser et préparer
- Sauvegardes
- Sujets juridiques, d'assurance, de personnel
- Téléphone, ordinateurs, logiciels, périphériques informatiques (imprimante, scanner, copieur), classement, archivage, fournitures (papeterie, cartes de visite, papier à en-tête)

En attente
- Décisions d'autres personnes
- Informations
- Objets commandés
- Paiements (salaires, règlement de factures, remboursement)
- Réponses à des e-mails, des appels, des propositions
- Tâches déléguées

Développement professionnel
- Bilan de compétences
- Compétences à développer (ex. : informatique)
- Curriculum vitae à mettre à jour
- Formation à demander
- Recherches à faire
- Techniques à apprendre

Pour certains d'entre nous, cet exercice représente une première. Vous avez enfin sous les yeux ce qui compose votre vie, réellement, concrètement. Vous réalisez également qu'il y a beaucoup de choses à faire : nous y viendrons. Pour l'instant, parcourez simplement du regard votre liste faite d'un mélange de petites et grandes tâches, de nobles causes et de corvées. Conservez-la à portée de main.

Vos ampoules extérieures

Pour récolter les ampoules extérieures, celles qui sont autour de vous, il vous faudra des boîtes.

Boîte

Une boîte est un contenant, physique ou numérique, susceptible de contenir des ampoules :
- une corbeille à papier ;
- un emplacements sur votre bureau (uniquement à condition qu'il soit très bien délimité) ;
- une vraie boîte ;
- un carton, un cageot ;
- une bannette, une corbeille ;
- un cahier ;
- un bloc-notes ;
- une boîte de réception de messagerie ;
- une boîte vocale ;
- un agenda ;
- un dictaphone ;
- une chemise cartonnée ;
- un assistant personnel électronique ;
- le disque dur de votre ordinateur.

Comment procéder ?

Toutes les ampoules autour de vous (autrement dit tout ce qui réclame votre attention) doivent regagner une boîte.

Votre première boîte d'entrée est constituée des feuilles de papier que vous avez utilisées pour faire le premier exercice de ce chapitre (les ampoules mentales). Si vous avez utilisé un fichier informatique, imprimez-en le contenu pour démarrer. Ce ne sera plus nécessaire par la suite. Placez ces feuilles dans une corbeille vide.

Par la suite, la récolte des ampoules physiques se fera toujours de la même manière :

- vous vous installez dans un endroit, le plus confortablement possible ;
- vous délimitez un espace autour de vous ; idéalement, comptez une distance d'un mètre autour de vous ;
- vous réunissez tous les objets dans un contenant ;
- si un objet ne peut pas être déplacé, vous le représentez par un morceau de papier.

Exercice 7 : Récoltez les ampoules de votre bureau

Démarrons par exemple par votre bureau (professionnel ou personnel, à votre guise). Débarrassez votre chaise, asseyez-vous. Débarrassez un petit espace du bureau, pour y placer la corbeille où vous avez déjà rangé les feuilles du premier exercice.

Maintenant,

- attrapez tous les Post-it® et bouts de papier disparates qui sont sur votre bureau et regroupez-les dans cette corbeille ;
- ouvrez votre agenda papier (si vous en avez un), retirez-en toutes les feuilles volantes et posez-les au même endroit ;
- de même pour le contenu de votre attaché-case ou sac de travail ;
- ouvrez vos blocs-notes et mettez les pages sur lesquelles vous avez écrit (ou le bloc-notes entier, s'il est plein) dans votre boîte ;
- faites de même avec vos cahiers ;
- de même pour le contenu papier de votre sac à main, de vos poches, de votre portefeuille ;
- de même pour les feuilles qui décorent le mur de votre bureau ;
- de même pour le contenu des tiroirs suspendus placés sous votre plan de travail ;

– de même pour le contenu de l'étagère qui jouxte votre bureau ;
– de même pour les documents qui se trouvent au sol ;
– de même pour les chemises contenant des documents, qui sont en pile sur votre bureau

Tout ce qui est papier et qui encombre votre espace de travail doit être entassé, sans ordre, sans logique – peu importe pour le moment – à un même endroit. Pour l'instant, nous ne nous occuperons pas de vos deux armoires remplies de *À classer*, *Archives*, *Mystères*...

À ce stade, comme pour la récolte de vos ampoules « mentales », vous pourriez vous sentir un peu inquiet : « *Tout ça, en désordre, mélangé ? Comment m'y retrouver ?* » Ne vous inquiétez pas, nous en avons pour quelques instants à remettre de l'ordre dans ce chaos. Après tout, ce sont les mêmes ampoules qu'auparavant, nous n'en avons pas ajouté ; elles sont juste dans une boîte, maintenant.

Il va de soi que si une ampoule que vous rencontrez mérite d'aller directement à la poubelle, ne vous retenez pas. Ce sera ça de moins à organiser !

Ce n'est pas tout. Regardez mieux autour de vous : vous voyez ces objets qui vous entourent ? Stylos, objets décoratifs, connecteurs, vieux classeurs vides, objets cassés ou à réparer, à rendre...

Chacun d'entre eux doit aussi être placé dans une « boîte à ampoules ». Si les objets sont légers et peu encombrants, ne créez pas de deuxième boîte, entassez-les dans la première. Si les objets sont trop lourds ou que vous ne souhaitez pas les déplacer, notez « *Réparer lampe* » sur un Post-it® et ajoutez celui-ci au contenu de votre première boîte. Il n'est pas nécessaire que les objets encombrants soient physiquement déplacés. C'est l'ampoule qu'ils représentent qui, elle, doit rejoindre ses consœurs, sous la forme d'un morceau de papier.

Ouvrez le premier tiroir de votre bureau, celui qui contient vos vitamines, les cartes de visite de vos différents interlocuteurs et les stylos qui ne marchent plus. Videz-le sur votre bureau et entassez tout son contenu dans une même boîte.

Là encore, ne prenez aucune décision sur ces ampoules pour l'instant. Contentez-vous de les mettre dans une boîte. Si votre première boîte déborde, créez-en une autre à côté. Ou faites un tas bien net. C'est impressionnant au début, mais les tas vont vite descendre.

Qu'est-ce qui ne va pas dans une boîte ?

Vous ne mettrez pas dans une boîte :

- le matériel de référence : dictionnaire, bible de procédures, manuels de l'utilisateur, prospectus des livreurs de pizzas du quartier, passeport…
- la décoration, la vraie, c'est-à-dire celle qui vous plaît encore ;
- les fournitures qui fonctionnent et qui sont à jour : vos propres cartes de visite, les stylos, agrafeuse et autre matériel de bureau ;
- l'équipement, informatique ou téléphonique, celui qui vous sert vraiment.

Attention

Une bonne partie de ce que vous pourriez prendre pour des matériels de référence, de la décoration, des fournitures ou de l'équipement pourrait aussi nécessiter une action, comme *« réparer »*, *« lire »*, *« commander »*, *« mettre à jour »*, *« compléter »* ou *« remplacer »*, *« jeter »*, etc.

– Les catalogues périmés ne sont plus des documents de référence.

– Les photos des enfants à 2 ans alors qu'ils sont adolescents maintenant ne rentrent plus dans la catégorie décoration.

– Les plantes vertes mortes de sécheresse non plus.

Que faire si j'ai déjà un système d'organisation en place, avec des listes ?

Nous vous recommandons d'intégrer les éléments de votre organisation personnelle précédente comme autant d'ampoules, de les placer dans les boîtes appropriées pour être certain de ne rien laisser en dehors de votre nouveau système.

Il se peut que vous trouviez contre-productif d'entasser toutes sortes de choses au même endroit, des choses urgentes, des choses qui ne le sont pas… Vous aurez envie de trier, « tant que vous y êtes », et de faire, comme d'habitude, un tas des « urgents » et un tas des « pas tant que ça ». Mais justement, ne sont-ce pas ces ampoules pas si urgentes, pour lesquelles vous n'avez rien décidé, qui encombrent votre espace et votre énergie mentale ? Nous soutenons qu'il n'est pas grave de ne pas faire les choses tant que vous le savez sciemment, tant que c'est un choix de votre part. Encore faut-il, pour faire ce choix, avoir tous les éléments en face de soi.

J'ai peur que ça prenne trop de temps

Nous vous avons proposé de procéder par étapes : d'abord les ampoules mentales... Ce travail peut se commencer facilement lors d'une attente chez le médecin ou dans un train lors d'un déplacement. Ensuite, les ampoules extérieures.

Selon votre personnalité et votre sens inné de l'ordre, ces ampoules physiques vous demanderont plus ou moins de travail. Commencez par l'espace qui vous pose le plus de problèmes. Si nous avons choisi le bureau comme exemple, c'est justement parce que c'est souvent l'endroit le plus problématique, y compris à la maison.

Libre à vous, pour votre première récolte, de commencer par le bureau ou un autre endroit, mais prenez soin de délimiter un espace : une surface équivalente à une feuille de papier A4 sur le coin gauche de votre bureau, par exemple... Ainsi, vous vous sentirez moins débordé, et vous n'aurez pas à déplacer énormément les objets et les documents. Ce « tas » ne restera pas très longtemps comme il est, rassurez-vous. Chaque objet aura bientôt trouvé son chemin dans le système.

Lorsque vous aurez compris le principe de la récolte d'ampoules physiques, vous pourrez le reproduire quand vous le voulez, là où c'est nécessaire, et y consacrer le temps que vous souhaitez.

Pour vous motiver plus efficacement, choisissez un espace « vivant »

Le grenier où vous entrez une fois par an, le placard à conserves de la cuisine ou vos archives de 1985 sont bien comme ils sont pour le moment. Ils nécessitent un tri, certes, mais peu d'actions immédiates. Par contre, votre bureau où s'accumulent vos dossiers en cours, vos bannettes où traînent les documents « à traiter », le sol de votre chambre où atterrissent tous les objets « à dissimuler » de la maison, votre sac à main, vos poches où se retrouvent des petits bouts de papier aux inscriptions utiles, la banquette arrière de votre voiture (si vous bougez beaucoup), même le frigo, sont des espaces vivants de votre vie... Commencez par eux.

Une fois que vous aurez testé notre méthode sur un espace de votre vie, nous sommes prêtes à parier que vous aurez envie de l'étendre à toute la maison, même à toute votre entreprise ! Mais pour l'instant, comme nous savons que vous ne croyez que ce que vous voyez fonctionner, faites-nous juste assez confiance pour poursuivre la lecture et appliquer nos conseils avec ces premières ampoules.

Commencer à créer votre système d'organisation

Pour la récolte initiale (votre toute première), vous aurez autant de tas que nécessaire. Il est fort possible que votre récolte déborde largement de votre bannette *À traiter* habituelle. C'est sans importance, nous allons nous attaquer à tout cela bientôt.

Par la suite, votre récolte d'ampoules pourra se faire à tout moment ou selon un rythme que vous aurez établi. Vous devrez donc désigner des boîtes de récolte efficaces et faire correspondre votre système de récolte à vos habitudes et à votre personnalité. Imaginez vos boîtes comme autant d'enclos servant à regrouper les ampoules de même sorte.

Fausse bonne idée

Les personnes qui utilisent un trieur pour gérer le courrier entrant (comme *Factures à payer, À lire, À voir, Important, En cours,* etc.) ne font finalement que créer des boîtes supplémentaires dans lesquelles il leur faudra, de toute façon, plonger successivement. Pensant s'organiser, elles « cachent » les ampoules : dès lors, elles n'ont plus la vision globale des choses à faire. Contrairement à ce que l'on pourrait croire, ce tri avant action complique les choses.

Il en va de même avec le tri automatique des messages électroniques (e-mails) entrants. À partir d'une boîte unique (les messages reçus), on crée artificiellement des boîtes supplémentaires pour trier par expéditeur, ce qui n'avance pas plus le travail, hélas.

La plupart du temps, vous aurez :

- **une boîte de réception électronique.**

  Veillez à avoir un nombre de comptes de messagerie juste nécessaire et suffisant car il est difficile de gérer trop de boîtes aux lettres. Supprimez celles qui sont presque inactives ou dans lesquelles vous n'allez plus. De même, nous ne vous conseillons pas d'imprimer vos e-mails pour les mettre... dans une boîte contenant des papiers. Votre boîte de réception est elle-même une boîte, souvenez-vous.
- **un système de prise de notes efficace.**

  Qu'il soit matériel (un cahier et un crayon ; un bloc et un stylo ; un dossier contenant des feuilles volantes) ou électronique (PDA ; agenda de téléphone portable), vous pouvez idéalement le transporter partout avec vous, pour y jeter rapidement n'importe quelle ampoule mentale.
- **un unique agenda.**

  Un grand agenda au bureau et un petit dans votre sac, c'est une boîte de trop. De même, votre PDA *et* l'agenda de votre ordinateur, si vous oubliez de les synchroniser, seront un jour en conflit car ils font double emploi.
- **une boîte.**

  Sous la forme d'une petite caisse ou d'une bannette, elle recevra tous les documents qui rentrent chez vous...

Selon les cas, se rajouteront d'autres boîtes d'ampoules... en les limitant autant que possible :

- une bannette *Entrée d'ampoules* au bureau, si vous travaillez à l'extérieur ;
- un dictaphone, si vous êtes amené à prendre « des notes » sans stylo ;
- une caisse où mettre les objets « physiques » dont vous devez vous occuper, s'il y en a beaucoup ;
- une messagerie vocale au bureau ;
- une messagerie de téléphone portable ;
- un dossier *Entrée d'ampoules* dans votre attaché-case ou dans votre voiture si vous vous déplacez beaucoup.

■ **Attention**

Prévoyez suffisamment de boîtes, mais aucune qui fasse double-emploi. Par exemple :

- Vous rentrez chez vous, prenez le courrier dans la boîte aux lettres, l'ouvrez dans l'ascenseur, puis abandonnez le courrier vaguement ouvert dans l'entrée « pour l'instant ». Pourquoi ne pas mettre votre boîte *Entrée d'ampoules* dans l'entrée, plutôt que devoir vider la pile de l'entrée *et* la boîte d'ampoules de votre bureau tous les soirs ?
- De même au travail. La bannette courrier qui se trouve à l'entrée de votre bureau fait double emploi avec votre « boîte d'ampoules » située sur votre table de travail, une suffit : choisissez la meilleure.

Retenez bien ce principe : la récolte des ampoules, mentales notamment, doit être facile, donc le système doit être à portée de main à tout moment.

Réunir les ampoules extérieures, une à plusieurs fois par jour, doit être facile aussi. On limite donc le nombre de contenants au minimum, pour éviter le risque d'être découragé et d'en abandonner un. En effet, il devient vite fastidieux de parcourir tous les jours une dizaine de boîtes alors que ce dont vous avez réellement besoin, c'est d'un nombre compris entre quatre et sept, en général.

Vider les boîtes à ampoules

Attention, vider les boîtes ne veut pas dire « traiter intégralement leur contenu » ni « finir intégralement tout ce qu'elles contiennent ». Car ça, c'est impossible.

Vider les boîtes signifie que vous vous engagez à prendre connaissance du contenu de chacune de vos boîtes au minimum une fois par jour, et à les vider complètement. Faites-le plus souvent si vous avez énormément d'informations entrantes, tout au long de la journée. Voilà pourquoi nous vous encourageons à ne posséder qu'un nombre exact de boîtes, par rapport à votre activité, mais pas plus.

Comment vider ?

Vider une boîte revient à attraper chacune des ampoules, l'une après l'autre, à décider de ce que vous voulez en faire et à intégrer le résultat à votre système d'organisation, selon les cinq étapes ci-dessous, que nous vous avons présentées en introduction et que nous allons détailler dans ce guide.

Repérez-vous dans la méthode

Récolter	Réfléchir	Organiser	Faire le point	Agir
mes ampoules mentales et extérieures	à ce que c'est et à ce que je veux en faire	le résultat de mes réflexions	pour savoir où j'en suis et décider sur quoi je vais…	… agir

Vous ne pouvez pas vous permettre de gérer votre vie professionnelle ou personnelle en n'ayant connaissance que d'une partie des choses à faire. Et à un moment donné, vous voulez pouvoir faire avancer plusieurs projets en même temps, quel que soit leur niveau d'importance. Pour ça, le mieux est d'affronter la réalité : regardez donc ce que contiennent vos boîtes !

Une boîte est comme une zone de transit : chaque « ampoule » y passe avant d'être orientée dans la bonne direction. Alors, méfiez-vous de vous-même. Il arrive parfois que les boîtes soient utilisées comme autant d'« entrepôts de stockage ». On laisse le document, en se disant : « *Au moins, je sais que c'est là.* » Mais une boîte d'ampoules, si elle n'est jamais vidée complètement, perd de sa valeur.

Elle ne sert bientôt plus à rien et, très vite, ne lui faisant plus confiance, vous risquez de laisser de nouveau les ampoules vagabonder dans votre cerveau et dans votre environnement. Par exemple, souvenez-vous que repasser un message électronique lu en « non lu » revient à enlever puis remettre la même ampoule dans sa boîte. Prendre un document, le lire, et le reposer au même endroit en pensant « *Je m'en occupe demain* » procède de la même démarche.

Pourquoi récolter avant de réfléchir et d'organiser ?

« Ne serait-ce pas plus logique de traiter les choses au fur et à mesure que je les croise, plutôt que d'entasser ? »

Voici quatre raisons de ne pas mélanger toutes les étapes et d'effectuer une phase de récolte, complète et soigneuse, *avant* de passer à la deuxième étape.

Première raison : il est très utile de se faire une idée, dès que possible, du volume d'ampoules auquel nous allons être confrontés.

Ainsi, imaginons que vous vouliez ranger vos photos argentiques et numériques :

- vous achetez des albums et vous vous renseignez sur les logiciels de photo ;
- vous commencez à trier un tas de photos (il faut bien prendre le problème par un bout, n'est-ce pas ?) ;
- vous commencez à les mettre dans un album ;
- vous réalisez que vous avez d'autres photos de la même époque... ailleurs et qu'il faut tout recommencer (ampoule !).

Nous vous recommanderions plutôt la méthode suivante : muni d'un sac, d'un carton, ou ce que vous voulez qui tiendra lieu de boîte, parcourez votre logement et récupérez tout ce qui correspond à des photos et à du matériel pour les ranger (récolte). En ce qui concerne les photos numériques, et avant même de vous demander comment vous allez les organiser, regroupez-les toutes au même endroit, dans un répertoire de votre disque dur (boîte).

Deuxième raison : récolter toutes les ampoules nous permet d'envisager (même de loin) la fin du tunnel. Sans cela, la masse des choses à faire pourrait bien nous submerger.

Troisième raison : quand vous en serez aux étapes 2 et 3, qui, elles, vous demanderont une plus grande concentration, vous n'aurez pas envie d'être distrait par un tas informe d'ampoules clignotantes qui réclament votre attention.

Quatrième raison : nous savons aussi qu'il est bien plus facile de faire avancer ses projets d'une manière décontractée si nos ampoules sont comme dans un enclos, au calme, attendant qu'on s'occupe d'elles. Dans la mesure où l'on sait qu'on s'occupera d'elles régulièrement, on garde l'esprit libre pour le reste, pour l'action.

Schéma de récolte

ÉTAPE 1 : LA RÉCOLTE

Ce qui traîne	Ce qui est en cours
Ce qui est incomplet	Ce qui me préoccupe
Ce qui est à réparer	Ce qui me soucie
Ce qui ne me sert plus	Ce qui m'encombre l'esprit
Ce qui n'est pas à sa place	

Et maintenant, voyons concrètement ce que nous allons faire de ces ampoules…

En somme

Une ampoule correspond à « une chose à faire ».

Je me « vide la tête » de toutes mes ampoules mentales à l'aide de la liste de « déclencheurs d'ampoules ». Le support importe peu. Je m'installe en face de mon bureau et je repère les ampoules qui m'entourent.

Je regroupe toutes mes ampoules, mentales et physiques, dans un même contenant.

Par la suite, je localise mes futures boîtes à ampoules pour prendre l'habitude de consulter une fois par jour au moins :
– les fichiers numériques ;
– les messages vocaux ;
– les messages électroniques.

J'élimine les boîtes à ampoules superflues et ne garde que celles qui me permettent de récolter toutes mes ampoules :

– n'importe où ;

– à n'importe quel moment.

J'effectue autant de récoltes que nécessaire, en utilisant au besoin la liste de « déclencheurs d'ampoules » ou en me plaçant aux endroits que je veux organiser.

Chapitre 3

Réfléchir, pour éviter d'agir inutilement

Dans ce chapitre, nous allons, à partir de banales ampoules (dites aussi « choses à faire »), faire appel à vos capacités de réflexion et prendre des décisions.

En effet, il n'est pas possible d'organiser des ampoules telles qu'elles entrent dans notre vie. En revanche, les actions, elles, peuvent être listées, sélectionnées, priorisées... nous verrons comment. Mais avant cela, nous devons aussi décider de l'opportunité d'agir sur ces ampoules.

Repérez-vous dans la méthode

Récolter	Réfléchir	Organiser	Faire le point	Agir
mes ampoules mentales et extérieures	**à ce que c'est et à ce que je veux en faire**	le résultat de mes réflexions	pour savoir où j'en suis et décider sur quoi je vais...	... agir

Pour le moment, vos ampoules sont toutes récoltées. D'autres ampoules vont entrer dans votre vie, en catimini ou parce que vous l'avez voulu. Continuez à les stocker, dès qu'elles arrivent, dans les boîtes qui leur conviennent.

Pour l'essentiel, l'étape 2 consiste à vider les boîtes en décidant, pour chaque ampoule, de ce que vous voulez en faire.

Comment vider mes boîtes ?

Prenez vos boîtes l'une après l'autre et, pour chacune, attrapez la première ampoule qui vous vient sous la main, c'est-à-dire :

- ouvrez le premier message électronique ;
- ouvrez la première enveloppe ;
- empoignez le premier papier ;
- écoutez le premier message ;
- etc.

Ici, le mot « premier » désigne tout simplement l'ampoule qui est sur le haut de la boîte.

Attention

Même si cela vous semble difficile, ne triez pas, ne trichez pas. Si vous commencez par « le plus urgent », « le plus facile », « le plus vieux », ou « le plus récent », utilisant ainsi n'importe quel critère de sélection, vous anticipez les étapes 3, 4 et 5 de la méthode. Vous courez le risque de reproduire ce qui ne vous a peut-être pas réussi jusqu'à présent : un tas d'ampoules prétriées mais aucune action réalisée.

Cet avertissement concerne aussi, vous vous en doutez, vos messages électroniques. Là où vous auriez tendance à faire un tri (par exemple les e-mails de mon boss d'abord, ceux de mes collègues ensuite, ceux de mon frère enfin), nous vous proposons de fonctionner différemment : ne prétriez pas, ici non plus. Ne vous inquiétez pas, vous ne raterez rien. Pas plus les e-mails rigolos que les e-mails urgents. En effet, vous allez les vider, ces boîtes.

Une première question : « Qu'est-ce que c'est ? »

Question 1

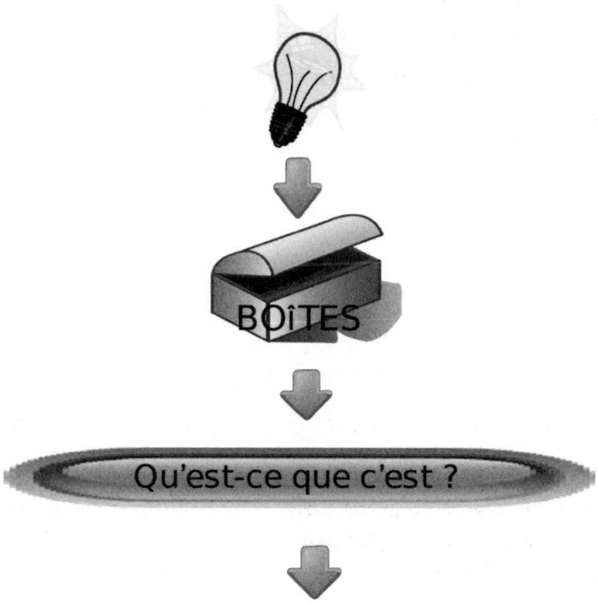

Pour chaque ampoule, posez-vous cette simple question : « *Qu'est-ce que c'est ?* »

Cette question implique de passer le temps qu'il faut (quelques secondes, tout au plus) pour identifier clairement l'ampoule.

À première vue, cette question semble tellement triviale qu'on pourrait se demander pourquoi nous vous recommandons de vous la poser.

C'est tout simplement parce que chacun d'entre nous, quelle que soit son activité, s'est un jour retrouvé à :

- rater un événement ;
- louper un paiement ;
- ne pas comprendre qu'on lui demandait une réponse ;

- se faire relancer pour avoir oublié quelque chose ;
- devoir tout bousculer pour tenir compte d'une urgence qu'il n'avait pas détectée...

faute d'avoir convenablement pris connaissance d'une ampoule.

Ce « *Qu'est-ce que c'est ?* » va vous permettre de faire la distinction entre information pertinente (facture à payer) et inutile (prospectus publicitaire). Même si ces deux papiers arrivent dans la même enveloppe.

■ Un exemple

« Oui, je vois bien que ça vient de mon opérateur téléphonique : je pose l'enveloppe un peu plus loin sur mon bureau, je verrai ça plus tard » devrait être progressivement remplacé par *« J'ouvre l'enveloppe, je lis le contenu des deux papiers qu'elle contient, je repère qu'il y a une facture (qu'il faudra que je paie à un certain moment) et une publicité pour un nouveau service (que je lis pour voir si ça m'intéresse) ».*

Même chose pour vos messages électroniques. Il vous faudra ouvrir chaque e-mail, sauf ceux qui sont évidemment des pourriels (*spams*) : ils ne valent pas la peine de cliquer dessus. Puis, pour chaque e-mail, en prendre connaissance (le lire en entier, pièce jointe comprise) et identifier ce qui doit en découler.

Parfois, nous sommes incapables de répondre du premier coup à cette simple question. Quelques exemples ?

- une petite pièce en métal ou en plastique, vaguement familière ;
- un numéro de téléphone gribouillé à la hâte ;
- des notes écrites, sans date, sans contexte ;
- un courrier reçu, volontairement si peu clair qu'on a la sensation qu'on devrait payer, mais quoi, pourquoi et à qui ?
- des morceaux de jouets, de jeux...

Il semblerait logique qu'une ampoule inconnue finisse à la poubelle. En effet, à quoi sert-elle, si ce n'est à vous encombrer ? Cependant, selon les cas, si vous pensez qu'il vaudrait mieux l'identifier formellement avant d'aller plus loin, il vous faudra alors consulter la ou les personnes susceptibles de reconnaître l'ampoule en question. Il est assez fréquent que, dans le doute, on conserve un certain nombre d'ampoules, parfaitement impossibles à identifier, « au cas où ».

Faites comme vous le jugez bon. Mais, si vous tenez à conserver des ampoules non identifiées, disons des pièces bizarres, dont il est impossible de savoir d'où elles viennent, prévoyez un endroit spécifique pour les stocker. Parce qu'il va être difficile d'en faire quelque chose.

Puis une deuxième question : « Faut-il en faire quelque chose ? »

Après le « *Qu'est-ce que c'est ?* », voici une deuxième question à vous poser : « *Faut-il faire quelque chose avec cette ampoule ?* »

L'ampoule n'est pas l'action

Tout d'abord, il s'agit de distinguer l'ampoule d'une éventuelle action à mener.

Il peut arriver qu'une ampoule ne demande aucune action du tout.

Un exemple : la feuille de paie

Dans votre boîte d'ampoules, vous trouvez une feuille de paie. Ce type de document se conserve jusqu'à la retraite. Vous avez déjà vérifié le montant. Il n'y a donc aucune action à réaliser : pas de réflexion à mener, pas d'appels téléphoniques, pas de courrier à rédiger. Rien, sauf la stocker à un endroit approprié.

Donc, la réponse à la question : « *Dois-je faire quelque chose avec cette ampoule ?* » est NON.

Il se peut aussi que cette ampoule demande une ou plusieurs actions, de votre part ou de celle d'une autre personne, avec une date limite ou non.

■ Un exemple : changer les pneus de la voiture

Vous avez noté sur votre liste d'ampoules mentales : « *Changer les pneus avant de la voiture* ». Imaginons que c'est la première fois que cela vous arrive. Il y a, à l'évidence, une action à mener... La réponse à la question est bien OUI. Toutefois, selon les circonstances, vous pourriez choisir entre :

- prendre rendez-vous avec le garage ;
- vérifier d'abord auprès de votre conjoint quand il ou elle pourrait vous véhiculer un jour de cette semaine puisque votre voiture sera immobilisée ;
- envoyer un e-mail à votre collègue Marie pour lui demander si le déplacement de deux jours à Marseille est confirmé, car vous deviez l'accompagner à l'aéroport ;
- retrouver la carte grise (vous en aurez peut-être besoin) ;
- autre chose...

■ Dois-je vraiment agir ?

Ensuite, il s'agit également de bien faire la différence entre « ce que vous pensez devoir faire » et « ce qu'on vous incite à faire ». Ce n'est pas parce que vous êtes sollicité que vous devez réagir.

Je ne me précipite pas forcément sur mon chéquier dès que je reçois une demande à contribution, je ne réponds pas aux spams, un e-mail de mon collègue peut attendre quelques instants... Ce n'est pas parce qu'on souhaite me faire faire quelque chose que je *dois* le faire. Nous aurons l'occasion d'y revenir.

De même, ce n'est parce que tout le monde le fait ou qu'on l'a toujours fait comme ça, que vous devez continuer à le faire aussi.

Deux réponses possibles à la question « *Faut-il faire quelque chose avec cette ampoule ?* » : NON ou OUI (voir chapitre 4).

Commençons par le plus simple.

■ Quand la réponse est NON

Si la réponse à la question « *Dois-je faire quelque chose avec cette ampoule ?* » est NON, vous avez deux possibilités.

Question 2

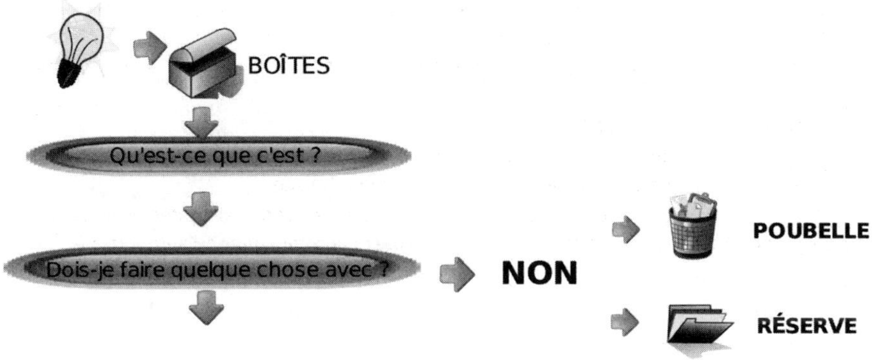

Première possibilité : la poubelle

Vous avez identifié l'ampoule. Et vous constatez que :

- il n'y a plus rien à faire avec elle ;
- vous ne souhaitez rien faire avec elle ;
- vous avez changé d'avis ;
- vous n'aviez rien demandé ;
- elle ne vous plaît pas ;
- elle n'est plus d'actualité ;
- vous l'avez déjà ailleurs ;
- elle a été remplacée depuis par une information à jour ;
- elle ne vaut rien...

Vous jetez l'ampoule. Tout simplement.

■ **Quelques exemples**

Le prospectus du grand concours pour petits peintres du centre culturel de Granges-les-Banlieues : vos enfants détestent la peinture, poubelle.

La bonne blague envoyée par Internet par votre beau-frère : pas drôle, corbeille.

L'invitation à la réunion de service du 18 juin, déjà notée dans votre agenda : poubelle.

L'article sur la certification qualité, sujet sur lequel vous avez acheté le dernier bouquin paru, bien plus à jour et détaillé : poubelle.

L'invitation au colloque sur les nouveaux modes de promotion, c'est pendant vos vacances : poubelle...

La pub pour de nouvelles fenêtres : vous êtes locataire, poubelle.

Le brouillon de votre discours pour le mariage de Julie, samedi dernier : c'est passé, vous l'avez au propre, corbeille.

Deuxième possibilité : la réserve

Réserve

Va en réserve n'importe quelle ampoule sur laquelle il n'y a pas lieu d'agir mais que vous voulez conserver en vous disant : *« Un jour, peut-être, j'en aurai besoin »* ou encore : *« Un jour, peut-être, j'aurai envie de la retrouver. »*

Dans cette réserve, vous voulez pouvoir remettre la main sur chaque objet ou information, quand vous le souhaitez, ni avant (cela vous encombrerait), ni après (ce serait trop tard).

Ce qui rentre dans la catégorie *Réserve*

Vos centres d'intérêt :

- les catalogues de voyage si vous aimez barouder ;
- les recettes de cuisine si vous êtes un cordon bleu ;
- les catalogues de produits vidéo si vous êtes un fan de home cinéma ;
- les dépliants des fabricants de carrelage si vous amassez les informations avant même de décider si vous allez refaire votre salle de bains ;
- les informations concernant vos concurrents si vous êtes au service marketing ;
- les plaquettes de fournisseurs potentiels si vous travaillez aux services généraux ;

etc.

Les documents à conserver :

les archives professionnelles et personnelles (feuilles de paie, déclaration de revenus, rapports d'activité, comptes rendus de réunions...).

Ce qui fait votre vie :

- les photos ;
- les souvenirs ;
- les livres ;
- les jeux de société ;
- les outils de bricolage ;
- les vêtements ;
- les œuvres d'art de vos enfants (celles que vous conservez, en tout cas) ;
- le matériel de camping, de sport, de plein air ;
- les décorations de fête ;

Tout cela sera à placer dans vos réserves. Bien entendu, nous vous détaillerons comment les organiser dans le chapitre *Organiser le résultat de mes réflexions*.

En somme

Pour chaque ampoule collectée, je me pose ces questions :

– Qu'est-ce que c'est ?

– Faut-il en faire quelque chose ?

Si NON,

si je n'ai aucune raison de la conserver, cette ampoule va à la poubelle ;

si je souhaite retrouver cette ampoule, je la conserve dans ma réserve.

Si OUI,

je passe au chapitre suivant.

Chapitre 4

Réfléchir, pour agir efficacement

Souvenez-vous, nous avons abordé dans le chapitre précédent la question de l'action : « *Faut-il faire quelque chose avec cette ampoule ?* » Le chapitre précédent abordait le NON. Mais si vous répondez OUI ?...

Repérez-vous dans la méthode

Récolter	Réfléchir	Organiser	Faire le point	Agir
mes ampoules mentales et extérieures	**à ce que c'est et à ce que je veux en faire**	le résultat de mes réflexions	pour savoir où j'en suis et décider sur quoi je vais...	... agir

Si, à la question « *Dois-je faire quelque chose avec cette ampoule ?* », vous avez répondu OUI, nous vous proposons de vous interroger une troisième fois.

Troisième question : « Est-ce rattaché à un de mes projets en cours ? »

Projet

Un projet est un résultat souhaité, sur lequel je m'engage et qui s'atteint en plusieurs actions.

Chaque mot de cette définition est important. Dans notre méthode, un projet n'est pas une envie, une idée, un souhait, une obligation… mais, avant tout, un résultat désiré.

Autrement dit, avant d'aller plus loin, vous devez, de toute façon, avoir une vision claire du résultat à atteindre. Si ce n'est pas le cas, c'est que vous n'avez pas un projet en tête, mais autre chose. Un résultat qui n'est pas clair conduit soit à des actions inappropriées soit… à aucune action.

« … *je m'engage* » est également important. Il n'y a projet, d'après nous, que s'il y a engagement réel de votre part à le réaliser. Une demande émanant de votre patron, si elle n'a pas de sens pour vous ou que vous ne l'approuvez pas, n'est pas un projet. Parce qu'il n'y aura rien d'étonnant à ce que vous n'agissiez jamais pour accéder à la demande de votre chef : vous n'y croyez pas, tout simplement. Inconsciemment, avec souvent la meilleure bonne foi du monde, vous serez toujours trop occupé pour passer à l'action, tout en sachant que « vous devez » vous en occuper. Si vous vous trouvez dans ce type de situation, reportez-vous à la deuxième partie de ce guide.

« … *qui s'atteint en plusieurs actions* » : lors du déroulement d'un projet, il faut s'attendre à devoir affronter une série de tâches, une foule d'informations et de nombreux allers-retours pour atteindre le résultat visé par le projet.

■ **Un exemple**

Vous recevez un courrier d'un client insatisfait. Après lecture, vous notez que votre entreprise lui a vendu un article présentant un défaut. Pour savoir quoi faire de cette lettre, vous avez besoin de connaître le résultat que vous attendez de votre action.

Voulez-vous que ce client déçu redevienne un client fidèle ? Voulez-vous éviter que d'autres articles de la même série ne présentent également un défaut ? Voulez-vous faire un inventaire des réclamations reçues ?

Ayant défini l'objectif à atteindre, qui dépend de votre définition de poste (autrement dit de vos projets professionnels), vous pourrez déterminer quelle action vous voulez mettre en œuvre pour aboutir à ce résultat. Alors que, sinon, vous hésiterez entre envoyer un mot d'excuse et un bon d'achat pour dédommager votre client, contacter l'usine pour savoir ce qu'il s'est passé avec l'objet ou simplement saisir la réclamation dans une base de données… voire ne rien faire.

Au besoin, vos projets sont vos filtres

Il n'est pas possible d'agir simultanément sur la totalité des ampoules que le monde extérieur nous soumet ou que nous proposons nous-mêmes à notre attention. Il faut donc effectuer un tri, ne serait-ce que pour savoir à quoi réagir et par quoi commencer. C'est ce tri des ampoules *via* vos projets qui va vous permettre de maîtriser le flux des informations qui croisent votre route.

Quelques exemples

Ce détour par vos projets (« *Cette action que je dois faire appartient-elle à mes projets en cours ?* ») vous permet de répondre poliment à qui vous sollicite : « *Mon emploi du temps ne me permet pas de répondre positivement à votre demande. Rappelez-moi dans cinq mois.* » Ou d'être sincère en disant : « *Christine, j'adorerais venir avec toi ce week-end mais je reçois des amis à la maison samedi.* » Ou encore de vous dire : « *Certes, j'adore dialoguer avec mes copains virtuels sur ZoZ mais je crois que ça peut attendre dimanche, après que j'ai revu mes maths.* » Ou de rétorquer à votre patron qui veut vous déléguer NouveauClient, toutes affaires cessantes : « *Je travaille en ce moment sur CherClient et SuperbeClient. Lequel voulez-vous que je décale pour me concentrer sur NouveauClient ?* »

Voici quelques exemples de projets et leur répercussion sur la façon de traiter les ampoules qui arrivent. Du coup, il devient facile de privilégier les informations qui entrent dans le cadre de mes projets… et de décliner ce qui ne s'y rattache pas. Ce qui nous enlève un bon poids d'interrogations (« *J'y vais ou pas, à cette réunion ?* ») et simplifie singulièrement nos choix.

Exemples de tri d'informations

1) **Pour pouvoir financer les études supérieures de mes enfants** (somme estimée : XXX euros par enfant, à leur majorité)

J'accepte l'offre de livret jeune de mon banquier.

Je refuse l'offre boursière risquée.

2) **Pour me servir de toutes les fonctionnalités de ma messagerie** d'ici mon entrée en fonction dans mon nouveau poste

J'accepte : je garde la copie du plan de formation qui concerne mon service.

Je refuse : je rends le catalogue de formation *Sécurité au poste de travail.*

3) **Pour obtenir mon diplôme**

J'accepte : j'écoute les conseils de mon professeur.

Je refuse : je me retiens de chatter sur Internet jusqu'à 1 heure du matin tous les jours.

4) **Pour reconstituer l'arbre généalogique de la famille**

J'accepte : je teste le logiciel qui permet de consolider toutes les informations généalogiques.

Je refuse : je décline la nouvelle version du traitement de texte vedette.

5) **Pour faire des travaux manuels avec les enfants** et passer de bons moments ensemble (au moins un par mois)

J'accepte : je surfe sur les sites Internet pleins de ressources.

Je refuse : j'ignore les sites de vente de vêtements par correspondance.

6) **Pour inviter mes amis** au moins une fois par mois

J'accepte : je recherche les recettes réalisables en moins de trente minutes.

Je refuse : je ne sélectionne pas les plats sophistiqués et trop longs.

7) **Pour toucher l'intégralité de mes commissions** d'ingénieur commercial au troisième trimestre

J'accepte : je sollicite les commentaires de mon directeur des ventes.

Je refuse : je répondrai ce soir aux e-mails personnels.

8) **Pour réussir à aller à la piscine** deux fois par semaine, même en hiver

J'accepte : je place la carte d'abonnement stockée au bon endroit.

Je refuse : je remets en cause la télévision comme unique façon de passer la soirée.

Nous avons dédié un chapitre à cette composante importante de l'organisation qu'est la réflexion sur notre vie et à ce que nous voulons en faire (voir partie II, chapitre 1). Nous vous recommandons de vous y reporter pour plus de détails.

Que faire des projets à long terme ?

Vous remarquerez que, contrairement à ce que nous aurions tous tendance à faire, nous ne faisons pas de différence ici entre projet à long terme, à court terme ou à moyen terme. En effet, à partir du moment où vous vous engagez sur un projet, que ce soit l'apprentissage du japonais (résultat : « *tenir une conversation avec le serveur du Yakitori Bar près de chez moi, même si ça doit prendre deux ans* ») ou changer la chasse d'eau qui fuit (résultat : « *se servir des toilettes convenablement dès ce soir* »), il y a projet.

On confond souvent « projet à long terme » et « non urgent ». En effet, s'il est à long terme, il nous semble logique qu'il passe forcément derrière ce qui réclame notre attention immédiate. Un projet dit « à long terme » est juste un projet dont le résultat sera visible dans un délai plus long. Cela ne veut pas dire qu'il faille le négliger. En réalité, la notion d'urgence n'entre pas en ligne de compte ici ; nous l'aborderons en détail à l'étape 5. Ce qui compte, c'est que je veux à la fois réparer ma chasse d'eau et commencer à apprendre le japonais même si je ne serai capable de soutenir une conversation dans cette langue que dans deux ans.

Quatrième question : « Comment saurai-je que j'ai accompli ma mission sur cette ampoule ? »

Confucius disait : « *Qui veut gravir une montagne commence par un pas.* » Et nous ajoutons : « *Qui veut gravir une montagne commence par choisir à laquelle il s'attaquera.* »

Dans la plupart des cas, pour les petits actes de la vie quotidienne, visualiser clairement le résultat à atteindre suffit à vous permettre de savoir quoi faire. Exemples :

Ampoule	Comment saurai-je que j'ai accompli ma mission sur ce sujet ?
Facture d'électricité	Quand la somme demandée par la compagnie d'électricité aura été prélevée de mon compte en banque.
Facture de téléphone anormalement élevée	Quand j'aurai obtenu que l'appel non passé et facturé 75 euros sera retiré de mon compte.

.../...

.../...

Ampoule	Comment saurai-je que j'ai accompli ma mission sur ce sujet ?
Petite plaie d'un enfant	Quand l'enfant ne pleurera plus et que la blessure sera désinfectée.
Évier plein	Quand l'évier sera vide et propre.
Rapport à faire	Quand le rapport sera terminé, mis en page et sur le bureau – virtuel ou réel – de tous les membres du service concernés.
Cheveux trop longs	Quand je pourrai me regarder dans une glace sans plisser le nez.
Annonce d'un concert des New York Auberge	Quand ma fille rentrera du concert le sourire aux lèvres le soir de son anniversaire.
Livre d'organisation personnelle	Quand j'aurai terminé de lire le livre et noté ce que je peux en tirer pour l'organisation de ma propre vie.

Questions 3 et 4

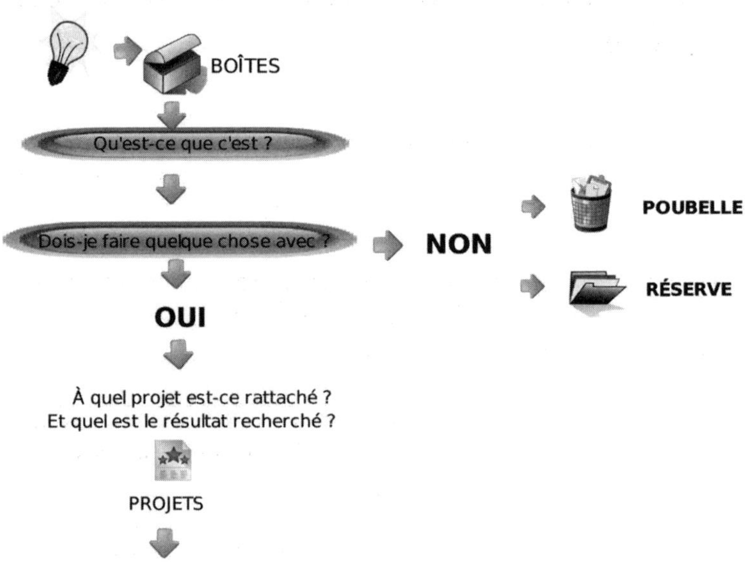

Vous noterez qu'il s'agit là d'exemples qui sont tous personnels. Ainsi, pour le dernier exemple, du tableau ci-dessus, votre résultat peut être différent selon vos envies, votre âge, vos besoins... Par exemple : « *quand j'aurai envoyé ce livre à ma belle-fille par la poste pour sa fête* » ou « *quand je l'aurai utilisé pour caler le meuble du salon* ».

Mais notre vie est aussi faite de cas plus complexes, pour lesquels il est nécessaire de se poser une quatrième question.

Donc, en ayant en tête le résultat souhaité, posez-vous cette ultime question :

Une cinquième et dernière question : « Quelle est la prochaine plus petite action physique à réaliser pour avancer vers ce résultat ? »

« *Ne pas commencer est la garantie de ne jamais arriver au résultat souhaité.* »

Proverbe

3PA

Une 3PA est la **P**lus **P**etite **P**rochaine **A**ction physique que je peux effectuer pour avancer vers le résultat que je souhaite.

Cette 3PA est parfois confondue avec la première étape du projet. Attention, ce n'est pas la même chose. Il y a souvent une seule 3PA par ampoule.

■ **Un exemple**

Reprenons l'exemple du chapitre précédent : le premier changement des pneus avant de la voiture. Selon les circonstances, vous choisiriez entre :

- prendre rendez-vous avec le garage ;
- vérifier d'abord auprès de votre conjoint quand il pourrait vous véhiculer un jour de cette semaine ;

- envoyer un e-mail à votre collègue Marie pour lui demander si le déplacement de deux jours à Marseille est confirmé, parce que vous la conduisez à l'aéroport ;
- retrouver la carte grise (vous en aurez besoin).

Voyons si les solutions listées ci-dessus répondent à notre définition d'une 3PA.

On constate que, même s'il s'agit de prochaines actions potentielles, aucune des actions ci-dessus n'est *la* 3PA. En effet, avant de me précipiter sur mon conjoint, ma collègue ou ma carte grise, il y a une toute petite action, qui démarre et déclenche le tout : appeler le garage pour savoir combien de temps ma voiture sera immobilisée pour un changement de deux pneus. C'est elle, ma 3PA.

Tout dépend de cette information. Car, en fait, comme c'est la première fois que cela m'arrive, je ne sais pas quel temps est nécessaire pour réaliser cette opération, ce qui m'empêche de planifier quoi que ce soit à ce sujet. Après tout, je me rendrai peut-être compte qu'il ne me faut qu'une légère adaptation de mon planning pour atteindre le résultat escompté. Et non une demi-journée comme je l'imaginais. J'irai au garage mardi matin, à 8 heures, et serai à l'heure pour mon premier rendez-vous de la matinée, pneus changés.

L'art de la 3PA

Distinguer projet et 3PA

Sur une liste de choses à faire « classique », vous noteriez quelque chose comme : « *Nettoyer le garage* » ou « *Organiser la fête de Damien* ». Il s'agit là de mini-projets, puisqu'ils requièrent plusieurs activités pour parvenir au résultat. L'astuce consiste à bien distinguer la tâche « unitaire » du projet auquel elle se rattache. C'est cette gymnastique mentale qui rendra vos projets faisables. En procédant ainsi, vous ramenez le projet, parfois informe et décourageant, à quelque chose de bien plus facilement gérable, comme « *Trier le premier carton* » ou « *Appeler la femme de Damien* ».

Pensez « physique »

Il est souhaitable que vous décomposiez vos projets jusqu'à arriver à une 3PA aussi physique que possible, pour que vous vous imaginiez facilement la réaliser et que vous anticipiez les outils dont vous pourriez avoir besoin.

Pensez que, plus les 3PA sont libellées « physiquement », plus vous aurez de fluidité à les manipuler, à faire passer l'une avant l'autre, à les faire rentrer dans un laps de temps donné... voire à les déléguer au dernier moment.

Tout est dans la formulation

Puisqu'il s'agit de passer à l'action, vous mettrez toujours un verbe dans l'intitulé de votre 3PA, et autant que possible un verbe d'action : plutôt « *écrire* » que « *réfléchir* », plutôt « *téléphoner* » que « *prendre rendez-vous* », plutôt « *aller à Carrechan* » que « *acheter* ». Du coup, au lieu de devoir vous souvenir ce que signifie le mystérieux « *Prévisionnel Q4* », vous serez plutôt confronté à « *Récupérer les chiffres des ventes Q3 sur base marketing* », énoncé sans ambiguïté. Ce petit effort de rédaction aura un effet étonnant sur votre efficacité.

Exercice 8 : Une petite action faisable

Comparez par exemple les impressions que vous ressentez en lisant ces deux intitulés :
« *Préparer la présentation pour le comité de pilotage* »

____
____
____

« *Noter quatre idées pour la présentation du comité de pilotage* »

____
____
____
____

En rétrécissant la taille du travail à faire... c'est bien moins intimidant ! Et cela donne une dimension finie à votre tâche : elle a un début et une fin. Alors que « *préparer* » peut signifier beaucoup de résultats : d'un vague brouillon à un réel show multimédia. Le choix du verbe que vous employez pour votre 3PA est très important. Idéalement, vos 3PA sont familières, aussi peu effrayantes que possible.

■ À la recherche de la meilleure 3PA

Voici encore quelques exemples de recherche de 3PA, pour vous aider à bien cerner le concept.

Sophie et ses fiches d'activité

Sophie, l'assistante du cabinet d'experts comptables, souhaitait que les collaborateurs recommencent à lui remettre leur fiche d'activité hebdomadaire, chose qu'ils avaient progressivement arrêté de faire, car ils sont surchargés de travail. Or, il entre dans la mission de Valérie de saisir et consolider ces informations.

Réfléchissant à ce projet et au résultat souhaité, sa première réponse à la question : « *Quelle est la plus petite prochaine action physique à réaliser ?* » est : « *Renvoyer par e-mail les fiches d'activité à chacun* ». En même temps, elle commente : « *Il va falloir que je fasse le tour de tous les bureaux pour aller les convaincre individuellement de l'intérêt de ces fiches. Ça va me prendre un temps fou et je ne suis pas sûre de réussir.* »

Incitée à creuser davantage, elle se rend compte que si elle veut être plus efficace, sa 3PA idéale est d'aller voir son supérieur pour qu'il rappelle lui-même à ses collaborateurs l'intérêt des fiches d'activité. Dès lors, Sophie n'aura plus qu'à faire vraiment son travail.

■ Solutions

J'aurai le résultat voulu quand : les informations des fiches d'activité hebdomadaire de mes collègues seront répertoriées sur ordinateur.

3PA : aller voir mon chef pour qu'il rappelle à ses collaborateurs l'intérêt des fiches d'activité.

Robert, sa femme et leur chauffage

Robert veut rénover le système de chauffage de son appartement. Son résultat souhaité est la satisfaction de sa femme qui, frileuse, déplore la vétusté de leur système actuel. Robert fait des recherches sur Internet depuis des semaines pour trouver quelle pourrait être la meilleure solution technique. Pendant ce temps, sa femme grelotte...

D'après lui, sa 3PA s'appelle « *Trouver le bon système de chauffage* ». Puis Robert réfléchit, reconnaît que cette première réponse ressemble plus à une première étape qu'à une action et se dit que son métier, après tout, n'est pas d'être chauffagiste. Sa première étape serait plutôt de trouver un professionnel de ce secteur. Et, tout bien considéré, sa 3PA n'est même pas « *Chercher sur les pages jaunes un installateur de chauffage* », mais « *Appeler Alain* », l'ami qui vient de faire réaliser le même genre de travaux et pourrait lui recommander son fournisseur.

Cette Plus Petite Prochaine Action ne va lui prendre que quelques minutes, agréables de surcroît, et lui permettra d'avancer vers son résultat.

■ **Solutions**

J'aurai le résultat voulu quand : ma femme sera satisfaite de la température de l'appartement.

3PA : appeler Alain pour lui demander l'adresse de son fournisseur pour le chauffage.

Jacques et son plan de commission

Jacques doit préparer le plan de commission de ses collaborateurs commerciaux pour la fin de l'année. Il prévoit qu'il devrait en avoir pour deux heures d'affilée. C'est ce qu'il se dit depuis le mois d'août.

Placé devant ce mini-défi de trouver la 3PA correspondant à cette ampoule, il répond : « *Me dégager deux heures de temps* ». Ce qui semble, pour lui, la condition *sine qua non* de la réalisation de son objectif. Or, il est débordé et c'est le premier pas qui lui coûte. S'il avait deux heures devant lui (rarissime), il sait bien qu'il ferait une autre activité plus stimulante. Nous lui rappelons qu'**une 3PA est, autant que faire se peut, une action physique.**

Réfléchissant quelques instants, il réalise qu'avant toute chose, avant même de se bloquer du temps, il pourrait imprimer – ça ne l'engage à rien – le plan de commission de l'an dernier, pour s'y référer. C'est ce tout petit premier pas, même s'il n'a l'air de rien, qui va le mettre sur la voie.

Jacques sait bien que, une fois devant le document, il le lira, puis que les idées lui viendront (de toute façon, il y pense depuis le mois d'août) et puis que, automatiquement, le reste en découlera. Même s'il doit réaliser son plan de commission en plusieurs fois. Au moins, il aura commencé.

Il décide que sa 3PA sera « *Imprimer le plan de l'an dernier* » : soit dix secondes de sa vie de responsable débordé pour se donner une chance d'avancer sur ce projet important.

■ **Solutions**

J'aurai le résultat voulu quand **:** j'aurai devant moi le plan de commission de mes collaborateurs commerciaux terminé.

3PA **:** imprimer le plan de commission de l'an dernier.

Stéphanie veut apprendre la guitare

Un rêve de gamine, elle a toujours voulu apprendre à jouer de la guitare, juste gratouiller, pour s'accompagner quand elle chante des chansons qu'elle aime bien, rien de bien sorcier. Elle a attendu, comme souvent, de trouver le temps : « *Je vais attendre que les enfants soient grands pour me dégager une heure et aller prendre des cours.* »

Mais quelque chose l'arrête, les urgences, la course de la rentrée des classes aussi. Un jour, elle réfléchit au résultat qu'elle espère vraiment : elle se dit qu'elle apprendra plus vite si elle essaie toute seule, avec une méthode achetée à la

Méganac, comme la moitié des guitaristes. De toutes les manières, elle ne veut pas s'épuiser des heures pour devenir une virtuose, alors...

Puis elle se souvient de sa copine Axelle, qui lui a dit qu'elle avait une vieille guitare à lui prêter, si ça la tentait. Elle note sur sa liste : « *E-mail pour demander sa guitare à Axelle* ».

■ **Solutions**

J'aurai le résultat voulu quand **:** je pourrai gratouiller sur une guitare pour accompagner les petites chansons que ma fille apprend à l'école et quelques-unes de mes chansons favorites.

3PA **:** envoyer un e-mail pour demander sa guitare à Axelle.

Benjamin doit faire un exposé

La prof a été claire : un exposé sur les conséquences économiques de l'explosion de la bulle Internet en France. Benjamin a deux mois pour boucler ça. Le sujet le passionne et il veut faire quelque chose de bien, mais rédiger 10 pages sur ce sujet, ça lui paraît au-dessus de ses forces.

Il réfléchit donc à son résultat souhaité : un exposé clair, facile à comprendre, agréable à entendre (avec des exemples et des anecdotes), et un plan simple. Comme l'événement est récent, il sait que les encyclopédies de la bibliothèque universitaire n'en parlent pas. Il doit chercher des idées dans la presse ou... sur Internet.

Il note donc sa 3PA : faire une recherche sur « *conséquence bulle Internet* » sur son moteur de recherche favori... Mais son portable ne permet pas une recherche sur Internet. Il devra utiliser celui de son père. Soit. Il note alors : « *Demander à Papa quand je pourrai utiliser le micro* ».

■ **Solutions**

J'aurai le résultat voulu quand **:** j'aurai présenté mon exposé devant la classe, le jour prévu, et obtenu une note égale ou supérieure à la moyenne.

3PA **:** demander à Papa quand je pourrai utiliser le micro.

Élise organise l'anniversaire-surprise de son mari

Elle l'imagine déjà, avec un air ahuri, rentrant du boulot et tombant sur la moitié de sa classe de terminale B2… Elle les a déjà tous retrouvés, et elle a décidé avec tous ses autres amis de lui faire la surprise de sa vie pour ses 40 ans.

Mais par où commencer ? Bien sûr, gourmande comme elle est, elle meurt d'envie de choisir le menu. Mais fera-t-elle un buffet cocktail ou un dîner ? Et pour combien de personnes ? Elle devrait d'abord faire la liste des invités. C'est sûr. Mais, hum, hum, la moitié de la classe de terminale, ça fait déjà 15 personnes quand même… A-t-elle assez de chaises ? Assez de place, même ? Non. Elle pourrait faire ça au restaurant, mais ça coûterait cher. Une salle de location ? Il serait capable d'avoir des doutes, le bougre. Pourquoi pas dans la grande maison de Patrick, son meilleur copain, un soir où ils se donnent habituellement rendez-vous pour aller au tennis ?

Du coup, elle indique sur sa liste 3PA : « *Demander par téléphone à la femme de Patrick si elle veut bien héberger l'anniversaire-surprise de mon mari* ». Euh… enfin, elle a plutôt mis : « *Tél femme Patou pour horaire cours de tennis* », on ne sait jamais, si son mari consultait son agenda…

■ **Solutions**

J'aurai le résultat voulu quand : tous les amis de mon mari seront réunis au même endroit le soir de ses 40 ans, et lui souhaiteront : « *Joyeux Anniversaire !* » quand il y arrivera.

3PA : téléphoner à la femme de Patou pour lui demander si elle veut bien prêter sa maison pour la fête.

Vous aviez évidemment remarqué que les résultats voulus, pour une même ampoule, pouvaient être très variables (ce qui ne vous autorise tout de même pas à utiliser ce livre pour caler le meuble du salon…). On retrouve la même chose pour les 3PA. Ainsi, si Élise était riche, pour l'anniversaire-surprise de son mari, elle commencerait par trouver les coordonnées d'un organisateur de fête professionnel.

Et si elle était fauchée et n'avait pas de copain Patrick, elle chercherait courageusement une salle des fêtes bon marché ou demanderait à tous ses amis s'ils veulent bien apporter une chaise. L'important, quelle que soit la 3PA choisie, c'est qu'elle permettra, avec plusieurs autres ensuite, d'aboutir au même résultat : une chorale de « *Joyeux Anniversaire !* » par tous les amis de son mari, le soir de ses 40 ans.

En somme

Placé devant une ampoule dont je me dis que je dois en faire quelque chose,

- je vérifie si elle s'inscrit dans mes projets ;
- je cherche le résultat que j'attends de cette ampoule ;
- je réfléchis jusqu'à trouver la Plus Petite Prochaine Action qui me permettra d'avancer vers mon résultat.

Une ampoule égale plusieurs résultats possibles, mais un seul souhaité.

Un résultat souhaité égale plusieurs actions possibles, mais souvent une « meilleure » 3PA.

Question 5

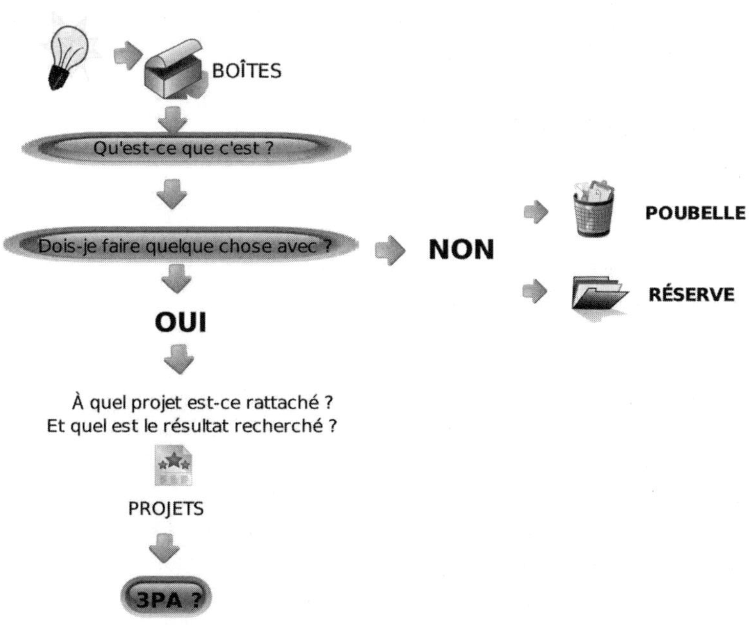

3PA, mon amie pour l'action

Une fois détectée ma Plus Petite Prochaine Action, il y a trois possibilités :

- l'action à faire prend moins de deux minutes, je la fais tout de suite ;
- elle va me prendre plus de deux minutes, je vais la reporter (mais pas n'importe comment) ;
- je vais la déléguer à une autre personne.

J'agis tout de suite : la 3PA express

Si l'action me prend moins de deux minutes et si je peux matériellement l'accomplir, je la fais immédiatement.

Ce temps de deux minutes est-il impératif ? Dois-je chronométrer tout ce que je fais pour savoir combien de temps j'y passe ?

Non, inutile de tout chronométrer. Il s'agit d'une indication. L'action peut vous prendre deux minutes trente ou cinq minutes. Cela correspond à votre perception de l'immédiateté.

C'est fou tout ce qu'on peut faire en deux minutes.

En deux minutes, on peut :

Au bureau

- Trier ce qui est accroché sur le panneau d'affichage
- Écrire un petit e-mail de remerciement
- Remettre le téléphone portable à charger
- Chercher un numéro de téléphone
- Ranger un tiroir du bureau
- Nettoyer l'écran de l'ordinateur
- Tailler les crayons
- Remettre du papier dans l'imprimante
- Synchroniser agenda électronique et ordinateur
- Synchroniser agenda du sac et calendrier familial
- Retirer de sa boîte e-mail tous les messages à supprimer
- Prendre un rendez-vous par téléphone

Pour se faire plaisir
- Ouvrir une fenêtre et respirer un grand coup, ça calme
- Boire un verre d'eau
- Faire une petite pause
- Regarder sa liste 3PA et admirer son organisation qui prend forme
- Réfléchir aux emplois du temps des prochains jours
- Faire cinq pompes, ça impressionne
- S'étirer
- Se mettre de la crème sur les mains (ou les coudes)
- Allumer une bougie qui sent bon
- Mettre un bon disque

Dans toute la maison
- Balayer les marches du perron
- Arroser les plantes
- Nettoyer la vitre de la porte d'entrée
- Ramasser tout ce qui traîne et mettre le tout dans un panier pour le monter la prochaine fois qu'on empruntera l'escalier
- Ranger tous les manteaux et vestes qui traînent sur les chaises
- Ranger les jouets des enfants qui traînent dans le salon
- Monter le panier plein de choses qui se trouve en bas de l'escalier et ranger le contenu
- Changer des piles

Dans la cuisine
- Ouvrir les volets
- Nettoyer le plan de travail
- Nettoyer la cafetière
- Mettre la table du petit déjeuner la veille, ou préparer la cafetière pour le lendemain matin
- Retirer les expériences scientifiques du frigo
- Faire des glaçons
- Préparer la poubelle pour la sortir et remplacer le sac

Dans le séjour
- Remettre bien les coussins du canapé
- Regarder ce qu'il y a sous le canapé
- Ranger les livres
- Ranger les cassettes vidéo, les CD sortis
- Retirer les feuilles mortes des plantes
- Rapporter emballages, verres et assiettes vides à la cuisine

Dans la voiture
- Trier son sac à main et les vide-poches
- Se détendre

Et si l'action n'est pas urgente, dois-je la faire tout de même ?

Oui, l'astuce est là, précisément. Nous vous rappelons que les actions dont nous parlons ici sont issues d'une ampoule mentale ou extérieure, clairement identifiée, pour laquelle vous venez de décider qu'une action est requise, puisque cette dernière s'inscrit dans vos projets. Dès lors, aucune raison de ne pas passer à l'acte, d'autant plus que c'est facile et rapide, et que vous avez le matériel sous la main à cette minute précise.

Donc, pour chaque ampoule dont vous prenez connaissance, pourvu qu'elle passe haut la main la série des cinq questions de notre méthode, vous exécuterez sa 3PA si elle vous prend moins de deux minutes.

Évidemment, comme nous recherchons systématiquement à trouver la Plus Petite Prochaine Action, on se réjouit de constater que bon nombre d'entre elles tombent dans ce cas.

Pas toutes, cependant.

Si l'action, une fois terminée, appelle une autre action qui prendra moins de deux minutes, dois-je la faire tout de suite ?

Oui, si vous en avez le temps. Mais vous pouvez aussi la noter sur votre liste de 3PA pour la faire plus tard. Parfois, c'est plus efficace de faire les choses tout de suite… ainsi, vous venez d'appeler un organisme de vacances pour réserver une semaine à la mer, autant faire immédiatement le chèque d'acompte pour bloquer l'option. Mais à ce rythme-là, vous risquez parfois de ne pas arriver au bout de la boîte d'ampoules dans la journée pour vous être laissé « emporter » par la première ! À vous de voir, suivant votre emploi du temps et votre style – « zappeur » (stimulé par la variété des tâches) ou « buffle » (besoin d'aller au bout d'une tâche avant de passer à la suivante).

Dans tous les cas, l'ampoule d'origine ne doit pas retourner dans la boîte d'ampoules. Nous verrons un peu plus loin où il conviendra de la mettre une fois qu'elle aura été traitée.

Mine de rien, même en n'agissant qu'une première fois sur cette ampoule qu'il faudra peut-être reprendre pour d'autres 3PA, vous avez fait un grand pas en seulement deux minutes. Commencer à agir sur un sujet, c'est un moyen efficace de se sentir moins démuni ou débordé la prochaine fois : c'est plus facile de continuer que de commencer une démarche.

Si l'ampoule me vient en plein travail, dois-je m'interrompre pour traiter la 3PA express ?

Non. En général, il vaut mieux ne pas multiplier les interruptions, car on perd du temps à retrouver le niveau de concentration antérieur. Dans ce cas-là, vous pouvez stocker l'ampoule dans votre boîte à ampoules (le temps de finir ce sur quoi vous travaillez) ou noter la 3PA, une fois définie, sur votre liste 3PA. Voir ci-dessous comment procéder pour les actions à réaliser ultérieurement.

■ **Quelques exemples**

Vous êtes à la maison en train de faire votre repassage. Votre enfant rentre de l'école et vous annonce que son copain l'invite à son anniversaire le samedi suivant à 15 heures. Il lui faut la réponse pour le lendemain. Vous n'interrompez pas votre tâche en cours, mais l'invitez à glisser l'invitation dans votre boîte à ampoules. Vous la videz rituellement tous les soirs. Vous aurez, à ce moment-là, le temps de regarder sur votre agenda si votre fils est libre, et vous aussi pour l'accompagner.

Vous travaillez sur un rapport à remettre prochainement. Le téléphone sonne. Martin vous demande de lui envoyer un document par e-mail d'ici la fin de la journée. Vous raccrochez, définissez la 3PA : envoyer le document par e-mail. Vous notez cette 3PA sur votre liste 3PA (voir ci-dessous) pour la finir d'ici ce soir.

Il y a évidemment un cas où vous êtes obligé de tout interrompre pour accomplir le travail demandé, c'est s'il représente une véritable urgence : quelque chose que vous devez faire immédiatement au risque d'avoir de gros problèmes.

Sinon, retenez qu'on ne vide sa boîte à ampoules (et donc qu'on ne passe à l'action « express ») que pendant un moment dédié à ça. Le reste du temps est consacré à votre « travail », c'est-à-dire à traiter les 3PA de votre liste.

3PA Express

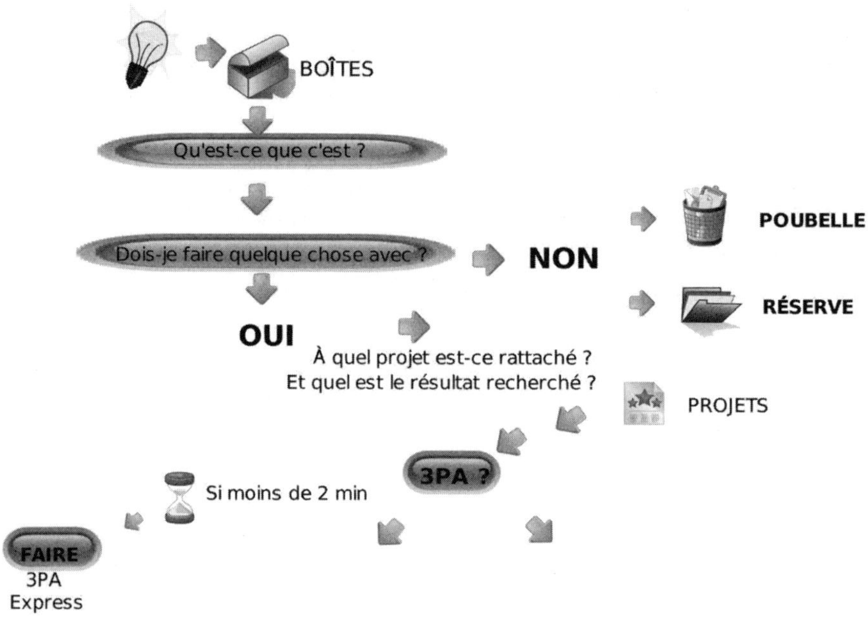

Si l'action me prend plus de deux minutes, ou si je ne peux pas la faire tout de suite, je la reporte. Bien entendu, « *je la reporte* » signifie simplement « *je ne la fais pas tout de suite* ». Et non « *je la repousse le plus tard possible* ».

▪ L'action doit être effectuée à une date limite ou un moment précis : je la note sur mon agenda

Pour chaque document sur lequel vous ne pouvez pas agir tout de suite, repérez s'il vous demande une action à date fixe. Pas une action que vous *aimeriez* accomplir à telle ou telle date, mais ce qui *doit être fait* à cette date, et parfois à une heure précise.

Ce sont ces éléments-là, et seulement ceux-là, que vous allez mentionner à une date précise dans votre agenda. Vous ne trouvez aux pages *jours* de votre agenda, et dans les tâches datées de votre PDA, que ces tâches-là, pas des tâches que « *j'aurais bien voulu faire ce jour-là* ».

Fausse bonne idée : la liste de choses à faire quotidienne

Depuis des années, vous avez lu des méthodes vous conseillant de faire une liste quotidienne de choses à faire. Vous avez même sûrement essayé. Et avec quel succès ?

Quoi de plus déprimant, le soir, à l'heure du bilan de la journée, que de voir votre liste de 10 actions (nombre choisi tout à fait arbitrairement : vos journées sont toutes différentes, non ?) avec trois ou quatre croix, huit ou neuf dans le meilleur des cas... Et que faisiez-vous alors des cinq tâches oubliées ?

Vous les recopiiez à la page du lendemain, puis, au bout de deux ou trois recopiages (quelle perte de temps !), vous ajoutiez une pastille ou un grand trait *« urgent »*. Y croyiez-vous ? *« Prendre rendez-vous dentiste pour Nicolas »* n'était pas urgent lundi, mais plus important que *« Chercher un cadeau pour Flore sur Internet »*. Vous l'avez quand même recopié mardi, puis mercredi, et jeudi, subitement, sans carie supplémentaire, cela devenait urgent comme par magie. Aussi urgent, même plus, que le cadeau de Flore dont la fête d'anniversaire a lieu... samedi.

Le risque à procéder de cette façon est le suivant : pensant structurer notre temps et fixer nos priorités, nous créons en réalité une liste de bonnes intentions, qui vont glisser dans le temps, puisqu'elles n'ont pas de réelle date limite, allumant ainsi des tas d'ampoules.

De plus, si vous les avez notées sur une page de votre agenda, ces actions seront à recopier si elles n'ont pas été réalisées lors de la semaine prévue : c'est démoralisant et on perd du temps. Quant à la liste quotidienne de votre PDA ou de votre logiciel d'agenda, soyez sûre qu'elle se videra presque entièrement sur celle du lendemain, pour en faire bientôt un interminable pensum.

Donc, évitez les listes de choses à faire quotidiennes ou hebdomadaires sur votre agenda. Nous vous proposerons bientôt une alternative bien plus efficace aux listes de tâches traditionnelles.

Nous ne saurions trop vous recommander d'utiliser votre calendrier pour y noter immédiatement, dès que vous prenez un rendez-vous, les informations utiles, en rapport avec cet engagement. Dans les rendez-vous, vous avez :

- vos rendez-vous, y compris ceux que vous prenez avec vous-mêmes (*RV CherClient – 06 12 34 56 78*) ;
- vos réunions (*Réunion marketing – salle 8*) ;
- vos invitations (*Dîner Armelle – 06 91 01 11 21*) ;
- vos engagements envers une autre personne (*Transmettre rapport ventes à Brigitte*) ;

- vos sorties (*Spectacle Guy Devos – théâtre Molière*) ;
- vos actions et appels à date fixe (*Tél permanence juridique entre 10 h 30 et 12 heures*).

Exercice 9 : Parmi ces actions, lesquelles notez-vous dans votre agenda ?

1) Rendez-vous chez l'ophtalmologiste
2) Aller à la médiathèque pour recherche en préparation de la réunion de jeudi
3) Réunion de jeudi
4) Demander le code de Outcome & Co pour réunion jeudi
5) Appeler Mamie
6) Faire une tarte aux pommes
7) Rédiger rapport des ventes
8) Spectacle Guy Devos
9) Travailler ma guitare

Réponses : 1) oui ; 2) normalement non, sauf si les jours et horaires d'ouverture ne vous permettent d'y aller qu'à un seul moment restant disponible de la semaine ; 3) oui, bien sûr ; 4) non, sauf si vous le notez à l'heure de votre prochain rendez-vous téléphonique avec Emma de Outcome & Co ; 5) non, à moins que vous ne lui ayez promis de l'appeler à une date et une heure précise ; 6) seulement si vous devez l'apporter quelque part pour une occasion précise ; 7) non ; 8) oui ; 9) oui, il s'agit typiquement d'un rendez-vous pris avec vous-même, s'il est assigné à une heure précise.

Si vous hésitez entre noter quelque chose dans votre agenda ou sur votre liste 3PA (voir ci-dessous), préférez toujours l'agenda. Si vous êtes certain qu'il y a un moment en particulier où vous ferez telle ou telle chose, notez-le dans votre agenda, mais attention, pas comme un vœu pieux, comme un engagement sérieux.

Qu'est-ce que je fais d'un document attaché à une action reportée ?

Votre billet de train pour les vacances du mois prochain, le document dont vous aurez besoin pour une réunion mardi prochain, la facture sur laquelle vous devez relancer Monsieur Mauvaispayeur dans quatre-vingt dix jours, où devez-vous les ranger ?

Vous avez plusieurs possibilités :

- Si votre agenda est assez grand, et votre document assez petit, rangez-le dans votre agenda. Accrochez-le avec un trombone si besoin. C'est un très bon moyen pour le retrouver au moment opportun !

- Si vous avez peu de documents de ce type, vous pouvez aussi mentionner dans votre agenda, à la page du rendez-vous, éventuellement à l'emplacement prévu pour les notes : « *Prendre document dans dossier XX* », et le ranger à sa place, dans son dossier.
- Si vous avez beaucoup de documents de ce type, vous pouvez également utiliser un échéancier. Pour ce faire, vous aurez un classeur du format le plus pratique pour vous : dossiers suspendus, classeur de fiches, classeur à anneaux avec pochettes, etc. Et vous y rangerez 43 intercalaires : 31 intercalaires marqués 1 à 31 (pour les jours du mois), et 12 marqués de janvier à décembre. Vous ajouterez, tout près, un petit calendrier qui ne sert qu'à repérer rapidement à quel jour ranger votre document. Si votre document doit être utilisé dans le mois courant, vous le classerez entre les intercalaires chiffrés. Sinon, vous le classerez pour le mois correspondant.

Très utile pour les personnes qui ont une profession très « régulière » (comptes à boucler chaque année à telle date, rapports de vente à présenter à chaque fin de mois, etc.), ou pour celles qui ont une vie personnelle très riche (dîners, vernissages, spectacles), l'échéancier ne fonctionne *que* s'il est consulté tous les jours.

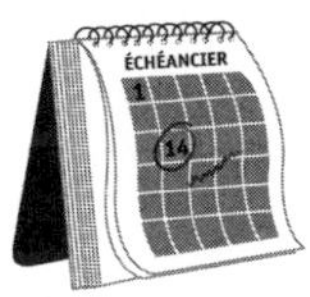

▪ L'action est à réaliser par moi, dès que possible : je la note sur ma liste

Voici donc une 3PA qui va me prendre plus de deux minutes. Elle n'est pas liée à une date limite et je veux la faire, au plus tôt. Que faire pour ne pas l'oublier ? La noter, nous direz-vous. Car vous vous souvenez des médiocres performances dont nous sommes capables en matière de mémorisation et de rappel des informations. Exactement.

Noter mes 3PA

Toutes vos 3PA doivent être notées. En effet, pour être efficace, vous avez besoin d'externaliser complètement votre système d'organisation et, en plus, de lui faire aveuglément confiance. Imaginons que vous ne notiez qu'une partie de vos 3PA, disons « celles que vous risquez d'oublier ».

Action 3PA

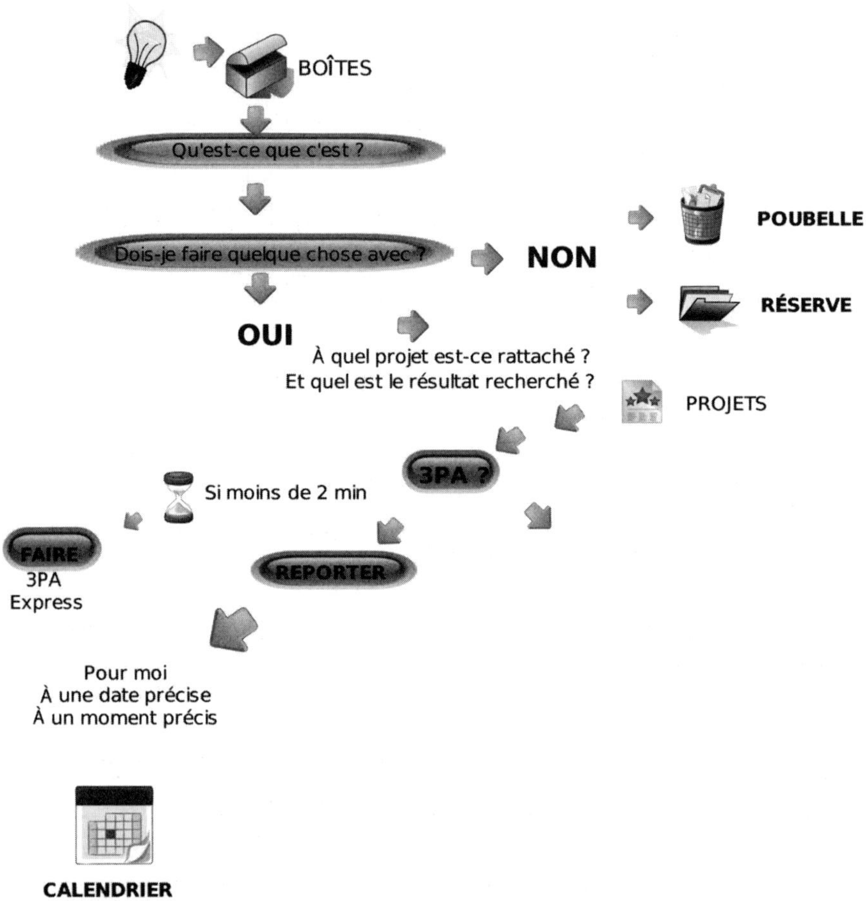

On s'aperçoit vite que :

- votre liste d'actions va ressembler à un pensum, une liste de trucs pas drôles (les choses amusantes, bizarrement, vous ne les oubliez pas...) ;
- votre liste d'actions sera partielle : dès lors, comment s'y fier ? Et s'il manquait quelque chose ? C'est juste ce qu'il vous faut pour revenir à la méthode « *tout à la mémoire* » qui vous joue des tours.

Est-ce que tout noter ne risque pas de me faire perdre du temps ?

Lorsque vous avez peu de choses à gérer, peu de comptes à rendre, peu de personnes qui dépendent de vous, peu de projets, « noter » peut vous faire perdre du temps par rapport à « ne rien noter et vous reposer sur votre mémoire ».

Cependant, si votre vie est riche, les risques principaux de ne pas noter sont :

- d'oublier des choses ou des gens… et passer du temps à rattraper ses oublis ;
- de se retrouver face à une urgence qu'on n'avait pas vu venir… et passer du temps à décaler tout le reste pour pouvoir la traiter ;
- d'avoir besoin d'informations… et passer du temps à tenter de les retrouver ;
- de ne plus savoir où on en est.

Ce sont, nous semble-t-il, des risques plus grands que de prendre quelques secondes pour noter une 3PA.

Sur quoi noter mes actions ?

L'outil dont vous allez vous servir pour noter vos 3PA est primordial. Il est appelé à devenir votre deuxième cerveau !

D'abord, faisons un test pour vous aider à choisir votre outil idéal.

Quiz : *high-tech* ou *low-tech* ?

Question n° 1

Vous êtes au téléphone, au bureau. C'est un appel important. Qu'attrapez-vous, spontanément, pour prendre des notes ?
Un papier et un stylo ? (compter 1 point)
Votre clavier préféré, PDA ou traitement de texte ? (compter 0 point)

Question n° 2

Chez vous, une information très intéressante passe à la radio. Sur quoi la notez-vous, spontanément ?
Un papier et un crayon ? (compter 1 point)
Votre PDA ? (compter 0 point)

Question n° 3

Vous recevez un très long e-mail sur le contenu duquel vous devez faire des corrections.

Vous l'imprimez pour pouvoir « gribouiller dans la marge » ? (compter 1 point)

Vous le copiez-collez et modifiez directement dans le corps du texte ? (compter 0 point)

Question n° 4

Vous devez réaliser une présentation à projeter devant un auditoire. Comment réfléchissez-vous au contenu ?

En notant vos idées sur papier d'abord ? (compter 1 point)

En ouvrant directement votre logiciel de présentation ? (compter 0 point)

Vos résultats

Additionnez les points correspondant à votre réponse pour chacune des quatre questions.

Votre score est compris entre 0 et 1 : vous êtes définitivement *high-tech*. Votre liste 3PA devrait être faite sur un support électronique.

Votre score est compris entre 2 et 4 : comme 90 % de la population, vous êtes plutôt *low-tech*. Votre outil de prédilection sera donc le papier.

Pour noter vos actions, voici les critères auxquels répond l'outil idéal :

- il est très facilement transportable. En effet, si on doit noter « à la volée » toutes les 3PA qui nous échoient, privées ou professionnelles, il faut pouvoir le faire partout, à tout moment ;
- il constitue un ensemble. Ce qui exclut les feuilles volantes, les Post-it®... Vous privilégierez plutôt un outil dont toutes les feuilles sont reliées (cahier, carnet, agenda à anneaux). Ou la partie *Gestion de listes* de votre PDA ;
- il est pratique : il se manipule facilement (ce qui exclut les blocs-notes, pénibles à feuilleter et les PDA au système d'exploitation trop complexe) ;
- il est robuste (ce qui exclut, par exemple, le cahier d'écolier à la couverture trop souple) ;
- il vous plaît : n'essayez même pas d'utiliser des objets que vous n'aimez pas (vieux cahiers à finir, PDA dont vous ne maîtrisez pas toutes les possibilités mais que vous vous forcez à utiliser...), ça ne marcherait pas !

En somme

Le meilleur outil *low-tech* pour une liste de 3PA est le cahier. Pour qu'il fonctionne, il ne doit contenir que cela : des actions.

Et pour les profils *high-tech*, votre PDA favori est bien la panacée.

Quel que soit votre outil, cette liste d'actions va devenir le cœur de votre système d'organisation. Le choix de son support ne doit pas être fait à la légère : si vous avez un doute et n'êtes pas sûr que ce qui vous conviendrait le mieux, faites quelques essais. C'est l'outil avec lequel vous aurez envie de travailler partout, tout le temps, qui sera le bon.

Si je choisis un cahier, quel format dois-je choisir ?

Ceux qui ont une écriture assez large, ou qui perdent volontiers leurs affaires, ou encore qui apprécient un format *business* standard, choisiront un cahier de format A4 (21 x 29,7 cm). Les autres, ceux qui craignent qu'il soit trop lourd ou trop encombrant, choisiront un cahier de format A5.

Est-ce un support unique pour toutes mes activités ?

Il est à noter qu'il existe des cahiers de format A4 (21 x 29,7 cm) qui, en plus d'une couverture rigide et colorée, possèdent des intercalaires déplaçables et des pages perforées détachables.

Ce type de cahier présente un triple intérêt :

- la première partie du cahier, celle qui est située devant le premier intercalaire, sert uniquement à votre liste d'action ;
- la deuxième partie peut servir à prendre des notes ou à fixer vos idées ou à ce que vous voulez. Les pages détachables, une fois remplies, peuvent alors être détachées puis stockées ailleurs dans les dossiers qui leur correspondent (chemises ou classeurs, grâce à leurs perforations). Plus vous prenez de notes, plus le nombre de pages total de votre cahier diminue, ce qui l'allège au fur et à mesure que vous avancez dans votre travail ;
- les intercalaires étant conçus pour être facilement déplacés, vous pouvez faire varier le nombre de pages destinées à votre liste d'actions par rapport aux autres usages.

J'ai déjà essayé le cahier, mais au bout d'un moment, ça ne marche plus. Pourquoi ?

Il se peut que vous ayez utilisé votre cahier comme un « attrape-tout » ou un « pêle-mêle », notant à la suite les uns des autres : des notes de réunion, des choses à faire, des envies, des pense-bêtes...

Dès lors, certes, tout y est, ce qui est rassurant d'une certaine façon. Par contre, le mélange des genres ne favorise pas l'organisation. Voire, à l'extrême, le mélange peut s'avérer franchement décourageant puisque la moindre recherche nécessite de tout relire. Et qu'il devient très dur de différencier les actions d'une simple note prise pour fixer son attention.

Il se peut aussi que, souhaitant posséder un support unique (réunions d'un côté, pensées de l'autre, par exemple), vous ayez eu l'idée de le retourner et d'écrire dans les deux sens. Souvent, malheureusement, au moment de se servir du cahier, on ne fait pas attention au sens dans lequel il est. Et la bonne idée de départ se retrouve annihilée.

Définitivement, le cahier ne me convient pas

Certaines personnes redoutent de devoir se déplacer avec un cahier de grande taille, qui ne rentrerait pas dans une poche... Eh oui, tout le monde n'aime pas se promener avec un grand sac à main ou une sacoche.

Se présentent à vous plusieurs autres outils :

- le carnet épais broché, type Moleskine
  - *Avantages :* il est compact, solide, élégant. Vous pouvez éventuellement l'agrémenter d'onglets autocollants si nécessaire.
  - *Inconvénients :* il n'est pas modulable, une fois les onglets posés, le nombre de pages de chaque partie ne peut pas être modifié ; les pages sont relativement petites.
- une partie de votre agenda modulaire, sous la forme de pages *Notes*
  - *Avantages :* il s'intègre à votre système existant, et vous encourage à consulter régulièrement votre agenda.
  - *Inconvénients :* selon la taille de votre agenda modulaire, les pages sont souvent petites.

Trois autres systèmes sont souvent utilisés pour cet usage :

- le hipster PDA

  Il s'agit d'un ensemble de fiches bristol (plus ou moins personnalisées), reliées par un anneau ou une pince. Il porte ce nom simplement parce que, pour un prix bien plus modique, et le même encombrement, il permet d'organiser correctement des tâches comme avec un assistant personnel électronique.

  - *Avantages :* il ne prend pas beaucoup de place, a un coût très limité (fabriquez-le vous-même, pourquoi pas ?) et reste tout à fait modulable.
  - *Inconvénients :* il ne permet pas de fixer des intercalaires et n'a pas une présentation élégante.

- le carnet modulable à reliure plastique

  Ce carnet contient des pages que l'on peut aisément déplacer dans le carnet par un système ingénieux de reliure. On peut même transférer une page dans un autre carnet du même type.

  - *Avantages :* très modulable, il ne prend pas trop de place, et sa reliure est moins encombrante que celle des agendas modulaires
  - *Inconvénients :* on ne le trouve pas facilement dans le commerce

- la partie gestion de tâches d'un assistant personnel électronique

  - *Avantages :* compact, design…
  - *Inconvénients :* plus coûteux que les autres systèmes, peut nécessiter du temps pour le mettre en route, la frappe des actions n'est pas toujours aisée, l'écran est petit et on ne visualise que quelques tâches à la fois. On ne répare pas une panne en passant devant une papeterie…

Comment dois-je noter mes 3PA, « en vrac » ou selon un certain ordre ?

À la volée, au fur et à mesure que les ampoules se présentent à vous. Mais toujours lisiblement.

■ Un exemple

Au bureau, vous êtes en train de réfléchir à votre prochaine réunion, votre collègue entre et vous pose une question. Il vous dérange un peu, avouons-le. Et puis la réponse à sa question va nécessiter que vous replongiez dans un document... bref. Vous lui promettez de revenir vers lui dès que possible. Vous notez sur votre liste 3PA : *« Répondre à Luc »* puis revenez à votre préparation de réunion.

Quelques instants après, votre femme appelle et vous encourage à faire rapidement les réservations pour les vacances. Vous notez *« Poser congés »* et continuez votre préparation.

Votre patron débarque dans votre bureau et vous demande où vous en êtes du dossier *ClientPréféré*. Vous notez rapidement *« Finir préparation réunion »* sur votre liste 3PA, et vous répondez tout de suite. Quand il aura quitté votre bureau – une demi-heure plus tard parce qu'il en aura profité pour vous marteler de nouveau la *stratégie corporate* – vous saurez, en un clin d'œil jeté sur votre liste, où vous en étiez avant d'être interrompu.

Du reste, cette stratégie... ça vous fait penser que vous aviez l'intention d'aller parcourir le document que la responsable marketing vous avait envoyé il y a quelques jours. Au lieu d'y aller immédiatement (tant que vous y pensez), vous notez *« Lire le rapport d'Hélène »* et continuez votre réflexion.

Deux effets positifs à cette manière de faire :

- premièrement, vous n'avez certes pas supprimé les interruptions, mais leur effet est resté aussi minime que possible. Vous avez pu continuer à avancer sur votre travail, sans pour autant fermer votre porte ;
- deuxièmement, vous n'oublierez rien car, lorsque votre préparation sera terminée, vous reprendrez votre liste 3PA. Vous choisirez ce qu'il est opportun de faire parmi les actions que vous y aviez écrites.

Conseils pratiques

Votre liste 3PA est en permanence ouverte, accessible ; sous votre coude, pratiquement. Il faut impérativement que vous y ayez accès immédiatement, sans vous poser de question et sans fouiller partout.

Essayez, une fois n'est pas coutume, d'avoir « la vue courte »

L'un des pièges les plus fréquents est de confondre vos actions avec une réflexion sur un projet. Vous vous retrouvez insidieusement à lister toutes les actions qu'il faudra faire pour en arriver au résultat souhaité d'un projet donné. Du coup, votre liste 3PA est bourrée de choses faisables rapidement, bien entendu. Mais aussi de toute sorte d'autres activités, qui ne peuvent être réalisées pour le moment parce qu'elles-mêmes dépendent d'autres tâches.

Pour éviter cela, souvenez-vous que votre liste 3PA n'est pas faite pour noter toutes les étapes d'un ou plusieurs projets. Elle ne sert qu'à noter la Plus Petite Prochaine Action à faire en relation avec telle ampoule ou tel projet. Lorsque l'action A1 est faite, vous notez l'action A2 qui vient juste après.

En fait, vous l'avez compris, en transformant une ampoule en 3PA, vous êtes déjà en train de travailler. Au moment de passer à l'action, vous n'aurez plus à vous demander si c'est bien ça qu'il faut faire. Vous serez prêt.

Si c'est sur votre liste, c'est un engagement

Considérez chaque action que vous ajoutez à votre liste comme un engagement réel avec vous-même. Gardez en tête que toute minute que vous passez sur une tâche ne peut pas être allouée à une autre. Donc veillez à ce que votre liste prenne en compte ces limites et vous permette de rester concentré sur ce qui a le plus de valeur pour vous. Ne considérez plus votre liste comme une sorte de « coffre à vœux » entassant tout ce que « *je devrais* » faire, tout ce qu'il « *serait bien* » de faire ou tout « *ce que je pourrais* » faire. Soyez réaliste.

Votre liste 3PA est une feuille de route, en quelque sorte, et aussi un contrat. Il faut la prendre au sérieux comme tel.

Attention

Ne notez que des 3PA, c'est-à-dire des actions à accomplir « au plus tôt ».

Rappelez-vous, donc, vos 3PA sont :

- **spécifiques :** il s'agit de l'unique plus petite prochaine action concrète et physique à effectuer pour atteindre le résultat défini ;

- **compactes :** vous ne noterez pas dans votre liste de 3PA une tâche aussi évidente que « *Allumer l'ordinateur* » si l'objectif du projet est de « *Taper le rapport* CherClient », mais vous ne devez pas pour autant y porter des actions nécessitant plusieurs étapes (des projets) ;
- **faisables :** ne vous engagez pas sur des actions que vous ne pouvez, ne devez ou ne voulez pas faire ;
- **courtes :** si la durée estimée de votre 3PA dépasse vingt minutes, tentez de la partager encore un peu, sous peine de voir votre cerveau résister devant l'ampleur de la tâche...
- **correctement rédigées :** elles commencent par un verbe d'action ;
- **à faire le plus tôt possible :** pas un jour précis (sinon, c'est sur votre agenda), ni à une période indéfinie de l'avenir lointain...
- **toujours à faire :** parfois, on laisse dans sa liste 3PA des actions qui n'ont plus de raison d'être ou qui ont changé de statut, il vaut mieux les cocher comme « *faites* ».

Transvaser l'ampoule dans le mode *Action*

Il est des cas où, pour pouvoir réaliser ma 3PA, j'ai besoin de l'ampoule d'origine : pour rappeler mon plombier, j'ai besoin de son devis. Pour discuter avec Jean de sa proposition, j'ai besoin de l'avoir sous les yeux...

Au lieu de laisser l'ampoule telle quelle dans sa boîte de récolte, dès que j'en ai extrait la 3PA et que je l'ai notée, je transvase l'ampoule dans une bannette, un répertoire, un dossier ou un tas sur mon bureau, baptisé 3PA.

Il n'y aura dans cette boîte 3PA *que* des objets (documents, e-mails, dossiers, livres, objets ou représentations d'objets) liés à une 3PA. Donc des choses pour lesquelles :

- j'ai pris une décision : oui, j'agis ;
- la 3PA me prendra plus de deux minutes ;
- je m'engage à la faire dès que possible.

Il ne suffit pas de passer les ampoules de la boîte d'entrée à la boîte *3PA*, en se disant : « *Ça, c'est à faire* » (par opposition à « *Ça, ça peut attendre* »). Il vous faut bien entendu d'abord déterminer quelle est la 3PA à réaliser, et la noter dans votre liste.

Attention

Si vous oubliez ou ne prenez pas le temps de l'inscrire, vous allez vous retrouver rapidement, au mieux, avec deux boîtes d'entrée : l'une pour les ampoules inintéressantes, l'autre pour celles qui nécessitent une action de votre part. Sauf que, comme vous n'aurez pas la liste desdites actions sous les yeux, vous serez obligé de farfouiller à l'intérieur des deux bannettes pour vous souvenir de leur contenu. De même que vous devrez parcourir des yeux, pour la énième fois, vos e-mails entrants en vous demandant : *« Qu'est-ce que je devais faire, déjà ? »*

L'avantage de respecter la séquence

Ampoule → boîte Entrée → Plus Petite Prochaine Action → boîte 3PA

c'est que, lorsque vous êtes prêt à passer à l'action, l'ampoule que vous cherchez est là, dans votre bannette 3PA. L'e-mail que vous recherchez, quel que soit son expéditeur, est dans votre répertoire 3PA. Et nulle part ailleurs.

Si vous faites partie de ces personnes douées de leurs mains, qui font beaucoup de bricolage et de travaux manuels, vous aurez peut-être, en plus de votre boîte 3PA une caisse d'objets « 3PA ». Grille-pain à réparer, kit de broderie pour fabriquer les cadeaux de Noël, pots de petits-suisses et explications pour fabriquer des œufs de Pâques en matériaux recyclés, tout peut se caser là, tant que ça figure dans votre liste 3PA.

Action 3PA

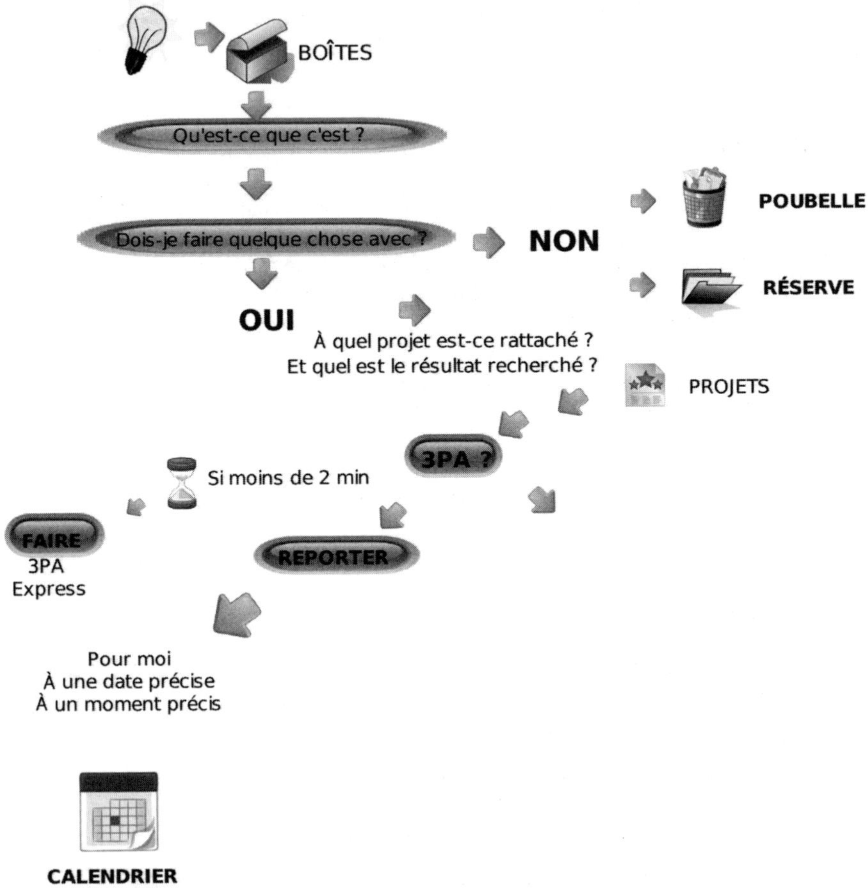

Que faire des actions récurrentes ?

Vous avez bien lu que nous vous encouragions à noter *toutes* vos 3PA.

▪ Un exemple

Lorsque vous êtes passé devant votre réfrigérateur et que l'ampoule *« Frigo vide »* s'est allumée, vous avez empoigné votre liste 3PA pour y noter *« Faire liste courses »*, puis une fois la liste faite, vous avez ajouté *« Aller chez Carrechan »*. Puis quelques jours plus tard, vous avez encore ouvert le frigo, et même ampoule, même 3PA. Et vous vous êtes dit : *« Quand même, je ne vais pas noter sur ma liste de choses à faire, toutes les semaines, que je dois aller faire les courses... »* Pourtant, si votre estomac sait vous rappeler que vous devez faire les courses régulièrement, vous avez aussi besoin qu'on vous aide à vous souvenir d'accomplir tout un tas de tâches récurrentes : rendez-vous de routine chez le médecin, rapport annuel des ventes, organisation du planning de vacances du service, sauvegarde de vos fichiers informatiques, révisions trimestrielles, déclaration d'impôts...

Parmi les tâches récurrentes, celles qui ont lieu à un rythme régulier sont des candidates toutes trouvées pour votre agenda.

Mais pour toutes les autres, y compris celles « *qui ne valent pas la peine d'être notées sur un agenda* », ou celles « *que j'oublie tout le temps* », il faut créer un système pour les voir « réapparaître automatiquement ».

Pour cela, vous avez le choix entre plusieurs systèmes pour ne pas les oublier.

Le système que vous pratiquez déjà sans le savoir : les rituels

Même les plus désorganisés d'entre nous ont des rituels composés de bonnes ou de mauvaises habitudes. Un rituel, c'est un ensemble d'habitudes, toujours suivies de manière groupée, et à un rythme régulier.

Premier avantage du rituel : je le crée une seule fois et je ne l'oublie pas

---

■ **Un exemple**

Souvent, les enfants aiment suivre tous les soirs le même « rituel du coucher » : bain, pyjama, dîner, toilette, histoire, bisous, dodo. Et vous, vous avez certainement une série de petites manies au réveil ou en arrivant au bureau (badger, dire bonjour à Yvonne, allumer l'ordinateur, aller chercher un café, regarder vos e-mails). C'est encore un rituel.

Deuxième avantage du rituel : je peux le modifier à ma guise, le faire évoluer

Vous pouvez tout à fait mettre ce principe à votre service. Parmi vos tâches récurrentes, choisissez celles qui reviennent tous les jours. Certaines se rapprochent souvent par le lieu et l'heure où elles doivent s'accomplir. Faites-en la liste dans un ordre logique... Ainsi, modifions efficacement notre rituel d'arrivée au bureau (ou même, mère de famille, votre retour de l'école le matin) : badger, dire bonjour à Yvonne, prendre mon courrier (tant que je suis au secrétariat), retirer mon manteau et le ranger, consulter mon agenda, vider ma boîte d'ampoules, consulter ma liste de 3PA, entourer les plus urgentes (qui doivent impérativement être bouclées dans la journée), aller chercher un café, attaquer la première 3PA, consulter mes e-mails une heure après mon arrivée.

Ceci pourrait être la liste de votre rituel d'arrivée au bureau, mais vous pouvez également créer des listes quotidiennes *Départ du bureau*, *Retour à la maison*, *Matin à la maison*, *Heure du déjeuner*, etc. Et une fois créés des rituels quotidiens, vous pouvez créer des rituels hebdomadaires. Vous ferez ainsi la liste des tâches à accomplir tous les vendredis pour bien commencer la semaine suivante : nous vous parlerons, dans un prochain chapitre, de rituels pour « faire le point » régulièrement sur votre travail. Mais repensez aussi à votre grand-mère qui faisait son ménage une fois par semaine, toujours dans le même ordre, pour ne pas oublier une tâche au passage. Et pour pouvoir les enchaîner dans un ordre qui lui demandait moins d'efforts pour une meilleure efficacité.

■ **Un exemple**

Si vous doutiez que l'homme est un être d'habitude, pensez à la façon dont vous prenez votre petit déjeuner : toujours la même boisson, à la même température, dans la même tasse... au même endroit, de façon automatique. Voici donc votre premier rituel du matin. À vous de créer tous ceux qui vous sembleront utiles pour vous simplifier la vie.

Les tâches récurrentes, mais irrégulières

Comment faire ?

Bien sûr, il y a des séries de tâches que vous accomplissez à date et heure fixes, mais parfois vous en avez qui ne sont pas attachées à un moment régulier. Ainsi, vous faites bien vos bagages à chaque fois que vous partez en vacances ? Mais vous ne partez pas chaque année à la même date, si ?

Pour ce genre de mini-projet récurrent, rien ne vous empêche de créer une check-list. Nous vous en donnons des modèles dans la partie IV, mais voici quelques exemples :

Idées de check-lists

Liste de choses à faire avant de partir en vacances
Liste pour préparer une fête à la maison
Liste de choses à faire avant de s'absenter du bureau
Liste pour préparer les fêtes de fin d'année
Liste des démarches à accomplir pour partir à l'étranger
Liste des choses à prévoir pour un déménagement
Liste pour organiser une réunion
Liste pour organiser une conférence, un colloque
Liste pour préparer un déplacement professionnel
Liste de choses à préparer quand j'appelle une baby-sitter
Liste pour préparer la déclaration d'impôts
Liste pour vendre sa maison
Liste pour participer à un vide-grenier

Ces listes sont comme des recettes de cuisine :

- quelqu'un a déjà eu ce projet et l'a réussi (parfois vous), vous réutilisez les bonnes ficelles ;
- vous n'avez pas besoin de compter sur votre mémoire ;
- vous êtes sûr d'avoir tous les bons ingrédients ;
- vous pouvez déléguer tout ça facilement ;
- vous prévoyez le temps nécessaire.

Comment ne pas les oublier ?

Que votre tâche récurrente nécessite ou non une liste, vous devez penser à la réaliser en temps voulu. Pour ce faire, vous avez besoin d'un pense-bête qui réapparaît au bon moment et au bon endroit.

Selon les cas, vous utiliserez :

- votre agenda, soit à un horaire précis (déjeuner hebdomadaire avec votre mère), soit hors de l'espace horaire (faire les courses) ;
- votre assistant personnel électronique qui a la gentillesse d'enregistrer les tâches récurrentes pour les faire réapparaître en temps voulu ;

- votre échéancier, si vous en avez un, à la date prévue, soit sous la forme d'une petite note (payer facture en ligne), ou bien d'un document correspondant (une facture à payer) ;
- un classeur spécifique dans votre réserve, une « bible », si vous trouvez judicieux de regrouper tous vos rituels ou check-lists dans un classeur thématique et de vous y référer régulièrement. Ainsi, la procédure d'organisation de réunions sera dans un classeur Réunion, auquel vous vous référerez à chaque réunion. De même, si vous avez répertorié les tâches d'entretien de votre maison et les avez réparties sur tous les mois de l'année, vous aurez un classeur avec la liste des tâches pour chaque mois et les documents correspondants. Vous n'aurez plus qu'à noter dans votre agenda, au premier week-end du mois, « *Maintenance maison (voir classeur)* » pour trouver dans le classeur « *Appeler plombier pour vérifier chauffe-eau ; calfeutrer le bas des portes d'entrée ; rentrer les plantes qui risquent de geler* ».

Il y a bien une action à faire, mais pas par moi : je la délègue

Votre première obligation est d'informer la personne à qui vous souhaitez déléguer la tâche à réaliser. Pour cela, utilisez le média qui vous semble le plus approprié : téléphone, e-mail, discussion…

Puis basculez l'ampoule qui donne lieu à cette délégation dans une bannette *En attente de* (ou un répertoire, ou un dossier, etc.). Ceci pour faciliter votre suivi. Vous voulez pouvoir relancer la personne si nécessaire et, donc, ne pas perdre la trace de ce que vous lui avez délégué.

Attention

En attente de ne signifie pas *« en attente de ma décision »* ni *« en attente qu'il se passe quelque chose »*. Cela signifie *« en attente du retour »* de la personne à qui j'ai délégué. Tant que je n'ai pas de retour de sa part, le document reste dans sa bannette ou son répertoire. Peut-être ne connaissez-vous pas « personnellement » cette personne, il ne s'agit pas seulement ici d'une délégation de « chef ». Ainsi, dans votre corbeille *En attente de*, vous aurez sûrement la demande de rapport d'expertise de CherClient (pour relancer Jérôme), mais aussi, à la maison, la brochure SuperSpectacle grâce à laquelle vous avez commandé votre billet pour Guy Devos, qui doit vous être envoyé sous peu.

La liste 3PA d'Héloïse

04/09/08

Rappeler M. Durant 06 82 53 18 10

Répondre à J.P (mail du 3/9)

Réserver déjeuner mercredi 12h30

Corriger point 3 de la proposition " Sce Mkg"

Payer cantine Bastien

Lire procédure qualité

Remercier journaliste de Strat'Com

Refaire convention de stage par Carole

Faire note de frais août

Prévenir JB : pas possible réunion du 12

Finir dossier CGA

Déclencher facture Cherclient

Pointer relevé T3

Contacter Jackie par réseau

Répondre au mail de Julie

Vérifier tableau de Jérôme

Que faire si la personne ne revient pas vers moi et ne me tient pas au courant ?

En priorité, utilisez votre agenda pour vous faire penser à relancer la personne au bout d'un temps que vous jugerez approprié. Nous verrons au chapitre *Faire le point* comment procéder en détail. Nous mettrons à profit cette boîte *En attente de*, bien entendu.

Que faire si je n'ai rien à mettre dans la boîte *En attente de* ?

C'est typiquement le cas lorsque l'ampoule d'origine est une ampoule mentale. Dans ce cas, vous utiliserez également votre agenda (si date limite) ou votre liste 3PA (si ce n'est pas le cas), pour vous souvenir de relancer la personne.

Vous pouvez également créer une liste *En attente de*, où vous listerez en colonnes la date, les tâches déléguées, les personnes à qui la tâche a été déléguée, ainsi qu'une éventuelle date limite. En créant une telle liste, vous avez sous les yeux toutes les actions « en suspens », déléguées à d'autres personnes. Ainsi, lorsque les gens reviennent vers vous, vous pouvez cocher facilement ce qui n'est plus à relancer, puisque c'est en un seul endroit et non à différents emplacements possibles de votre agenda. Notez qu'il s'agit d'une boîte à aller vider tous les jours, sous peine de rater une date limite.

Ci-dessous, vous trouverez le schéma général de la méthode. Référez-vous y régulièrement tant que la méthode ne vous est pas encore familière. Progressivement, vous n'en aurez plus besoin et elle deviendra automatique.

En somme

Pour les ampoules pour lesquelles j'ai répondu OUI à la question : *« Faut-il en faire quelque chose ? »*, je pose la question : *« Est-ce rattaché à un projet en cours ? »*

- Si oui, je vais m'occuper de cette ampoule. Si l'ampoule est « physique », je l'intègre au dossier projet correspondant.
- Si non, je décide de ne pas m'en occuper.

Je me pose la question : *« Comment saurai-je que j'ai accompli* ***ma mission*** *sur cette ampoule ? »*

Je me pose la question : *« Quelle est la plus petite prochaine action (3PA) pour avancer vers ce résultat ? »*

- Si je peux effectuer cette 3PA en deux minutes, **je la fais tout de suite.**
- Sinon, **je la reporte :**
  - si je dois l'effectuer à une date ou un horaire particulier, je la note dans mon agenda ;

– sinon, je la note dans ma liste 3PA. Je place l'ampoule (si elle est nécessaire à l'action) dans ma boîte 3PA.

– Si c'est à quelqu'un d'autre d'accomplir cette tâche, **je la délègue**, et j'intègre l'ampoule dans ma boîte *En attente de*.

Schéma général de traitement des ampoules

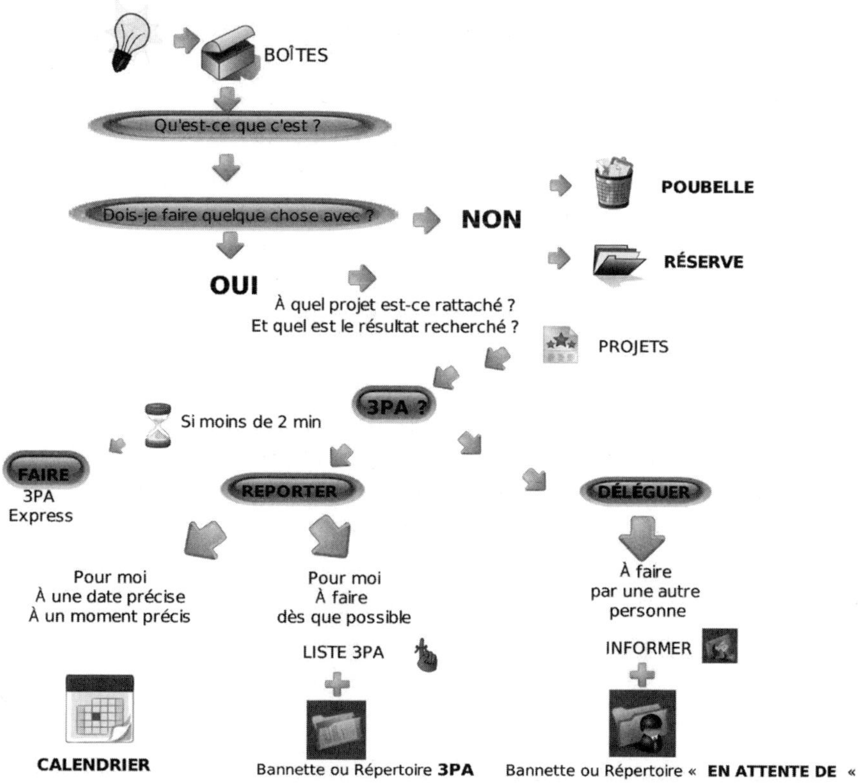

Chapitre 5

Organiser le résultat de mes réflexions

Après la récolte des ampoules et la transformation des ampoules en action (3PA), il nous faut affronter maintenant les contraintes du monde physique. Comment faire pour ranger n'importe quelle information en moins de cinquante secondes ? Et la retrouver en moins de cinquante secondes ? C'est un gros défi, mais pas insurmontable.

C'est pourquoi, dans ce chapitre, nous vous proposons d'abord de vous familiariser avec les cinq commandements de base du rangement, puis nous passerons en revue les différentes problématiques liées au stockage du résultat de nos réflexions : que faire de mes projets, comment organiser ma réserve ?

Repérez-vous dans la méthode

Récolter	Réfléchir	Organiser	Faire le point	Agir
mes ampoules mentales et extérieures	à ce que c'est et à ce que je veux en faire	***le résultat de mes réflexions***	pour savoir où j'en suis et décider sur quoi je vais...	... agir

Ces cinq commandements s'appliquent à toutes les situations de rangement, que ce soit chez vous, dans n'importe quelle pièce, ou au travail, dans votre bureau ou sur votre ordinateur. Ils vont vous servir à :

- choisir vos contenants, quel que soit ce que vous voulez y mettre ;
- créer une arborescence exploitable sur votre ordinateur ;
- repenser votre espace de vie et votre espace de travail ;
- vous simplifier la vie quotidienne ;
- et, partant, vous aider à mieux vous organiser.

■ Témoignages

« J'admire Michèle, l'assistante de mon patron. Dans son bureau, tout est nickel, rien ne traîne. Tous les papiers sont dans des classeurs. Elle retrouve tout, tout de suite. Moi, j'en suis incapable ! »

Béatrice, chargée de clientèle

« Tout le monde sait que je suis organisée. Du coup, quand il manque quelque chose à quelqu'un (information ou stylo) dans le service, c'est dans mon bureau qu'on débarque ! »

Michèle, assistante de direction

Les cinq commandements de base du rangement

■ Commandement numéro un : « Ton nombre de gestes compteras »

« Mes enfants ne rangent pas », « Je n'ai pas le courage d'aller ranger ça », « Je pose ça là en attendant, comme ça je grouperai mes déplacements… ».

Fainéantise, flemme, paresse ? Eh non, contrairement à ce qu'on pourrait croire en recueillant ces remarques. Mais simplement le résultat d'une règle aussi contraignante mais insensible que celle de la gravité : au-delà d'un certain nombre de gestes à faire pour prendre ou ranger un objet, on ne le fait pas. On contourne. On empile. On lâche sur place. On passe à autre chose.

■ Michèle, la reine des classeurs

Reprenons l'exemple de Michèle, notre assistante de direction. Parce qu'elle l'a appris comme ça et qu'elle est habituée, Michèle ne se rend pas compte de quelque chose qui est vécu comme insupportable par Brigitte. Pour ranger une feuille dans un classeur, il faut :

- attraper ledit classeur (1 geste) ;
- l'ouvrir (1 geste) ;
- manipuler le levier (1 geste) ;
- feuilleter pour retrouver l'intercalaire recherché (1 geste) ;
- perforer la feuille (1 geste... et encore, si la perforatrice est là ! Sinon, 2 gestes, s'il faut la régler ; beaucoup plus si on ignore où on a mis cette fichue « trouilloteuse ») ;
- mettre la feuille (1 geste, mais en réalité beaucoup plus s'il faut glisser la feuille dans une pochette plastique perforée...).

Soit un minimum de 6 gestes, si tout va bien, pour ranger une simple feuille !

Or, nous sommes, pour la plupart d'entre nous, incapables d'envisager plus de trois mouvements pour prendre ou ranger un objet. C'est comme si le jeu (un espace dégagé) n'en valait pas la chandelle (l'effort physique). Les enfants sont particulièrement sensibles à cette règle du moindre effort. Mais pas seulement.

■ La cuisine de Brigitte

Comme sa mère et sa grand-mère avant elle, qui avaient une toute petite cuisine, Brigitte range ses trois saladiers en pile, le petit dans le moyen et le moyen dans le grand. Or, elle se sert quotidiennement du saladier moyen (et moins souvent des deux autres). Eh bien, deux fois par jour, Brigitte empoigne le petit saladier, le pose à côté, sur le plan de travail, attrape le saladier convoité puis remet le petit saladier dans le grand. Et idem dans le sens inverse, lorsqu'elle vide le lave-vaisselle et range de nouveau son saladier moyen au milieu des deux autres. Autrement dit, Brigitte se complique la vie en multipliant le nombre de gestes nécessaires au rangement de ses saladiers. Et ce n'est qu'un exemple.

Que retenir de ces deux illustrations ? Pensez « *nombre de gestes* ».

Si vous n'arrivez pas à tenir un rangement sur la durée, le nombre de gestes que vous vous imposez est sans doute trop grand. Si vous êtes du genre rapide, qui passe d'une idée à l'autre à la vitesse de l'éclair, et qui finit ses journées de travail sous 6 cm de dossiers ouverts dans tous les sens, ou si vous êtes tout simplement légèrement allergique au rangement, repensez notamment le choix de vos contenants à la lumière de cette règle.

Ne vous contraignez plus aux classeurs, aux chemises à trois rabats à élastiques, aux porte-vues (« Lutins® ») avec leurs pochettes plastiques transparentes (un cauchemar pour bon nombre d'entre nous), bref à tout ce qui nécessite plus de trois gestes. Malgré vos bonnes intentions, tout ceci ne vous convient pas.

En revanche, pour vous, s'il s'agit de ranger des papiers, les contenants idéaux seront :

- les chemises cartonnées toutes simples (un seul geste pour y glisser n'importe quoi, qui dit mieux ?) mais pas les sous-chemises, trop fines ;
- les porte-revues dans lesquels vous pouvez placer des chemises cartonnées à la verticale.

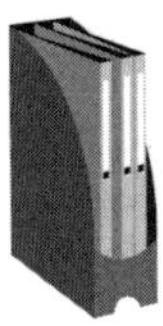

Pensez encore « *nombre de gestes* », lorsque vous organisez le rangement de la chambre des enfants, votre garage ou votre entrée. Cela donne :

- des patères, plutôt que des tringles avec des cintres ;
- des paniers, plutôt que des tiroirs pour les sous-vêtements ;
- les outils sur un tableau au mur, et non au fond d'un placard ;
- etc.

La règle des trois mouvements

Cette règle des trois mouvements s'applique à tous les objets (et documents) que vous utilisez tous les jours, et à la plupart de ceux que vous utilisez une fois par semaine ou plus. Le haut de l'armoire (et l'escabeau), le recoin du fond du placard (et sortir tout ce qu'il y a devant), le fond de la cave et l'espace situé sous le lit ne resteront pas forcément vides, mais seront réservés à des objets et documents utilisés peu fréquemment, si nécessaire (voir règle suivante).

Basculons maintenant dans le monde numérique. Rien à voir ? Bien sûr que si. La règle du nombre de gestes s'applique ici aussi. Repensez à la dernière fois où vous avez recherché un fichier et où, découragé par le nombre de clics à donner pour aller vérifier dans tous les niveaux, vous avez abandonné la recherche, lancé en désespoir de cause l'utilitaire de recherche de votre système d'exploitation… et êtes parti vous faire un café, « *parce que ces trucs-là, le temps que ça mouline…* ».

Une arborescence idéale contient un nombre de niveaux inférieur ou égal à cinq. Au-delà, c'est un peu trop compliqué. Pour vous et encore plus pour les autres.

Commandement numéro deux : « Des distances te préoccuperas »

Il ne viendrait à l'idée de personne de ranger la tondeuse à gazon dans le grenier. Pourtant, nous ne faisons pas toujours preuve d'un tel bon sens pour la plupart des objets qui nous entourent.

Partons de l'idée que l'espace, comme le temps, n'est pas extensible. Il y a donc lieu d'être attentif à ce qu'on en fait, sous peine de gaspillage inutile. Certains emplacements sont plus « précieux » que d'autres : ce sont les emplacements qui m'entourent de près, à 360° autour de moi, de mes genoux à mes épaules, en gros. Ils sont précieux parce qu'ils me permettent, si j'ai choisi des contenants qui me conviennent, d'accéder très vite, sans bouger, à ce que je recherche.

Voici le principe : **plus je me sers souvent d'un objet, plus il doit être près de moi**.

Bien sûr, c'est évident. Et *a contrario*, ça donne quoi ? Les objets dont je me sers peu (ou pas du tout) sont à placer loin de moi. Logique. Alors, comment se fait-il que vos tiroirs de bureau, ceux qui sont très près de vous, soient encombrés de… bazar, disons ? Comment se fait-il que la pile de droite située sur votre bureau contienne quasi uniquement des archives, vous prenant ainsi un espace précieux et grignotant sur votre espace de travail ? Vous l'avez constaté lors de votre phase de récolte, n'est-ce pas ? Il est donc temps de réfléchir de nouveau à votre espace en termes de distance par rapport à vous.

■ Un exemple : à la maison

Vous vivez en pavillon ? Les jouets d'extérieur des enfants sont mieux placés (si vous voulez que votre progéniture les range) dans une caisse près de la porte du garage par laquelle ils rentrent. Et pas au fond du garage, derrière la voiture. En revanche, les décorations de fin d'année, elles, peuvent être stockées en hauteur, loin. On ne s'en sert qu'une fois par an. Les machines à raclette, à pâtes, à gaufre... d'usage moins fréquent que la casserole de base, seront placées plus loin. Voire même hors de la cuisine si la place vous fait défaut. À la clé, moins d'encombrement en général et plus d'accessibilité pour les choses dont on se sert tous les jours.

Voici une suggestion :

Le tiroir à couvert de votre cuisine contient-il, outre les couverts ordinaires, un couteau à huître (une fois par an), un ouvre-bouteilles à air comprimé (alors que vous ne buvez que des sodas la plupart du temps), des fourchettes à gâteau d'apparat, sous prétexte qu'il s'agit là d'autant d'ustensiles ? Si vous pestez tous les jours car les fourchettes en question, l'ouvre-bouteilles et le couteau se liguent régulièrement contre vous pour vous blesser les phalanges, attrapez – si l'on peut dire – le taureau par les cornes. Sortez donc de ce tiroir tout ce qui sert moins d'une fois par mois. Et stockez-le ailleurs, dans une boîte bien étiquetée, *Apparat* par exemple.

Exercice 10 : Architecte d'intérieur en puissance

Entrez dans une pièce, chez vous, et demandez-vous à quoi elle ressemblerait si vous réorganisiez votre espace en termes de fréquence d'usage. Ne vous laissez pas arrêter par : *« De toute façon, je n'ai pas de place ailleurs, alors... »* Imaginez, simplement, ce que ça pourrait donner.

Je suis surtout visuel : si je ne vois pas les choses je les oublie

Loin de vous, vous commencez à le découvrir grâce à notre méthode, ne signifie pas « *caché* », impossible à identifier. Poursuivez votre lecture pour voir comment nous tirons partie de votre préoccupation : « *Loin des yeux, loin du cœur* ». Si vous avez commencé à pratiquer quelque peu l'étape précédente, celle de la réflexion, vous aurez constaté que nous tentons justement de vous faire remplacer l'équation :

Objet sous mes yeux = pense-bête

par :

Liste d'actions sous mes yeux = c'est suffisant pour que je me souvienne quoi faire (ce qui prend moins de place).

Commandement numéro trois : « Tes contenants tu étiquetteras »

Vous souhaitez vous y retrouver, maintenant ou dans deux ans, vous tout seul ou encore les membres de votre famille ou de votre équipe ? Une seule solution : l'étiquetage soigneux de vos contenants : chemises, boîtes, fichiers, répertoires, paniers, tiroirs...

Qu'est-ce qu'un étiquetage « soigneux » ?

- **Il est lisible.**

  Oubliez pour toujours les étiquettes griffonnées au crayon à papier, au motif qu'on ne sait jamais, on pourrait peut-être les réutiliser... elles deviennent grisâtres et illisibles en quelques jours. Même pour votre usage personnel, ne tentez pas non plus les écritures farfelues, l'encre de couleur verte, l'écriture à la verticale pour des noms un peu longs.
- **Il est explicite.**

  TempPreQ407 est très parlant, aujourd'hui, pour vous. Dans six mois, sera-ce toujours le cas ? Et pour votre collègue, que CherClient appelle toujours pendant vos congés, comment va-t-elle s'en sortir pour retrouver, d'après son titre, le document qu'elle recherche pour lui répondre ? Pas le choix : elle devra vous appeler, alors que vous êtes en pleine partie de badminton sur la plage. C'est bête.
- **Il est adapté.**

  Il répond à la préoccupation suivante : « *À quelle occasion aurai-je besoin ou envie de retrouver ce document ?* » Et non à : « *Ça fait partie de quelle catégorie ?* »

C'est pourquoi des documents très variés peuvent se retrouver dans le même contenant, pourvu qu'ils aient un but commun. Exemple : imaginons que, tous les trimestres, vous prépariez une réunion de suivi avec votre force de vente. Vous utilisez vos tableaux de bord (ventes, parts de marché, nombre de visites…) sur tableur, les statistiques issues du logiciel de gestion de production et votre fichier de présentation.

Il semble logique de regrouper tous ces documents, bien qu'hétérogènes et de différentes provenances, dans un seul répertoire, au titre parlant pour vous.

Cette remarque est notamment importante pour votre « collection » d'articles de presse arrachés de leur support. Les accumuler dans une pile unique en se disant : « *Je lirai ça à tête reposée, ça m'intéresse* », c'est prendre le risque de ne jamais passer à l'acte. Ça fait des grosses piles, parfois. Maintenant, si vous vous mettez à votre place dans quelques semaines d'ici et vous demandez : « *À quelle occasion aimerais-je remettre la main sur cet article ?* », vous verrez les catégories se dessiner d'elles-mêmes. Exemples d'étiquetages :

- repas entre amis ;
- recettes de gala ;
- à faire autour de ma ville ;
- personnalités inspirantes ;
- souvenirs à montrer à mes futurs petits-enfants…

Quel est le meilleur type d'étiquetage dans le monde physique ?

Notre expérience nous a montré que c'est l'étiqueteuse, dite aussi « pince » qui est le meilleur outil d'étiquetage. Les marques que nous vous recommandons : Dymo® (veillez à acheter plusieurs rubans du bon format le jour où vous en faites l'acquisition), Brother®. Il en existe d'autres, bien entendu. Les avantages :

- une police de caractère régulière, lisible dans toutes les positions ;
- un côté ludique, qui plaît à beaucoup, aussi bien aux managers qu'aux enfants ;
- un résultat professionnel, net, qui vous fait prendre votre classement au sérieux ;
- un temps de manipulation minime ;

- quelques secondes de réflexion pour l'empoigner, tout à fait utiles pour réfléchir à l'intitulé de votre titre ;
- les étiquettes sont faciles à coller, faciles à décoller, et n'abîment pas les supports.

Nous ajoutons que ces étiquettes se collent sur les tranches des dossiers, des étagères, des classeurs, des tiroirs, des boîtes... Bref, les usages sont infinis.

■ Quelques exemples

Vous pouvez étiqueter :

- le bord des étagères des armoires des enfants : les sous-vêtements c'est là, les tee-shirts à manches courtes ici ;
- le bord des tiroirs, pour indiquer ce qu'ils doivent contenir (et donc pas le reste : on est prévenu !) ;
- les boîtes et bouteilles dont on ne peut connaître le contenu sans votre aide ;
- vos classeurs de papiers ;
- le bord des étagères en cas d'espace partagé par plusieurs ;
- les mini-modes opératoires de certaines machines (à café, à photocopier, à relier...).

J'ai l'habitude de faire mes étiquettes à l'ordinateur, dois-je modifier cette habitude ?

Les étiquettes réalisées à l'ordinateur possèdent les mêmes caractéristiques sympathiques que celles issues d'une pince. Cependant, si vous sentez votre « paresse » vous empêcher de faire (ou refaire) des étiquettes parce qu'il faut d'abord se mettre devant son ordinateur, retrouver le bon fichier et... procéder, tentez la pince. Nous avons souvent rencontré de très beaux débuts de classement à l'étiquette imprimée qui ne fonctionnaient plus depuis longtemps parce qu'on n'avait pas eu le courage de poursuivre sur cette glorieuse lancée... Souvenez-vous comme le nombre de mouvements peut décourager les envies de rangement !

Dois-je dégainer ma pince même pour les chemises cartonnées ?

Non, elle n'est pas indispensable sur un support de type papier. En revanche, parce que vous le valez largement, vous vous appliquerez un peu, lorsque vous écrirez le titre de votre chemise, au stylo ou au feutre.

Et pour les fichiers et répertoires de mon ordinateur ?

Imaginons que vous gériez de nombreuses versions d'un même document. Pas toujours évident de repérer quelle est la bonne version, la dernière, celle qui est à jour. En même temps, pas question de supprimer les versions antérieures, elles peuvent s'avérer utiles. Dans ce cas, pensez à intégrer la date dans le nom de votre document, sous une forme standardisée, par exemple AAAAMMJJ.

Un fichier nommé *20091002procedures* (pour désigner les procédures corrigées le 2 octobre 2009) possède l'avantage d'être logique pour tout le monde. De plus, il se placera de lui-même après *20091001procedures*, indiquant ainsi naturellement qu'il constitue la dernière version. L'intérêt de débuter le nom du fichier par des chiffres est qu'il n'y aura pas de confusion due à une majuscule ou à un blanc inopiné avant le titre, ce qui fausse immanquablement le repérage lorsque les fichiers sont affichés sous forme de liste.

▪ Commandement numéro quatre : « La catégorie *Divers* éviteras »

Si on réfléchit quelques secondes pour trouver un nom explicite à son contenant (le tiroir des piles et batteries, la chemise du plan d'épargne en actions, le dossier *ClientChéri Année 2008*…), on trouve, en principe, un nom pour chaque catégorie de documents relatifs à un contexte donné. Cependant, parfois, on n'y arrive pas et, pris d'impatience, on crée des catégories *Divers*, *Moi*, *Trucs à voir*, bref, un fourre-tout.

C'est dangereux, parce que, mal maîtrisé, c'est parfois le début du désordre.

▪ Le porte-revues de Catherine

Catherine, aux centres d'intérêt multiple avait ainsi jugé bon de créer un porte-revues portant son prénom. Au départ, elle y a mis un exemplaire de son CV, à jour, puis d'anciens exemplaires qu'elle a retrouvés et qu'elle n'a pas souhaité jeter parce qu'elle pouvait toujours s'en inspirer, puis des cartes postales d'amis chers, puis les notes prises lors des séances avec son coach, puis des photos qu'elle trouvait jolies, puis des articles de journaux portant sur le développement personnel, puis ses réflexions et ses envies, puis... Tout cela constituait certes différents aspects de la vie de Catherine. En revanche, en ne structurant pas davantage ces papiers, elle recréait dans un contenant le désordre qui régnait auparavant sur son bureau. Elle avait tout simplement oublié la règle qui veut que l'on se demande au moment de ranger quelque chose : *« À quelle occasion en aurai-je besoin ? »* Elle s'est finalement rendu compte qu'elle avait plutôt trois catégories à créer : *Souvenirs*, *Développement personnel* et *Carrière*, si elle voulait pouvoir retrouver tout ce qu'elle stockait.

Il se passe un peu la même chose, lorsque, ne sachant pas trop quoi faire d'un nouveau document, n'ayant pas le temps ni l'envie de créer un répertoire spécifique, vous le conservez sur le bureau de votre ordinateur, en vrac, avec d'autres. Assez vite, cette rubrique *Divers*, qui n'en est pas une, va s'avérer ingérable.

À tout prendre (demandez à Michèle, notre assistante de direction), il vaut mieux « perdre du temps » au moment de la création d'un contenant et de son titre que d'en perdre en farfouillant partout à la recherche de l'information qu'on aimerait bien trouver « maintenant ».

Ainsi, si vous êtes tenté par la rubrique *Divers*, dans votre monde physique ou numérique, méfiez-vous. Réfléchissez encore quelques instants. À être trop large, on en devient flou, si on peut dire...

Commandement numéro cinq : « Pour chaque chose, une place logique découvriras »

Si vous combinez les quatre règles ci-dessus vous parvenez à mettre en œuvre cet adage de nos grand-mères : « *Une place pour chaque chose et chaque chose à sa place* ». Ce qui nous a tous un jour ou l'autre plongé dans la perplexité, avouons-le.

En somme, ce que voulaient sans doute dire nos aïeules, c'est que :

- en choisissant des contenants à la manipulation simplifiée,
- en les plaçant de façon à avoir sous la main ceux dont vous vous servez le plus souvent,

- en acceptant d'éloigner les autres en fonction de leur fréquence d'accès (moins souvent j'en ai besoin, plus c'est loin de moi ou plus j'accepte de faire de gestes pour y accéder),
- en veillant à un étiquetage dont le libellé soit parlant (« *Dans quelles circonstances en aurai-je besoin ?* »),
- en vous assurant que le look de l'étiquetage est irréprochable,
- en évitant les catégories fourre-tout…,

vous mettez toutes les chances de votre côté pour réussir la phase trois de notre méthode : *Organisez le résultat de vos réflexions*.

Ceci n'est qu'un début.

Souvenez-vous que nous avons créé des contenants pour les documents en attente d'une action extérieure, les documents en attente d'une action de votre part et les documents que vous n'aviez pas encore consultés (surnommés « *ampoules* »). Il vous reste tous les documents concernant des projets en cours (que vous souhaitez garder ensemble) et ceux à placer « en réserve », pour les retrouver facilement plus tard.

Nous allons passer en revue les projets et la réserve, puisque c'est sur eux que porte notre défi *Cinquante secondes*. Voici nos meilleurs conseils pour chacun.

Les projets

Vous vous souvenez : « *Un projet est un résultat souhaité sur lequel je m'engage et qui s'obtient en plusieurs actions.* » On sent bien qu'il y aura des informations échangées, des documentations à regrouper, un déroulement à planifier etc. Ce qui signifie, pour vous : des e-mails, des papiers, des rapports, des catalogues, des plaquettes publicitaires, des courriers, des objets…

Où et comment stocker les informations relatives à un projet ?

Dès qu'un projet démarre, vous créez le dossier *Projet X*, à la fois dans votre monde physique et dans votre monde numérique si cela se justifie. Même s'il ne contient pour l'instant que quelques notes griffonnées ou un simple e-mail.

Dans le monde « physique »

Tout projet démarre par une chemise cartonnée, *a minima*. Pour y glisser le premier papier en rapport avec le projet. Ne craignez pas de « gâcher » une chemise pour y mettre un seul document. Si c'est un réel projet, il mérite sa chemise. Et ce ne sont pas les deux secondes nécessaires à l'écriture du titre, au feutre ou au stylo qui vont vous « prendre du temps »... Pour être sûr de ne pas vous « retenir » dans votre élan, assurez-vous d'avoir toujours sous la main un stock raisonnable de chemises cartonnées et de quoi écrire.

Et si j'ai toutes sortes de documents à mettre ?

Si les documents manipulés sont de format différent d'un format A4, même hétérogènes (CD, catalogues, rapports reliés, plaquettes de prestige...), nous vous conseillons de les regrouper dans un porte-revues. En effet, s'il s'agit de documents papier ou sur support numérique, le porte-revues possède l'avantage de nécessiter peu de gestes pour déposer et reprendre les informations qu'il contient.

Si, pour réaliser votre projet, vous manipulez échantillons et objets variés, il vous faudra choisir un contenant mieux adapté aux informations. Cherchez parmi les usages professionnels en vigueur. Par exemple, vous aimez la couture ? Demandez aux retoucheuses professionnelles comment elles font.

Que faire si, par la suite, j'ai trop de documents pour les laisser dans une chemise ?

Les chemises permettent de contenir quelques documents. Passé une certaine quantité, elles ne conviennent plus. Dans ce cas, dédiez directement un porte-revues complet au Projet X.

Conservez cependant les chemises cartonnées à l'intérieur de vos porte-revues (au besoin en adaptant les titres et réarrangeant les contenus) pour conserver une certaine rigidité aux papiers. Pour cette raison, mentionnez le nom du dossier en haut dans un angle de la chemise, pour qu'il soit lisible facilement, une fois rangé dans le porte-revues.

J'imagine qu'on peut créer des sous-projets, sur ce modèle ?

Oui, tout à fait. Mais faites simple, tout en vous fiant à votre logique. Pour un projet se composant de plusieurs actions, plusieurs étapes souvent, les différencier dans des sous-projets différents semble très sensé. Cependant, ne cherchez pas à subdiviser plus que nécessaire, vous multiplieriez les recherches…

Vous avez certainement déduit de la règle numéro un du nombre de gestes minimum, qu'il vaut mieux plusieurs contenants, même assez nombreux, au même niveau, qu'une trop grande profondeur dans le classement.

Dois-je absolument m'en tenir à « Un projet égale un contenant » ?

Oui, il vaut mieux. Ne tentez pas de faire des économies sur le nombre de chemises ou de porte-revues que vous utilisez… En revanche, si vos projets tiennent en quelques feuilles chacun, n'hésitez pas à regrouper les chemises dans un porte-revues dont le nom sera suffisamment clair et générique pour qu'il n'y ait pas d'ambiguïté.

■ **Un exemple**

Un coach professionnel peut garder dans une chemise les notes prises lors de ses différents rendez-vous avec une même personne et regrouper toutes les chemises au sein du même porte-revues dénommé *Clients année N* ou *Clients société S*.

Si un grand projet occupe plusieurs porte-revues, ou plusieurs contenants, donnez-lui une place particulière. Par exemple, les auteurs qui travaillent sur plusieurs ouvrages en même temps, et stockent, pour ce faire, une grosse documentation, réservent à chaque ouvrage une étagère entière de leur bureau, ou une caisse, ou un tiroir.

Que faire s'il me reste de la place dans un porte-revues ? Dois-je l'utiliser ou la « gâcher » ?

Il arrive que vous ayez peu de choses, finalement, à stocker dans votre porte-revues flambant neuf. Qu'à cela ne tienne, faites comme notre coach ci-dessus, regroupez-y les projets, chacun dans sa chemise. Pensez juste à prendre quelques secondes pour mentionner le nom des projets sur l'étiquette de votre porte-revues.

Cependant, ne « bourrez » pas votre porte-revues, et surtout pas en y réunissant tous vos projets en cours. Laissez de l'espace pour pouvoir sortir et remettre facilement un dossier, feuilleter les dossiers pour voir le nom de chacun. Ne remplissez pas vos porte-revues à plus de 75 % de l'espace, lorsqu'il s'agit de dossiers « actifs ».

Dans le monde numérique

Si vous savez déjà que vous manipulerez fichiers de tableurs, fichiers de traitement de texte ou présentations, créez tout de suite le dossier « Projet X » sur votre disque dur (ou dans les fichiers partagés de votre service, si vous travaillerez à plusieurs dessus).

Si vous savez déjà que vous allez échanger plusieurs e-mails avec différents interlocuteurs au sujet du Projet X, créez dans votre messagerie le répertoire *Projet X*. Vous y glisserez les e-mails entrants et sortants en rapport avec X au fur et à mesure.

Pourquoi créer plusieurs endroits pour un même projet ? Ne vaudrait-il pas mieux que j'imprime tout et que je classe tout ça dans la chemise *Projet X* ?

Si vous êtes beaucoup plus à l'aise avec le papier qu'avec un écran, pourquoi pas. Cependant, ce n'est pas très économique, ni écologique, ni forcément nécessaire. En effet, avec notre méthode, il n'y a plus que trois endroits possibles pour un document *Projet* :

- sa chemise ou son porte-revues (et non n'importe où sur votre bureau, dans votre agenda ou dans votre voiture) ;
- son répertoire dans votre messagerie (et non parmi les 1 300 e-mails qui composent votre boîte d'entrée) ;

- son répertoire sur votre disque dur (et non parmi les multiples icônes qui décorent votre bureau informatique).

Pourquoi est-ce important de donner un nom à mes projets ?

En réfléchissant quelques secondes à la dénomination de votre projet, vous le rendez concret, vous le faites exister. De plus, ce nom, qui sera identique dans le monde physique et numérique, bien entendu, va vous aider à :

- classer les informations entrantes plus vite ;
- déléguer le rangement, si la situation se présente ;
- communiquer simplement avec les autres, sur le même nom.

Ce n'est pas pour rien que les grands projets informatiques possèdent souvent un nom de code dans les entreprises : il faut bien parler un langage commun et y rattacher les ressources…

Quand j'ai une 3PA sur un projet, dois-je ranger tout mon dossier projet dans la bannette 3PA ?

C'est une question de place et de bon sens. Si votre dossier est mince et que vous pensez avoir besoin de la majorité des documents qu'il contient pour votre 3PA, placez le tout dans la bannette 3PA. Si votre dossier est épais et que vous n'avez besoin que d'un seul document, n'hésitez pas à placer celui-ci dans la bannette.

Dans mon cas, comment reconnaître un projet ?

Selon votre activité, un projet peut correspondre à des cas différents :

- commercial, vous avez un projet par affaire (du premier rendez-vous de prospection au contrat de maintenance, par exemple) ;
- responsable de centre de profit, le recrutement d'un nouvel ingénieur, l'augmentation du chiffre d'affaires, la conformité de votre service avec la norme ISO 9000… sont des projets ;
- mère au foyer, « *Faire en sorte que les enfants aient tous leur matériel au moment de la rentrée* » est un projet.

Autres exemples de projets : apprendre l'anglais, améliorer les ventes, réussir la création de l'équipe, réparer la robinetterie, tenir ses comptes à jour, maintenir la maison en ordre, développer ses compétences dans un domaine particulier... Dès lors qu'il y a des informations à réunir et traiter pour obtenir le résultat souhaité, ces informations doivent être regroupées, dès le début puis au fur et à mesure que vous les faites entrer dans votre monde.

Comment savoir qu'un projet démarre ?

Selon les cas, un projet peut démarrer sur une ampoule mentale, issue de votre cerveau, de celui de votre compagnon ou de celui de votre patronne. Mais un projet peut également débuter par des circonstances particulières (déblocage de budget, rachat de la structure, héritage, contexte concurrentiel modifié, contexte réglementaire, analyse des résultats passés, problème à régler...).

Conseils pratiques

Les points communs à tous vos projets :

- ils comportent plusieurs actions ;
- vous vous êtes engagé (envers quelqu'un ou envers vous-même) à les réaliser dans une période qui commence aujourd'hui.

N'oubliez pas ! Dans notre méthode, le mot « projet » désigne vraiment cela, et pas une idée en l'air ou un plan sur la comète que vous envisagez de mettre éventuellement en œuvre dans l'avenir.

Je pense avoir environ cinquante projets en cours, d'après votre définition. Dois-je tous les disposer sur mon bureau ? Comment ?

Si vous travaillez sur un grand nombre de projets de façon quasi simultanée, deux solutions s'offrent à vous, suivant l'espace dont vous disposez et la taille des dossiers :

- peu d'espace de travail ou de dossiers encombrants : placez-les dans des porte-revues et disposez-les selon la règle numéro deux : « *Plus près* égale *accès fréquents* » et « *Plus loin* égale *accès moins fréquents* ».

- espace de travail confortable et dossiers faciles à manipuler (légers, peu fournis). Un simple étalage à plat de chemises sur votre plan de travail fera très bien l'affaire.

N'oubliez pas qu'un projet terminé n'a aucune raison de rester sur votre bureau, au milieu des autres...

La réserve

La réserve, pour mémoire, contient toutes les informations et objets sur lesquels vous n'avez pas d'action particulière à faire au moment où vous les recevez. Cependant, vous souhaitez les conserver car vous pensez qu'ils vous serviront un jour (ou que vous aurez plaisir à les retrouver). Cinq témoignages, pour commencer, pour vous aider à améliorer votre organisation physique et vous simplifier l'espace. Vous découvrirez ensuite que tous les écureuils ne sont pas roux ni ne grimpent aux arbres.

Témoignages et précautions

« Je déteste ranger les dossiers des clients dans ces satanés dossiers suspendus. Pourquoi ? Parce les tiroirs métalliques grincent et que ce bruit m'horripile. »

Brigitte

« Je ne sais pas exactement ce que contient mon armoire à vêtements, surtout sur les côtés. En réalité, je n'y vois rien. Quand je suis devant mon armoire, je tourne le dos au plafonnier, ce qui fait de l'ombre sur mes vêtements. Les extrémités de la tringle sont dans le noir complet, les cintres sont serrés les uns contre les autres. Pfff ! Ça me fatigue ! »

Élisabeth

« Je mets ces documents ici, en pile sur mon bureau. Je sais bien qu'ils devraient aller dans mon armoire, là-bas... mais je sais aussi que le dossier est plein à craquer, alors, ce n'est pas la peine d'en rajouter. Et comme je n'ai pas le temps de faire le tri... ça s'entasse. Je verrai ça à la rentrée... »

Loïc

« Ça y est, j'ai monté les étagères à CD et DVD que ma femme voulait. Mince, elles sont déjà pleines ! Où va-t-on mettre les trois derniers DVD qu'on a achetés ? »

Fabrice

« Ce papier-là, je le garde. Non, je ne sais pas encore à quoi il va me servir, mais je suis sûre que si je le jette, je vais en avoir besoin dans les deux jours. C'est toujours comme ça. »

Isabelle

Vous vous êtes peut-être retrouvé dans l'un ou plusieurs de ces témoignages.

Ils illustrent les précautions supplémentaires à prendre lorsqu'on souhaite retrouver facilement des objets « rangés ». Reprenons-les un par un.

Pour Brigitte, des outils de rangement efficaces

Au même titre qu'un classeur qui refuse de s'ouvrir, une pochette à rabats qui nécessite d'avoir trois mains au lieu de deux, un stylo qui ne fonctionne pas, des chemises trop molles dont le contenu dégringole, des tiroirs qui grincent ou qui ne coulissent pas convenablement sont des irritants quotidiens qui finissent par être insupportables.

Quelques conseils pour supprimer ces irritants :

- choisissez toujours la meilleure qualité que votre budget vous permet pour les objets d'usage quotidien destinés au rangement. Ce sont eux que vous fréquentez et manipulez jour après jour. Ils ne doivent pas constituer des obstacles. Ranger n'est déjà pas si amusant ! Testez avant d'acheter, demandez conseil à des amis, essayez chez eux avant d'acquérir, repérez vos erreurs passées et tirez-en des leçons ;
- graissez, recollez ou réparez tous les contenants que vous possédez déjà et qui vous convenaient très bien à l'état neuf. Au besoin, demandez à un ami bricoleur de vous donner un coup de main ;

- au bureau comme à la maison, inutile d'encombrer vos quelques mètres carrés avec une armoire qui ne vous convient pas ou des tiroirs branlants dans lesquels vous n'osez même plus mettre une feuille de papier. Débarrassez-vous-en.

Pour Élisabeth, de la lumière

Trop souvent négligée, une luminosité insuffisante est un frein au rangement. Parce que c'est fatigant de scruter l'obscurité pour entrevoir l'objet de notre convoitise ou l'entreposer convenablement après usage. Résultat : on entasse dans nos cagibis, on rachète ce qu'on a déjà mais qui était devenu invisible, on oublie des zones entières de rangement voire des pièces entières de notre maison, une fois qu'on les a remplies...

Conseils pour y voir clair :

- équipez l'intérieur de vos placards de lumière ;
- augmentez la puissance des ampoules déjà en place ;
- positionnez vos rangements de bureau face à la lumière ;
- réorientez votre bureau.

Pour Loïc, dégonfler les dossiers

Si vous constatez qu'un dossier déborde,

- soyez créatif : consacrez-lui un espace plus grand, créez des sous-dossiers... ;
- purgez-le : il y a fort à parier que tout ce qu'il contient n'est pas (ou plus) indispensable ;
- créez des dossiers *Mon thème ancien*, à entreposer plus loin.

Conseils pratiques

Trouver tout de suite une solution vous évitera ensuite d'hésiter à classer, et vous prendra moins de temps que de devoir réorganiser tous vos dossiers en une fois.

Pour Fabrice, une méthode pour calculer la taille d'un bon rangement

Pour éviter la mésaventure de Fabrice, la prochaine fois que vous choisirez un contenant (boîte, album photos, étagère, buffet, coffre à jouet, classeur, bloc tiroir), procédez ainsi :

- regroupez en un même endroit tous les objets que vous avez l'intention de ranger dans ce contenant. N'hésitez pas à faire le tour de votre appartement ou de votre armoire au bureau, si vous soupçonnez qu'il pourrait s'y cacher quelques autres trésors. Si vous ne le faites pas et achetez sur un coup de cœur ou au hasard, vous pouvez être sûr que la loi de Murphy (celle dite de « l'emmerdement maximum ») se manifestera sous la forme connue de « *Mince, et il y avait ça aussi ?* » après la découverte imprévue de la énième paire de chaussures ou du énième Playmove ;
- estimez, au besoin en le mesurant formellement (mètre dérouleur, mètre de couturière), l'espace occupé par le tas constitué. À ce stade, il y a toujours plus à ranger que ce qu'on avait cru ;
- prévoyez mentalement 30 % de volume en plus. Pas pour vos possessions actuelles, mais parce qu'inévitablement vous achèterez, hériterez, récupérerez au moins 30 % d'objets en plus dans les mois et les années à venir. Autant que votre contenant puisse les contenir. Vous avez maintenant les dimensions réelles du contenant à rechercher ;
- repérez (catalogue, Internet, visite chez des amis, brocante…) le type de contenant qui conviendrait, si besoin avec un mètre ruban à la main. C'est ici qu'interviennent votre goût, votre sens de l'esthétique… et votre budget. Et non en craquant chez Ikerama, au dépourvu, sur une jolie commode pas chère en pensant : « *Ça serait bien pour ranger ma vaisselle.* »

Pour Isabelle, la fin de l'instinct de conservation

À force de conserver les objets parce qu'on n'ose pas ou n'aime pas jeter, on accumule des mètres cubes de « machins » en tout genre.

Si vous êtes au bureau, demandez-vous si vous êtes documentaliste. Ou payé pour être la mémoire de l'entreprise. Auquel cas, vous avez raison, gardez tout. En revanche, si vous exercez une profession différente de « gardien de l'historique », pensez à ne conserver que ce qui est réellement nécessaire à l'exercice de votre métier, ici et maintenant (voire à un an).

Ce qui nous amène à aborder ici quelques idées reçues concernant la conservation des objets. Voici les différentes excuses que nous rencontrons le plus souvent pour expliquer comment il se fait que l'espace destiné aux personnes se raréfie progressivement par rapport à celui dévolu aux objets. Bref, d'où vient le désordre, le bazar...

▪ Les idées reçues des écureuils, ceux qui gardent tout

Jeter, c'est du gâchis, ça ne se fait pas chez moi

Votre grand-mère a vécu la guerre et, en femme avisée et admirable, elle en a gardé l'habitude de tout conserver, parce que « *jeter, c'est gâcher* ». Du coup, ça fait partie du folklore familial et vous non plus, vous ne jetez rien : ni les sacs plastiques, ni les élastiques, ni les rubans des papiers cadeaux, ni les pots de yaourt en verre, ni les boîtes de céréales, ni les rapports annuels depuis 1978...

Certes, mais vous avez certainement plus de moyens aujourd'hui que n'en avait votre grand-mère en 39-45. Et plus de facilité d'accès aux objets dont vous pourriez avoir besoin. Ajoutons que la qualité d'un objet fabriqué il y a plus de cinquante ans, et dont on pouvait récupérer chaque pièce n'a plus rien à voir avec ceux, fabriqués en plastique bon marché, que nous trouvons de nos jours et que personne ne songe même plus à démonter pour en récupérer les composants. On peut le déplorer, mais c'est ainsi.

Peut-être est-il temps de changer de tradition familiale ? Tentez la recette de son pot-au-feu, mais laissez Mamie conserver dans sa grande maison (les prix de l'immobilier aussi ont changé !) sans tenter d'en faire autant dans votre 50 m^2.

J'ai peur de jeter des choses qui me manqueraient

Vous avez raison de souhaiter prendre des précautions avant de jeter quoi que ce soit. Il ne s'agirait pas de jeter un chèque à encaisser par inadvertance ! Mais les catalogues des Deux Belges d'il y a deux ans ? Mais les cartes de vœux de personnes que vous ne fréquentez même plus ? Les jouets cassés au-delà du réparable ? Les vêtements qu'on ne peut plus ravoir ?

Autant il est compréhensible de se laisser un peu de temps avant de jeter les choses inutiles, autant ce laps de temps ne devrait pas se prolonger indéfiniment, sous peine d'envahir votre espace vital de vieilleries moches et inutiles.

Je ne peux pas jeter ça, c'est un souvenir

Encore faut-il que le souvenir soit agréable. Combien de personnes gardent encore des objets délaissés par d'autres et leur donnent le doux nom de « *souvenir* » alors qu'elles n'appréciaient pas vraiment le donateur ?

Que penser des tas de billets de cinéma, de train, de musée, de cartes postales illisibles, de dessins « crabouillés » sur un coin de table et offerts avec amour, de vestes immettables, de jeans trop petits, qui nous encombrent doucement mais sûrement, juste parce qu'on y attache un sentiment ? On en rêve tous : arrêter le temps, garder notre taille de guêpe, conserver la mémoire des bons moments… Alors, faisons-le bien. Décidons qu'au lieu de les laisser s'amonceler passivement, nous allons faire des albums photos, des cahiers de voyage… Bref, nous allons structurer ces objets pour en faire des souvenirs exploitables, support de nos émotions. Et pas du bazar en vrac. On dit que faire le tri, c'est permettre aux choses nouvelles d'entrer dans notre vie. Peut-être est-il temps ?

Il existe encore quelques prétextes que nous rencontrons souvent, comme :

- « *Ça m'a coûté les yeux de la tête.* » Vous regrettez votre achat ? On commet tous des erreurs. Est-ce une raison pour se flageller tous les matins en croisant cette veste Christian Le Carré vert pomme dans la penderie ?

- « *Je le garde pour mes enfants – ou mes petits-enfants, ou quelqu'un mais je ne sais pas encore qui...* » Vous avez raison de conserver quelques livres et jouets marquants de votre enfance. Quelques-uns. Quant aux vêtements et accessoires dits « *vintage* », offrez-les tout de suite, avant qu'ils ne finissent mangés aux mites, aux adolescentes de votre connaissance. Elles en feront leurs délices... ou pas. Mais là, ce ne sera plus votre affaire.
- « *Ça va revenir à la mode.* » Aucun doute. Mais comme ce sera dans vingt ans, de quoi aurez-vous l'air là-dedans ? Allons, offrez-la donc cette jupe à volant mordorée, si courte.
- « *On pourrait me le demander. Ça rendrait service à quelqu'un.* » Votre générosité vous honore. De combien de mètres carrés d'entrepôt disposez-vous pour vous permettre de conserver tout ce dont vous avez besoin en plus de ce dont pourraient avoir besoin les autres ? Croyez-vous que vos proches vous aimeraient moins si vous n'assuriez pas cette fonction de « magasin » ? Enfin, quand vous retrouvez les objets... et que vous remettez la main sur le mode d'emploi.

Et pour en revenir au témoignage d'Isabelle, le prétexte qu'elle utilise est bien évidemment faux. Elle généralise ce qui a pu lui arriver une fois en en faisant une règle, bien commode, pour lui permettre de justifier qu'elle repousse la décision de jeter.

Une astuce pour tous ceux qui sont mal à l'aise avec le fait de jeter : placez une poubelle dans chaque pièce de votre domicile. Imaginez qu'il s'agit d'autant de petits animaux familiers demandant à être nourris une fois par jour. Et nourrissez-les avec soin.

En somme

L'objet idéal à conserver est celui qui est à la fois *beau et utile.*

- S'il est laid, il ne vous fait pas plaisir à regarder. Vous le tolérez par lassitude. Allons, vous valez mieux que ça ! Donnez-le, vendez-le ou jetez-le.
- S'il est inutile... que fait-il encore dans votre vie ?

Le grand blitz de rangement

Convaincu, on l'espère, par nos arguments, vous décidez de vous attaquer au rangement de votre bureau, de l'entrée, de la chambre des enfants…

« *Ranger, je le fais tous les six mois*, annonce Françoise, *quand je n'en peux plus de tout ce désordre. Je sors de là vannée et dégoûtée du rangement. Je vais d'une pièce à l'autre, j'aperçois un autre objet, qui me fait penser à autre chose… et à la fin de la journée, il y a plus de bazar que quand j'ai commencé. Alors, je fourre tout en vrac dans les placards jusqu'à la prochaine fois.* »

Avant de vous lancer tête baissée en zigzag d'une pièce à l'autre pour vous effondrer épuisé dans le canapé, en vous jurant qu'on ne vous y reprendra plus, plongez-vous dans la méthode *Trois cartons, un sac* qui figure parmi les fiches pratiques de la partie IV.

Encore quelques questions que vous vous posez…

Que faire si un document peut être rangé à plusieurs endroits ? Comment faire pour le retrouver ?

Vous pourriez être tenté d'en faire une copie et de la placer à l'autre endroit possible. C'est risqué et peu économique. Risqué parce qu'on ne peut être certain d'avoir la bonne version. Gourmand en temps et en ressources (forestières si photocopie, disque dur si copie électronique).

Un exemple

Vous avez un doute sur l'endroit idéal où placer les attestations d'assurance de votre voiture. Est-ce dans le dossier *Voitures*, sous-rubrique *Assurance* (choix 1), ou dans le dossier *Assurance*, sous-rubrique *Voitures* (choix 2) ?

Les deux emplacements se valent. Retenez-en un, disons le choix 1, et notez sur une feuille A4, en plein milieu : « *Attestations voiture : voir dossier Voitures* ». Placez cette feuille au deuxième emplacement possible. Ainsi, lorsque vous irez dans votre dossier Assurances, à la recherche de votre attestation pour la voiture, vous trouverez la feuille vous indiquant où elle se trouve.

Vous pouvez faire de même si vous partagez des fichiers informatiques avec vos collègues. Si vous rencontrez un peu de difficulté à mettre au point votre arborescence commune, vous pouvez très bien créer un fichier vide dont le titre serait *Procédures octobre 2007 : voir à Manuel qualité*, plutôt que de dupliquer le document.

Dois-je organiser ma réserve par ordre alphabétique ? Par thème ? Autrement ?

L'organisation d'une réserve est très personnelle. Elle dépend de vos centres d'intérêt et de votre structure mentale. Nous vous recommandons plutôt une organisation par thème, qui permet de retrouver l'information plus vite. Vous trouverez en fin d'ouvrage des exemples de classement dont vous pourrez vous inspirer.

Rien n'empêche ensuite les plus cartésiens de classer les dossiers thématiques par ordre alphabétique !

Fausse bonne idée : le code couleur

Voici deux raisons pour lesquelles nous en sommes venues à nous méfier de cette apparente bonne idée pour ce qui concerne la réserve :

- le nombre de couleurs que proposent les fournisseurs de matériel de bureau est limité. De sorte qu'on ne sait pas quoi faire si on veut créer une catégorie supplémentaire. Doit-on utiliser une couleur qu'on a déjà attribuée, au risque de se « mélanger les pinceaux » ?
- parfois, on est confronté à des ruptures de stock ou des changements de fournisseurs. Mon bleu marine devient bleu ciel. Se rapprochant dangereusement du bleu turquoise... Perfectionnistes s'abstenir ! Idéalement, il faudrait n'avoir aucun obstacle à la création de dossiers *Réserve*.

La réserve est un classement que vous n'utilisez pas forcément tous les jours, et le risque est que, si vous comptez sur les couleurs, vous oubliiez d'étiqueter. Et quand vous reviendrez de vacances, après deux mois de détente, vous souviendrez-vous vraiment de ce que vous englobez dans la couleur jaune d'or ? Pas sûr du tout...

Je fais de nombreuses recherches sur Internet. Que faire de tous mes favoris ?

Là aussi, fonctionnez par thème. Créez un répertoire par thème et déposez-y les pages qui vous intéressent. Vous les aurez toutes sous la main au bon moment. N'hésitez pas à les renommer si les titres des pages ne sont pas explicites. C'est au moment où vous créez vos signets qu'il faut le faire. Après, on oublie.

Que faire si deux thèmes se recoupent ?

Vous venez de créer la catégorie *Recettes* et découvrez que vous en aviez déjà une, très proche, baptisée *Cuisine*. Qu'à cela ne tienne : fusionnez-les. Et choisissez le titre définitif. Ne multipliez pas les sous-catégories. Ainsi, le classement ci-dessous peut sembler un peu excessif :

Arborescence de recettes

- Cuisine
  - Recettes normales
  - Recettes spéciales
    - Recettes à tester
    - Recettes étrangères
      - Recettes marocaines
      - Recettes belges
        - Recettes flamandes
        - Recettes wallonnes

Si votre métier n'est pas « *spécialiste des recettes wallonnes* », contentez-vous d'un classement composé de catégories plus larges, quitte à insister sur l'intitulé des pages.

Dois-je remettre en question tout mon classement existant ?

Surtout pas. Et encore moins s'il fonctionne. Créez vos nouveaux répertoires, range-revues ou chemises au fur et à mesure de vos besoins, et placez-y les informations nouvelles que vous venez de trouver ou de créer. Si vous devez faire entrer des informations plus anciennes dans votre nouveau classement en cours de construction, faites-les rejoindre vos nouveaux répertoires. Pendant quelque temps, vos deux systèmes de classement (l'ancien et le nouveau) vont cohabiter. Vous pouvez, pour éviter les erreurs, créer un répertoire, englobant tout votre ancien classement, que vous nommerez *Avant AAMMJJ*. Vous saurez donc que tous les répertoires et documents que vous avez créés à l'extérieur de *Avant AAMMJJ* sont ceux qui correspondent à votre tout nouveau classement. À terme, les répertoires contenant des fichiers devenus inutiles (puisque non récupérés par vos soins) pourront être détruits ou archivés.

Voilà donc, comment, à partir de règles de bon sens, de méthode et de matériel adapté, vous mettez en place votre classement ou attaquez le rangement. Vous l'avez compris, pour ranger puis récupérer rapidement et de façon fiable une information, il faut lui trouver une place, sa juste place. Pas trop loin, pas trop près. Quelque chose de simple, comme si vous étiez paresseux. Et ce, dès qu'elle entre dans votre système. Étiqueter cet emplacement (se méfier de sa mémoire). Faire correspondre les mondes physique et numérique. Éliminer ce qui n'a plus de sens (trier, jeter) pour faire apparaître les pépites plus vite.

Finalement, ce n'est pas si compliqué de ranger et de retrouver une information ou un objet en moins de cinquante secondes.

À présent que nous avons fait le tour de votre organisation, il est temps de faire le point… régulièrement.

En somme

Pour organiser ses documents et ses objets, tenir toujours compte des cinq commandements du rangement.

Commandement n° 1 : « Ton nombre de gestes compteras »

Commandement n° 2 : « Des distances te préoccuperas »

Commandement n° 3 : « Tes contenants tu étiquetteras »

Commandement n° 4 : *« La catégorie* Divers *éviteras »*

Commandement n° 5 : « Pour chaque chose, une place logique découvriras »

Les dossiers projets, stockés dans des chemises cartonnées toutes simples ou des porte-revues, sont de préférence disposés sur le bureau.

La réserve est rangée de manière à ce que les objets soient facilement accessibles (emplacement lumineux, pas trop encombré, pas d'obstacle) et que leur rangement soit aisé (prévoir 30 % d'espace en plus, matériel fonctionnel).

Chapitre 6

Faire le point

À présent que vous avez réuni toutes les tâches à accomplir, aujourd'hui, dans les jours et les mois prochains, vous devez absolument les consulter régulièrement. Tout votre travail pour pouvoir retrouver chaque information nécessaire dans la minute va vraiment vous servir…

Essayez de repérer ce qui n'allait pas dans vos derniers systèmes d'organisation… Souvent vous avez rédigé des listes. Vous avez créé des plannings. Vous avez classé des documents. Vous avez délégué des tâches. Vous avez noté tout ce qui vous venait à l'esprit dans un petit carnet. Et au bout du compte, qu'avez-vous réellement fait ? Si vous réfléchissez bien, vous avez réalisé :

- ce dont vous vous êtes souvenu ?
- ou bien ce que vous avez vu écrit au bon moment ?

Repérez-vous dans la méthode

Récolter	Réfléchir	Organiser	Faire le point	Agir
mes ampoules mentales et extérieures	à ce que c'est et à ce que je veux en faire	le résultat de mes réflexions	**pour savoir où j'en suis et décider sur quoi je vais…**	… agir

Ensemble, nous en avons convenu : vous ne voulez plus compter sur votre mémoire. Votre mémoire espère se libérer pour d'autres missions plus importantes que de vous rappeler d'acheter le pain, et d'appeler Brigitte du service comptabilité. Il nous reste donc l'autre option : « *Voir les choses écrites au moment opportun* ».

Pour ce faire, nous allons mettre en place des points réguliers. Vous allez faire le point chaque jour et une fois par semaine. D'autres points seront faits, mais ceux-là seront plus des points d'objectifs de vie, dont nous parlerons dans un prochain chapitre de ce livre.

Votre point quotidien

Quand nous parlons de point quotidien, retenez bien qu'il s'agit d'un point qui doit avoir lieu *au moins* une fois le soir et une fois le matin, même dans les périodes calmes. Mais les personnes les plus occupées (ou les plus étourdies) font ce point à plusieurs reprises dans la journée.

N'oubliez pas que vous avez réuni en peu d'endroits (quelques corbeilles, une série de listes et votre agenda) l'ensemble des tâches qui vous incombent, alors qu'avant vous en aviez partout sur votre bureau, sur des dossiers, des Post-it® affichés partout, des cahiers disséminés. Vous aviez tout cela plus ou moins en permanence sous les yeux, avec le sentiment de désordre et de débordement que cela supposait. Aujourd'hui, tout est rangé dans des endroits prévus pour ça, vous savez où trouver vos actions, et elles ne polluent plus votre cerveau en permanence. Reste une contrainte fondamentale : consulter régulièrement ces boîtes et listes, dans l'ordre suivant.

▪ Votre agenda

Au quotidien, vous consulterez d'abord votre agenda, pour voir ce que vous réservent la journée d'aujourd'hui et celle de demain. Vous fixerez dans votre esprit la « carte » de votre jour.

■ **Témoignage**
« Je regarde mon agenda tous les soirs, ça me permet de préparer mes vêtements en fonction de mon emploi du temps du lendemain et d'être sûre de ne pas oublier un rendez-vous tôt le matin. »
Carole, 42 ans, cadre en entreprise

Ainsi, si vous avez un rendez-vous dans trente minutes, vous saurez que certaines choses sont à faire immédiatement, comme préparer vos dossiers pour ce rendez-vous, si ça n'a pas déjà été fait. Et vous saurez que d'autres ne pourront pas être faites tout de suite, comme aller chez le coiffeur.

La consultation de votre agenda vous permet d'anticiper : moins de préparation au dernier moment, moins de stress de dernière minute.

Votre liste 3PA

Vous trouvez dans votre liste 3PA des choses à faire par vous dès que possible. Si vous avez suivi notre méthode jusque-là, vous avez compris que, suivant votre activité, votre liste 3PA peut être assez longue. Peut-être vous dites-vous que lire et relire plusieurs fois par jour des énoncés de tâches que vous ne pouvez pas mettre en œuvre immédiatement (parce que vous ne réunissez pas les conditions nécessaires) est laborieux, voire inutile.

Ne croyez pas que la consultation de votre liste doive être longue. Vous la parcourrez soigneusement mais rapidement. Et vous le ferez avec cinq idées en tête.

- *Marquer les actions déjà effectuées.* Sur un agenda électronique, ça revient à sortir la tâche effectuée de la liste 3PA pour l'envoyer dans la liste de tâches « bouclées ». Sur une liste papier, on évitera de rayer, mais on utilisera un symbole clair : une coche, une croix, un « *OK* » pour bien différencier la tâche terminée des autres, encore à faire.
- *Éliminer des tâches qui n'ont plus de raison d'être.* Vous deviez passer au marché pour acheter du fromage pour votre dîner de ce soir, mais vos invités viennent d'appeler

pour décommander... Vous deviez envoyer un argumentaire d'enfer pour vendre votre projet à M. Boss, mais M. Sous-fifre a réussi à le convaincre sans vous... Hop, éliminés.

- *Mettre à jour la liste 3PA.* Souvent, c'est en supprimant une tâche bouclée qu'on se rend compte qu'on doit ajouter la 3PA suivante du projet, par exemple. Ou qu'on pense à une autre chose à faire : la noter immédiatement.
- *Repérer les tâches qu'on est à même de faire* dans un délai proche... et parfois, en profiter pour se motiver à les faire !
- *Faire un tri préalable* dans vos actions, grâce au contexte.

En effet, on ne peut pas tout faire, n'importe quand. Résoudre le litige avec mon banquier ne se fera qu'aux heures d'ouverture de son agence. Emprunter son véhicule monospace à mon beau-frère ne peut se faire que le week-end, etc.

L'objectif : placé dans un contexte donné, je veux voir toutes les tâches que j'ai à faire, et seulement celles-là, ignorant ainsi superbement toutes les autres !

Contexte

Le terme contexte signifie aussi bien un moment qu'un lieu ou des circonstances.

Exemples de contexte :

- mon domicile ;
- mon bureau ;
- la présence d'un ordinateur, d'un téléphone ;
- un moment de calme ;
- lorsque les enfants sont à l'école ;
- l'heure du déjeuner ;
- la présence d'un collègue donné ;
- la saison ;
- un événement particulier.

Choisissez l'une des deux méthodes ci-dessous, celle qui vous semble la plus logique, ou la plus appropriée à votre vie pour profiter de vos propres contextes.

Première possibilité : une liste 3PA par contexte

Selon la taille de votre liste de 3PA, vous pourriez procéder à un classement de ces tâches selon leur contexte. Ainsi, il vous paraîtrait peut-être logique de faire une liste de toutes les choses que vous souhaitez acheter hors de chez vous. Comme ça, au moment de sortir, ou à l'occasion d'un rendez-vous à l'extérieur, vous pouvez consulter votre liste de « courses » et passer ici ou là acheter l'élément indiqué.

Ou encore, constituer une liste d'actions propres au contexte *Maison* et une liste d'actions à mener dans le contexte *Travail*. Dans ce cas, si vous êtes « papier-crayon », pourquoi ne pas avoir deux listes distinctes, une dans chaque intercalaire de votre cahier unique, par exemple ?

Ou bien encore, si vous travaillez au sein d'une équipe nombreuse, avec de fréquents échanges, créer une liste particulière *En attente de*, pour pouvoir déterminer qui vous devez relancer et quand.

Ainsi, si c'est commode pour vous, vos actions sont réparties sur plusieurs listes, une par contexte. Du coup, la consultation de votre liste d'actions se ramène à la consultation de la seule liste qui corresponde au contexte dans lequel vous êtes actuellement.

Attention

Une précaution, toutefois : ces différentes listes doivent impérativement être sur le même support. Vous ne devez pas avoir à chercher votre liste *Contexte A* lorsqu'une idée vous vient alors que vous êtes dans le contexte B. Vous risquez de ne pas noter l'action, ce qui ferait échouer votre système d'organisation.

Deuxième possibilité : coder les actions par contexte, sur une seule liste 3PA

Pour ceux d'entre vous qui sont plus à l'aise avec une seule et unique liste 3PA, voici de quoi vous aider à y voir plus clair, à partir de témoignages.

« Lorsque je dois valider des choses avec mon patron, qui est toujours en déplacement, je note dans la marge de mon cahier ses initiales. Dès qu'il appelle, je parcours rapidement ma liste 3PA et peux ainsi lui dire en un minimum de temps tout ce qu'il doit valider. Et je n'oublie plus rien. »

« J'utilise les caractères $ (mon chef !), % (mes collaborateurs) et @ (ordinateur obligatoire) sur mon PDA. Je les place devant certaines tâches en rapport avec mes trois contextes principaux. Et je trie de cette façon. »

Ces listes contextuelles sont intéressantes. Elles le sont d'autant plus pour les utilisateurs d'assistants personnels électroniques, qui peuvent attribuer plusieurs contextes pour une même 3PA. Par exemple, si je peux passer une commande à la fois par téléphone et par Internet, je code T pour téléphone, et O pour ordinateur, et je me donne deux fois plus d'occasions d'agir.

« Pour "contextualiser" ma liste 3PA, je note mes actions les unes en dessous des autres et mentionne un code dans une petite colonne à droite de la page. HT (pour "acheter") correspond à une course à faire, O à une tâche à accomplir devant l'ordinateur, T à un coup de téléphone à passer, etc. Si une tâche nécessite la présence d'une personne pour m'aider, je mentionne ses initiales. Et quand c'est urgent, j'entoure le code. »

Cas particulier de contexte : coder les urgences

À condition de ne pas en abuser, vous aimerez aussi sûrement coder une tâche particulièrement urgente. Mais soyez inflexible avec la définition du mot « *Urgent* ». Pour nous, une tâche urgente est une 3PA qu'il faut accomplir dès aujourd'hui, sous peine de subir des conséquences fâcheuses, ou de rendre la tâche inutile. Par exemple, si vous envoyez votre déclaration d'impôts en retard, vous vous exposez à des pénalités...

Certaines personnes aiment se fixer des objectifs pour la journée. Vous pouvez aussi utiliser votre liste 3PA dans ce but. Choisissez trois tâches à boucler impérativement pour la fin de la journée. Donnez-leur un code particulier. Mais soyez conscient qu'une tâche urgente, comme une tâche prioritaire, peut changer de statut du jour au lendemain. La vie suit son cours, et d'autres tâches viennent s'ajouter à votre liste, qui seront peut-être plus prioritaires. Tenez-en compte et utilisez ce concept à doses homéopathiques.

Si vous codez votre liste (et évitez ainsi de la récrire), ne compliquez pas trop votre système. Il deviendra inutile si vous ne le comprenez plus.

■ Témoignage

« Au départ, j'utilisais plusieurs couleurs de surligneur suivant mes contextes, mais assez vite, je me suis aperçu que ce n'était pas si efficace que ça : en effet, il m'arrive très souvent de faire le point dans les transports en commun, et je ne promène pas une trousse d'écolier partout avec moi. Et puis, au bout d'un moment, je ne savais plus à quoi correspondait le rose ou le bleu. Depuis, j'utilise des petits pictogrammes tout simples, que j'inscris dans la marge. Et pour bien identifier une action urgente, je passe un coup de surligneur vertical devant la ligne concernée. Elle me "saute aux yeux", je me rends mieux compte de mes urgences. Et seul le surligneur, quelle que soit sa couleur, signifie "alerte ! " »

Marie-Hélène, 33 ans, assistante administrative

On voit bien que la longueur de la liste 3PA n'est plus un obstacle à sa consultation si vous y introduisez vos propres contextes.

C'est ainsi que, rapidement, avec l'habitude, vous ne lirez plus une à une toutes les actions de votre liste 3PA. Si vous avez une liste papier, vos yeux iront automatiquement là où il n'y a pas de OK (ou de croix). Cette absence de signe indique clairement que cette action reste à faire. Et si vous avez un PDA, vos caractères spéciaux vous serviront de critères de tri. N'oubliez pas de faire « ressortir » également votre liste des tâches devant lesquelles vous n'avez pas mis de contexte !

■ Votre échéancier si vous avez choisi d'en avoir un

À la date d'aujourd'hui, il vous faut récupérer les documents que vous y aviez mis en réserve. Pas question d'oublier votre billet de train, ni les annexes du contrat que vous venez d'imprimer et aviez placées là en l'attente du rendez-vous avec ClientPréféré. Ni le programme du festival de Pougalou Déoulas pour lequel c'est le dernier jour des réservations.

■ **À noter**

Veillez à récupérer, la veille de votre départ en déplacement ou en vacances, tous les documents que vous aviez entreposés dans votre échéancier jusqu'à la date de votre retour. Il faut en effet que vous agissiez sur certains d'entre eux *avant* de partir, sous peine de risquer d'être en retard.

■ Votre bannette ou répertoire *En attente de*

Vous y aviez placé le bon que la vendeuse vous a remis lorsque vous avez donné vos fauteuils à réparer. Elle vous a dit gentiment : « *On vous tient au courant, madame.* » C'était il y a six semaines. Bon, c'est décidé, aujourd'hui vous rappelez le magasin. Vous y aviez placé votre demande de statistiques au service administration des ventes. Ce n'était pas urgent, mais vous auriez aimé avoir la réponse avant le mois de juin, tout de même. Vous décidez de leur laisser encore quelques jours.

Votre point hebdomadaire

Le principe du point hebdomadaire est très important lui aussi. En effet, vous avez peut-être testé d'autres systèmes d'organisation avant. Ils semblaient très efficaces, et un jour, pour une raison ou une autre, vous avez fait une petite erreur, noté une information au mauvais endroit, mal classé un document, et tout s'est écroulé. Dépité, vous avez simplement abandonné. Il manquait juste un point vous permettant de « colmater les fuites », car il y en a toujours.

Donc, nous vous proposons de mettre de côté un moment par semaine pour faire le point. Il se fera en sept étapes :

Exercice 11 : Votre premier point hebdomadaire

Débarrassez votre bureau, videz votre sac, votre attaché-case, ramassez les papiers qui traînent et mettez-les tous dans votre boîte à ampoules. Bref, faites une récolte. Ensuite, selon le procédé déjà expliqué, videz-la.

Faites de même avec tous les documents électroniques non traités ou pas à leur place.

> Relisez les notes que vous avez prises pendant les rendez-vous et réunions de la semaine. Avez-vous des 3PA à en tirer ? Notez-les et classez vos notes dans leur dossier projet ou jetez-les.
> Regardez votre planning de la semaine écoulée et des semaines à venir. Avez-vous des 3PA à en tirer ? des engagements pris ? des choses à préparer ?
> Reprenez la liste de « déclencheurs d'ampoules » du début du livre et vérifiez que vous n'oubliez rien.
> Relisez votre liste 3PA (cette fois en lisant chaque 3PA qui reste à faire), reprenez vos dossiers projet en cours (avez-vous une 3PA pour chaque projet en cours dans votre liste ?), votre liste, corbeille ou répertoire *En attente de* (faut-il relancer des gens ?).
> Si vous repérez des actions à date limite, notez-les dans votre agenda. Si elles sont à faire dès que possible, inscrivez-les sur votre liste 3PA.
> Si vous avez des actions récurrentes à mettre en œuvre, consultez vos check-lists correspondantes.

Comment faire un point hebdomadaire rapide ?

Pour que votre point hebdomadaire ne dure pas trop longtemps, vous devez :

- vider régulièrement votre boîte d'ampoules dans la semaine, selon un rythme quotidien, sinon, vous y passerez tout le temps de votre point, alors que c'est juste une mise à jour de votre boîte d'ampoules que vous devriez faire à ce moment-là ;
- prévoir un moment (entre trente minutes et deux heures, selon votre activité) pendant lequel vous ne serez pas dérangé, vous aurez besoin de vous concentrer et de faire marcher, une fois n'est pas coutume, votre mémoire ;
- décider de ne pas faire votre travail à ce moment-là, hormis les 3PA express découlant des quelques ampoules encore dans la boîte ; c'est un moment pour faire le point, pas pour rattraper votre travail en retard.

L'idéal, si votre emploi du temps le permet, est de créer un rituel qui aura lieu chaque semaine le même jour et à peu près à la même heure. Choisissez de préférence un jour de fin de semaine, pour « boucler la boucle » de la semaine, à un horaire pas trop tardif. Si vous avez une semaine « standard », le vendredi matin ou en début d'après-midi permet de préparer votre semaine (et de vous garantir un esprit libre pendant le week-end), et de boucler d'éventuelles tâches urgentes dans la foulée, avant le week-end.

■ **Témoignage**

« Au début, je pensais faire mon point hebdomadaire le lundi matin. Ça me paraissait logique de démarrer ma semaine par ce temps de réflexion. En fait, je me suis aperçue que j'avais du mal à m'y mettre et que de nombreuses réunions m'empêchaient de le faire. Après plusieurs essais, j'ai repéré que le meilleur moment de la semaine pour faire le point hebdomadaire était le vendredi vers 15 heures. En effet, à cette heure-là, je suis beaucoup moins sollicitée, aucune réunion n'est prévue, en général. De plus, si j'ai absolument besoin de joindre quelqu'un, il est encore à son bureau. »

Valérie, 43 ans, formatrice

Autant vous prévenir, si revoir sa liste 3PA et son agenda plusieurs fois par jour devient rapidement un réflexe quasi naturel et automatique, le point hebdomadaire est par contre une habitude facile à reporter. Pourtant, c'est une étape clé de la méthode. Elle vous sert à « colmater » les fuites possibles, et donc à ne rien oublier. C'est dans ce cas que vous aurez confiance dans vos outils, et que vous vous en servirez de mieux et mieux, de plus en plus, et surtout de plus en plus efficacement au point même de les « oublier », de les considérer comme vous considériez autrefois votre mémoire : une source automatique d'efficacité.

Alors décidons que tous les moyens sont bons pour appuyer cette nouvelle habitude...

- Associez votre point hebdomadaire avec une autre habitude : peut-être pouvez-vous faire votre point juste après la réunion hebdomadaire avec votre patron, ou un soir de la semaine pendant les devoirs des enfants.
- Offrez-vous une récompense pour arriver au bout de ce point si précieux : buvez un très bon café, surfez dix minutes sur vos blogs favoris, mettez vingt euros dans une tirelire pour un projet qui vous tient à cœur.
- Écoutez de la musique que vous aimez bien.
- Si vous ne voulez pas être dérangé, imprimez toutes vos listes (ou embarquez votre portable) et installez-vous dans votre café favori.
- Faites-vous une check-list à cocher pour chaque étape de votre point hebdomadaire.

Exemple de check-list

Étape	Exemple de déroulement
Revu mon échéancier (si j'en ai un)	■ Je retrouve mon billet de train pour partir demain en week-end avec Mélanie.
Débarrassé mon bureau de tous les documents qui traînent (dans la boîte d'ampoules)	■ Le message de ma mère pour rappeler Papa, le cours d'anglais pas relu, le manuel pour mon nouveau logiciel... hop, dans la boîte d'ampoules. ■ J'en profite pour jeter les Post-it® devenus inutiles, les informations qui ne m'intéressent plus.
Sorti les ampoules de mes sacs	■ Je sors mes facturettes de carte de paiement, la carte du restaurant que je dois recommander à Benjamin, la pub du nouveau BlackPDA. ■ Je sors les plaquettes que j'ai récupérées au Salon de l'immobilier, les cartes de visite de ma dernière entrevue avec ProspectChéri, mon chargeur de mobile (tiens, il était là ?) et les revues professionnelles que j'avais apportées pour les lire dans le train.
Vidé ma boîte d'ampoules	■ J'appelle un taxi pour mon train demain (avec la quantité de bagages que j'aurai, c'est mieux). ■ Je rappelle Papa (et je jette le Post-it®). ■ Je note dans ma liste 3PA de relire mon cours d'anglais, et j'ajoute dans mon agenda la date du prochain examen (donnée par le professeur). Je range mon manuel sur l'étagère. ■ Je classe mes facturettes dans l'échéancier, à la date habituelle de réception de mon relevé (pour faire mes comptes). ■ J'envoie vite fait un e-mail à Benjamin, sur le resto, et mets la carte dans ma réserve, dans le porte-revues *Sorties*. ■ Je jette la pub du BlackPDA, trop cher, tant pis. ■ Je parcours le rapport que m'a posé dans ma bannette mon chef de produit et constate deux incohérences. Je note sur ma liste 3PA de lui en faire part. Et pose le rapport dans ma corbeille 3PA.
Vidé ma boîte de réception e-mail	■ J'efface les trois spams et la énième pub de Vente Pas Chères, ainsi que la dernière blague nulle de Jean-Michel (même pas lue...). ■ Je réponds à Gloria pour le rendez-vous pour l'exposé de sociologie. ■ Je mets en attente le récépissé de commande d'Amanac.com pour mon bouquin de physique du second semestre. ■ Je fais glisser les messages auxquels il me faudra plus de deux minutes pour répondre dans mon répertoire *3PA* **et** je note l'action « *Répondre à X, Y et Z* » sur ma liste 3PA.

.../...

.../...

Étape	Exemple de déroulement
Vidé ma messagerie vocale de téléphone portable	■ J'envoie un SMS pour répondre au message de Jean-Mi : *« ok pr dîner samedi 12 o kanguru ms a kel h ? »*. ■ J'efface le message de Sonia de la DRH, sans y répondre : je la vois lundi, à la réunion. ■ Je rappelle immédiatement mon chef, car je sais qu'il part en vacances ce soir : c'est le dernier moment pour valider avec lui le dossier *ClientDeRêve*.
Consulté la liste de déclencheurs d'ampoules et revu chaque item pour s'assurer de ne rien oublier	■ Oh là là ! l'anniversaire de ma mère. Je note dans ma liste 3PA de demander à ma sœur si elle a une idée de cadeau. J'ajoute le symbole « *Urgent* » : peut-être que je pourrais trouver ça lors de mon week-end à Londres… mais il faut que je sache tout de suite. ■ J'avais dit qu'il fallait que je me forme à mon nouveau logiciel de messagerie. Je note d'envoyer un e-mail au service formation (3PA)
Mis à jour ma liste de 3PA	■ Rendez-vous chez le dentiste ? Plus la peine, j'y suis allée en urgence hier pour cause de rage de dents. Ça m'apprendra. Je mets OK. ■ Léo a croisé la prof de socio hier et lui a déjà demandé les précisions pour l'exposé, pas besoin de le faire non plus, donc. ■ Par contre, je mets en urgent de réserver pour l'exposition de la Cité des sciences, ça ferme la semaine prochaine. ■ Contacter MonPartner pour envisager un partenariat ? Bof, leur directeur général les a quittés, je ne crois plus en leur dynamisme : je coche la 3PA comme faite ou inutile. ■ Ça fait deux mois que l'action « *Me renseigner sur le process Marketing et Ventes* » est dans ma liste. Pourquoi depuis si longtemps ? En réfléchissant, je me rends compte que je n'en ai pas vraiment besoin. En revanche, je sais qu'il sera absolument nécessaire que je le maîtrise fin septembre. Je coche la 3PA comme inutile mais je l'inscris sur mon agenda au 25 août. Je sais qu'ainsi elle sera réintégrée dans mon système au bon moment, lorsque ma motivation sera au top, à mon retour de vacances. ■ J'ai marqué « *Contacter agences de Relations presse* » pour en choisir une, mais je ne l'ai toujours pas fait. Pourquoi, alors que c'est important ? Est-ce parce que je n'ai pas eu le temps ? En fait, je réalise que ce n'est pas une vraie 3PA. Je la coche comme faite. Et je la transforme en une action plus abordable pour moi, parce que moins longue : « *Appeler Sophie pour lui demander avec quelle agence de RP elle travaille* ». Au moins j'aurai avancé sur le projet en me donnant l'occasion d'en rencontrer déjà une de bon niveau.

.../...

…/…

Consulté et mis à jour ma corbeille 3PA (tous les documents ont-ils une 3PA associée et notée sur ma liste ?)	■ J'attrape la carte de mon dentiste et je la remets dans le dossier santé. ■ Cette liste de courses, c'était pour la fête d'anniversaire de Sarah, mais finalement, c'est Patrick qui s'en occupe, et il préfère un restaurant. ■ Je n'avais pas classé le devis de mon agence de communication dans le dossier *Communication Produit A* alors que je l'ai rencontrée hier pour en parler. Il est encore dans mon répertoire 3PA. Je fais glisser le devis dans le dossier auquel il va appartenir désormais.
Revu mon planning de la semaine dernière. Revu mon planning de la semaine prochaine (des rendez-vous à préparer ?)	■ La semaine dernière, voyons voir, j'ai vu Armelle, et je lui ai promis une copie du CD de Blanche Herbelin… je note ça dans ma liste 3PA. ■ Et hier, avec Arnaud, on a parlé d'un bon sujet pour mon mémoire de fin d'année… il a de bonnes pistes, je note dans mon agenda de le relancer par e-mail lundi. ■ Rendez-vous avec mon principal distributeur, la semaine prochaine : il me faut les chiffres des ventes qu'il a réalisées l'an dernier et ce trimestre. Je note la 3PA (demander chiffres à Josiane) dans ma liste. Il faut aussi que je réserve mon hôtel et mon train dès que possible : voilà une deuxième et une troisième 3PA.
Consulté et mis à jour ma liste d'actions en attente (dois-je relancer quelqu'un ?)	■ Je rajoute donc Arnaud dans ma liste *En attente de*. Et ma commande Amanac.com. ■ Toujours pas de nouvelles de ma tante sur les prochaines vacances avec mon cousin Sacha. Je note d'en parler à ma tante.
Consulté et mis à jour ma corbeille *En attente de*	■ C'est quoi ce papier ? Ah, mon impression de commande Internet pour mon billet pour Londres. Poubelle, j'ai le billet. ■ Et ça ? La dernière lettre de ma tante. Oui, ça, je le passe donc dans ma boîte 3PA, pour en parler à ma mère, disais-je.
Consulté et mis à jour ma boîte d'e-mails *En attente de*	■ Ah, cet e-mail que j'ai envoyé à mon père pour mon stage de l'été prochain… il m'a répondu ou pas, finalement ? Oui. D'ailleurs il faut que j'envoie un CV à son copain Gilbert, je note sur ma liste 3PA (et je mets l'e-mail dans le répertoire 3PA). ■ Bon, et là des tas de super pubs qui attendent que je sois riche… Je pense que ça serait mieux dans un répertoire à part dans la réserve.
Consulté et mis à jour ma liste de projets en réserve	■ De quoi ai-je parlé l'autre jour avec Jean-Michel ? Créer un blog sur les séries à la noix de notre enfance… bah, ça serait drôle, non ? Je le rajoute à ma liste.

.../...

Étape	Exemple de déroulement
Décidé si je dois en passer un en mode *Action*	■ Faire un voyage à Prague, non, trop tôt. ■ Passer mon permis... Ah, n'est-ce pas mon oncle qui m'a dit que toute la famille voulait se cotiser pour me faire un cadeau « utile » pour mes 20 ans ? Ça se rapproche, donc. Je note dans ma liste 3PA de faire un e-mail à mon oncle et je ressors la chemise « Permis » contenant les quelques documents, que je mets dans la bannette 3PA.
Consulté et mis à jour ma liste de projets en cours	■ Je dois rajouter mon permis de conduire, donc, ainsi que ma recherche de stage. ■ Le week-end à Londres, bon, c'est terminé, je le sors, j'enlève ce qui ne me servira plus et garde en réserve les deux cartes postales que j'ai rapportées, dans la catégorie *Souvenirs*. ■ Mon chef vient de me parler de son envie de développer les ventes de produit B. Je crée donc un dossier projet *Ventes Produit B* sur mon ordinateur et aussi dans une chemise, puis je commence à réfléchir à la façon dont je vais m'y prendre...
Vérifié que chaque projet en cours a une 3PA mentionnée, soit sur la liste 3PA, soit en attente, soit programmée (agenda)	■ Oh, j'oubliais... pour les vacances d'été, j'avais bien noté que je voulais partir en vadrouille avec Mélanie, et peut-être aussi Patrick et Sarah, mais on n'en a pas reparlé. Je note sur ma liste 3PA de relancer tout le monde là-dessus, et je mets le dossier (encore maigre) dans ma bannette 3PA. ■ Pour avancer sur les ventes du produit B, je vois au moins quatre 3PA. Je les note.
Consulté les check-lists nécessaires pour cette semaine	■ Pour l'exposé de socio, je revois les tâches prévues pour chaque exposé. Par exemple, ça serait bien que je trouve quelques illustrations, des documents à faire passer... Bon, c'est quoi la 3PA ? Noter quatre idées d'illustrations. ■ Pour mon rendez-vous avec mon distributeur, je reprends ma check-list *Déplacement* et me rends compte que je n'ai plus de carte de visite. Vu les temps d'impression habituels, c'est carrément une urgence. Je note sur ma liste 3PA de les commander et je marque avec un surligneur.

Même si vous ne le voyez pas forcément au premier abord, ce point a des côtés très motivants et enrichissants. Mine de rien, chaque semaine, mieux que chaque jour, vous allez voir vos projets avancer. Aucun ne vous échappera plus et vous observerez leur progression *à vue d'œil*. Quand vous écrivez une nouvelle 3PA dans votre agenda, sur un projet en cours, c'est que la précédente a été faite. Et celle que vous venez d'inscrire le sera prochainement...

Dois-je faire deux points différents pour le bureau et la maison ?

Oui, si vous avez des dossiers au bureau et à la maison, il convient de faire deux points hebdomadaires différents. Car, comme vous l'avez remarqué, il faut manipuler les dossiers et les documents en même temps qu'on fait le point. Par contre, si vous vous souvenez de quelque chose en rapport avec votre vie personnelle pendant votre revue au bureau, n'hésitez pas à le noter sur votre liste 3PA, ou sur un Post-it® à glisser dans votre boîte d'ampoules dès votre retour à la maison. Rien ne vous empêche de faire votre point hebdomadaire avec vos proches, le dimanche soir. Vous y apprendrez que PetitDernier est invité à un anniversaire mercredi prochain, que votre épouse part deux jours en formation et que Belle-Maman débarque samedi. Ça fait quelques 3PA en perspectives !

Une fois que vous avez vos 3PA bien à jour, vous devez enfin passer à l'action… on en parle au chapitre suivant.

En somme

Au moins chaque matin et chaque soir, faire un point :

- consulter son agenda ;
- consulter sa liste 3PA, en ajoutant des contextes, si besoin ;
- vérifier son échéancier, si on en a un ;
- vérifier la bannette *En attente de*.

Une fois par semaine, de préférence le vendredi après-midi, prévoir un moment pour :

- faire une récolte d'ampoules et les traiter ;
- reprendre ses notes de la semaine (réunions, rendez-vous) et les traiter ;
- regarder le planning de la semaine dernière et de la semaine à venir, et chercher les 3PA qu'il y a à en tirer ;
- relire la liste 3PA, reprendre les dossiers projet, les documents *En attente de* ;
- réfléchir aux actions récurrentes à mettre en œuvre.

Chapitre 7

Agir

La cinquième et dernière étape de notre méthode, c'est… agir. Dans ce chapitre, nous allons faire la différence entre subir les événements (c'est-à-dire réagir aux urgences en mettant de côté ce qui peut attendre) et maîtriser son emploi du temps. Il y est question d'anticipation et de planification. Puis vous allez découvrir comment mettre réellement à profit votre liste 3PA, pour passer à l'action.

Repérez-vous dans la méthode

Récolter	Réfléchir	Organiser	Faire le point	Agir
mes ampoules mentales et extérieures	à ce que c'est et à ce que je veux en faire	le résultat de mes réflexions	pour savoir où j'en suis et décider sur quoi je vais…	***… agir***

Il y a faire et faire

D'abord, souvenez-vous que *c'est précisément ce que vous ne faites pas qui revient en boomerang*, tôt ou tard, sous forme d'une urgence encore plus criante ou d'un problème bien plus grave à régler toutes affaires cessantes. Le mélange de stress et de culpabilité qui est généré par ce que vous ne faites pas est parfois très pénible. C'est d'autant plus injuste que vous aimeriez vraiment que votre capacité à gérer les urgences soit reconnue à sa juste valeur. Vous les gérez très bien, ces crises. D'ailleurs, c'est à cause des urgences que vous n'avez pas le temps de faire le reste, n'est-ce pas ?

Malgré vos efforts de prévisions, aucune journée ne se déroule comme prévu. Il y a toujours un événement qui vient se mettre en travers de votre plan et parfois, reconnaissons-le, vous les créez vous-même ces événements perturbateurs (consultation des e-mails au fur et à mesure qu'ils arrivent, rattrapage au dernier moment de dossiers non vérifiés, réunion mal préparée engendrant plus de choses à faire, papiers reçus non lus complètement...)

Les trois sortes de travail

Dans une journée, on peut répartir vos actions selon trois types :

- les tâches effectuées « à la volée », comme elles se présentent et, implicitement, les urgences en premier, bien entendu ;
- le travail prédéfini par soi-même, accompli comme prévu ;
- la définition de votre travail.

En théorie, on peut alterner selon les circonstances. Or jusqu'à présent, pour vous, le monde était peut-être coupé en deux :

- les urgences à faire (« à la volée ») ;
- tout le reste (pas urgent).

Les urgences décident de notre travail car nous sommes plus à l'aise pour réagir aux surprises et aux crises, particulièrement lorsque tâches rébarbatives à faire et courrier électronique s'accumulent. En gérant les urgences, les plus criantes en premier, nous nous sentons utiles, vifs, réactifs, compétents...

Attention

Utiliser les urgences pour éviter d'avoir à définir notre travail est un mauvais calcul. Car la liste des choses à faire, au départ peu urgentes, devient de plus en plus pressante.

En procédant de la sorte, nous espérons maîtriser notre temps et les actions à mener, mais nous n'y parvenons pas parce que nous ne savons pas vraiment alterner les trois sortes de tâches pour notre profit. Nous restons en permanence dans le mode *À la volée*.

Il faut dire que personne ne nous a jamais appris à définir notre travail. On nous a enseigné des techniques, des méthodes directement liées à notre métier. En somme, nous savons « comment » faire notre travail, un peu comme si nous travaillions tous à la chaîne : on nous donnerait des tâches à faire et nous les exécuterions, l'une à la suite de l'autre. Mais nous ne savons pas comment nous « prémâcher » le travail, pour pouvoir assurer avec fluidité sa réalisation.

Or, celui qui se contente de faire les tâches qui lui tombent dessus, au fur et à mesure qu'elles arrivent, est en mode réactif. Il n'a pas de recul sur son activité, ne peut ni l'alléger ni la rendre plus agréable. Il n'exerce pas non plus sa créativité, son imagination, ses capacités de réflexion. Il lui est aussi assez difficile d'envisager l'avenir et d'influer sur le cours des choses.

En revanche, celui qui excelle dans l'art de réfléchir à ses projets, de les planifier, de repérer dès que possible les actions à faire et de passer à l'action quand c'est le moment, celui-là maîtrise sa vie. Les différentes tâches qui la composent lui semblent naturelles : ce ne sont plus soit des corvées soit des urgences.

Plus vous ferez basculer votre temps de *À la volée* vers *Définir mon travail* puis *Effectuer le travail défini par moi-même*, plus vous serez à même de réagir avec calme et efficacité face aux urgences. Et mieux vous maîtriserez votre temps. Et plus vous serez détendu, prêt à affronter tous les types de surprise.

■ **Un exemple : des amis arrivent à l'improviste pour le dîner**

***Option n° 1* :** comme vous ne vous y attendiez pas, vous envoyez séance tenante un membre de votre famille (qui ? comment ? carte bleue ? véhicule ?) chercher de quoi fabriquer vite fait un dîner acceptable tandis que vous les installez au salon. Précisons que mis à part des nouilles... il n'y a pas grand-chose à cuisiner. Votre confusion, même bien dissimulée, n'échappe pas à vos amis, qui se sentent mal à l'aise et proposent de repartir illico.

Option n° 2 **:** non seulement vous n'avez rien à leur proposer, mais en plus votre appartement est dans un état lamentable, vous n'avez pas eu le temps de faire le gros ménage du week-end parce que... bref. Pas question de les recevoir dans ces conditions. Vous proposez, tout sourire, d'aller dîner à la bonne franquette à la pizzeria du coin. Cette fois, c'est votre banquier qui va protester. Déjà que votre compte était dans le rouge...
Option n° 3 **:** ce n'est pas la première fois que vos amis débarquent comme ça et ça tombe bien, vous adorez qu'on vienne vous voir au débotté. En prévision d'une telle visite, vous avez toujours dans votre congélateur de quoi improviser un dîner sympa. Quant au ménage, comme vous détestez faire deux heures de ménage d'affilée chaque week-end (du temps libre, ça ne se gâche pas), ça fait belle lurette que vous avez mis au point une routine quotidienne de vingt minutes par jour : votre appartement, sans toutefois concurrencer la galerie des Glaces de Versailles, est raisonnablement fréquentable. Vous accueillez vos amis avec plaisir et ça se voit.

Deux méthodes pour en finir avec les « urgences qu'on aurait pu prévoir »

Le premier concept pour définir mes tâches : l'anticipation

Dans l'exemple ci-dessus, certes un peu caricatural, ce qu'il faut retenir c'est l'anticipation.

Intuitivement, on sent bien que tout ce qui est routinier ou prévisible devrait pouvoir être anticipé et intégré dans un système d'organisation. Encore faut-il avoir réfléchi à « *comment s'y prendre* ». De toute façon, que vous ayez anticipé ou pas, les urgences en tout genre, elles, vont débouler, c'est inévitable. Autant limiter celles « *qu'on aurait pu prévoir* ».

Dans notre exemple, le ménage étant composé de tâches répétitives et récurrentes, on peut décider d'un planning régulier, intégrable sans fatigue dans une semaine normale (voir, des mêmes auteures, *S'organiser, c'est facile !*). L'arrivée d'amis s'étant déjà produite, on peut imaginer qu'elle aura lieu de nouveau : les prochaines courses de ravitaillement incluront donc un « dîner de précaution » d'avance à stocker au congélateur, au cas où.

Ce que vous n'avez pas anticipé, alors que ça pouvait l'être, s'ajoute aux vraies urgences, c'est-à-dire à ce qui n'est pas en votre pouvoir, produisant ainsi stress et insatisfaction.

Mais faut-il bannir de ma vie la spontanéité, la fantaisie, l'improvisation ?

Certainement pas. N'allez pas imaginer que nous vous suggérons un emploi du temps militaire, un cellier rempli comme pour résister à un siège, une suppression complète des surprises. Au contraire. La promesse de cette cinquième étape, c'est de pouvoir gérer sans à-coups, de façon fluide, les tâches « de fond », prévisibles, connues de vous et faciles à anticiper, tout en étant capable d'accueillir, en pleine possession de vos moyens, tous les événements imprévus. Sans pour autant faire s'effondrer votre journée, votre semaine, voire votre mois.

Comment anticiper ? Comment basculer du mode *À la volée* au mode *Définir mes tâches* ?

■ **Un exemple**

Imaginons que, tous les matins, en montant dans ma voiture, je remarque que mon pneu est dégonflé et usé. Et tous les matins, dès que je suis dans ma voiture... j'oublie ce que je viens de remarquer. Tous les soirs, en descendant de mon véhicule, même constatation : *« Je devrais tout de même changer mon pneu... »* Mais le temps que j'arrive chez moi, c'est oublié. Du reste, j'ai des excuses : vu les multiples choses urgentes qui m'assaillent à la maison et au travail, il est normal que ce changement de pneu soit systématiquement relégué au second plan.

Vient le jour du départ en vacances. Toute la famille, le chien, les bagages dans le coffre arrière et sur le coffre de toit... un tableau bien sympathique. Jusqu'au cinq centième kilomètre, lorsque, sous le poids, mon pneu éclate. Là, de *« Ça peut attendre, ce n'est pas urgent, il faudra que j'y pense prochainement »*, on passe directement à *« Il faut s'en occuper tout de suite, faire descendre les enfants du véhicule, espérer qu'on a bien un pneu de secours dans la voiture, etc. »* Rien de bien grave en réalité. C'est juste contrariant. Mais si soudain on réalise qu'on n'a plus de pneu de secours parce que la dernière fois on n'a pas pensé à en racheter un... c'est encore plus embêtant.

Ce genre de situation, c'est exactement ce que l'on cherche à éviter en anticipant. On ne peut certes pas supprimer « à la source » le chauffard qui risque de nous percuter, mais on peut faire en sorte de baliser ce qui dépend de nous. Dans cet exemple, l'idéal, bien sûr, aurait été de noter la 3PA (*changer le pneu*) tout de suite, sur n'importe quoi ou de la susurrer à mon téléphone portable (dont l'intérêt de la fonction dictaphone apparaît soudain) ou encore d'appeler sur mon répondeur à la maison pour y laisser ce message, à récolter le soir, comme ampoule quelconque.

Là, j'aurais réalisé le travail (*changer ou faire changer le pneu*) défini par moi (3PA). Au lieu d'attendre que l'urgence (*éclatement du pneu*) me fasse réagir (« à la volée »).

Plus vous êtes prudent, étourdi, désireux d'arriver à vos fins ou surchargé de travail, plus vous devrez « forcer » sur l'anticipation. Dans le cas de ce fichu pneu, pour vous éviter de telles mésaventures, nous vous suggérons de créer, une fois pour toutes, une check-list de départ en vacances, pour tout ce qui concerne votre véhicule. Cette liste comprendrait, par exemple, « *Vérifier huile, pneus, essuie-glace, liquide de frein, plaquettes de frein* ».

Vous pourriez la stocker dans votre réserve, à la catégorie *Vacances*. Et la ressortir quand bon vous semble.

Comment anticiper si je ne sais pas combien de temps vont prendre les choses ?

Si vous n'avez jamais eu la curiosité de chronométrer combien de temps vous prennent les choses, il y a fort à parier que vous ignorez complètement combien d'heures sont nécessaires pour faire un jeu de diapositives PowerArrow ou repasser un gros tas de linge. Alors, de là à imaginer le délai que votre garagiste vous imposera avant de prendre votre voiture…

Conseils pratiques

Il vaut toujours mieux mettre les choses au pire lorsqu'on ne sait pas combien de temps est nécessaire.

Il faut aussi tenir compte des temps de réaction des autres : n'attendez pas le 28 juillet pour appeler votre garage si vous partez le 1er août. Vous imaginez bien que vous n'êtes pas le seul à anticiper. C'est la raison pour laquelle, dès que vous connaissez la date de votre départ en vacances – mais oui – vous appellerez votre garagiste (3PA) et inscrirez sur votre agenda la date à laquelle vous allez, muni de votre check-list, conduire votre véhicule au garage. Votre liste sera d'ailleurs aussi utile à vous qu'au garagiste.

Si vous travaillez en équipe, la règle du « pire » est souvent complétée par : « *Si une tâche que vous connaissez bien vous prenait une heure, elle prendrait deux fois plus de temps à quelqu'un d'autre qui s'y connaît moins, et encore deux fois plus s'il n'est pas directement partie prenante de votre projet.* »

Si l'on ajoute les inévitables interruptions, les nôtres, celles que les autres subissent, les congés, une possible diminution des effectifs et tous les impondérables, sans être un pessimiste à tous crins, on sent bien qu'on a intérêt à anticiper un maximum, dès que possible : en fait, dès que l'ampoule se manifeste, quelle que soit la date de réalisation souhaitée, même éloignée à plusieurs mois.

Voilà pourquoi notre méthode ne vous suggère pas d'allouer des tranches de temps figées à ci ou ça, mis à part pour les rendez-vous réels (agenda). Car ce ne serait pas très réaliste. Ou ça négligerait le fait que vous êtes plus fringant le soir que le matin. Ou que vous mettez un temps fou à vous lancer ou que vos collègues sont très occupés…

C'est là que le découpage de vos projets en Plus Petites Prochaines Actions prend tout son sens. Puisque la plupart d'entre nous maîtrisons si peu l'usage de notre temps, et que nous sommes faciles à distraire, longs au démarrage ou incapables de dire combien de temps est nécessaire pour réaliser quelque chose… tant pis. Ramenons un maximum de choses à de petites 3PA, volontairement unitaires, physiques. Et intercalons-les entre deux engagements notés « en dur » dans notre agenda. Nous sommes sûrs ainsi de ne laisser en arrière aucune action à faire par nous, dès que possible.

En somme

En tentant de remplir d'abord notre agenda (tous les rendez-vous qu'on peut prendre seront pris dès que possible), puis en listant nos 3PA au fur et à mesure qu'elles nous parviennent, dans une liste contextuelle ou une liste unique, on commence à maîtriser son temps.

N'est-il pas légèrement ridicule d'anticiper autant ?

L'expérience nous a appris que, comme les choses ne se passent jamais comme prévu, il était plus avantageux d'anticiper dès que possible, au plus tôt. D'autant plus si votre emploi du temps a tendance à se remplir à vitesse « grand V ».

Vous vous souvenez sûrement que nous vous proposions au chapitre précédent de faire un point hebdomadaire, en commençant par votre agenda. C'est en le regardant que vous pouvez estimer le temps qu'il vous reste pour faire telle ou telle chose. Il faudra en effet tenir compte des plages de temps restantes, entre deux engagements, pour y loger ce que vous avez noté sur votre liste 3PA.

■ **Un exemple**

Imaginons que vous jetez un œil à votre agenda vers le milieu du mois pour le mois suivant. Vous constatez que, par exemple :

– la moitié du mois est prise par les vacances scolaires, ce qui aura forcément une influence sur votre activité, que vous soyez mère au foyer ou organisateur d'événements. Dans le premier cas, les enfants seront à la maison toute la journée et il faudra les occuper, dans le deuxième cas, vous ne prévoirez pas de salon ces dates-là ;

– il y a deux anniversaires de proches ce mois-là. Pourquoi ne pas leur demander dès que possible ce qu'ils souhaiteraient, pour avoir le temps de trouver les cadeaux adéquats ?

– etc.

Il n'y a pas lieu de se trouver ridicule à anticiper. C'est au contraire cette habitude à acquérir qui va vous rendre « zen ». Ainsi, si vous savez qu'il vous reste trente jours pour faire quelque chose, c'est bien plus facile à décomposer en tranches à insérer dans votre planning que s'il ne vous reste que deux jours. Il y a tout simplement plus de possibilités et plus de temps.

Mais si vous avez coutume de vous dire : « *Il me reste trente jours, ouf ! Ce n'est donc pas une urgence. Je verrai ça dans vingt-huit jours* », il va vous falloir un peu de pratique pour transformer cette habitude, source de stress, en habitude « au plus tôt ». Pour passer du « *exécuter mes tâches à la volée* » au « *définir mon travail* ».

Il s'agit d'être réaliste. Le temps, hélas, n'est pas extensible. Et vous n'êtes pas Superman. Il ne suffit pas de noter que vous aimeriez avoir fini le 17 mai. Il va falloir aller un peu plus loin en réfléchissant à « *Quand puis-je commencer au plus tôt ?* » pour avoir fini le 17 mai. Et la réponse à cette question s'obtient en regardant votre agenda. S'il s'avère que vous pourriez très bien commencer aujourd'hui, faites-le. S'il s'avère que vous ne pouvez commencer avant le 10 mai, notez-le sur votre agenda : « *Faire la première 3PA en rapport avec le projet X* ».

En somme

La vie nous a appris que nous y prendre au dernier moment est :

- au moins risqué : il va manquer des éléments que nous n'aurons pas le temps de récupérer, un souci de santé, de transport, peut advenir…
- au pire risqué *et* stressant : la contrainte de temps va s'ajouter à la contrainte de la réalisation de la tâche et pour peu qu'on soit un tantinet perfectionniste, la frustration nous attend…

Pour approfondir ce sujet, voir le chapitre sur la procrastination.

Le second concept pour définir mes tâches : la planification

Il s'agit ici de réfléchir à mes projets. En effet, grâce à cette méthode, mon esprit est vidé de ses ampoules mentales grâce à mes récoltes régulières et presque permanentes (je ne laisse rien échapper, pour ne rien oublier). Mon système de classement est en place (je peux retrouver tout ce dont je pourrais avoir besoin en quelques instants). Mon esprit est enfin libre de faire ce qu'il fait de mieux : échafauder, envisager, créer, peser, mettre en relation, évaluer… Je vais donc pouvoir prendre mes projets, nouveaux comme anciens, y réfléchir et les transformer en actions, que je vais pouvoir intégrer dans mon emploi du temps. Pour ce faire, la méthode à utiliser, c'est la planification. En quelque sorte, l'anticipation puissance trois, la technique des ceintures noires de l'organisation !

Bonne nouvelle : nous savons tous planifier naturellement. Il n'y a qu'à suivre notre tendance spontanée.

Exercice 12 : Comment planifiez-vous ?

Vous êtes chargé d'organiser un dîner au restaurant avec des amis. Comment procédez-vous ?

____

____

____

De façon plus ou moins rapide et consciente, vous avez vraisemblablement procédé selon le schéma ci-dessous :

1. Vous avez vérifié que ce projet est conforme à vos valeurs et principes.

Exemple 1 : vous êtes fauché, ce n'est même pas la peine d'y penser → fin du projet.

Exemple 2 : l'amitié, c'est important pour vous, ça fait longtemps que vous aviez envie d'organiser ça, vos moyens vous le permettent → poursuite du projet

2. Vous avez visualisé le résultat.

Exemple : vous vous revoyez dans ce délicieux restaurant, l'autre fois. Vous avez envie d'y retourner. De plus, les serveurs sont charmants (ça correspond à vos principes).

3. Vous avez réfléchi à vos idées (*brainstorming*).

Exemples : vous vous souvenez que Nadia mange *hallal*, que Sébastien n'aime pas le fromage, que le restaurant doit être facile d'accès pour Michel. Ça ne peut pas être un vendredi, Armelle travaille trop tard. Il faut prévenir tout le monde un mois à l'avance, parce que les divorcés ont leurs enfants un week-end sur deux, etc.

4. Vous avez ordonné vos idées et avez identifié les premières actions.

Exemple : d'abord appeler les deux divorcés pour connaître leurs dates de disponibilité. Puis envoyer un e-mail à tous avec deux dates possibles. Puis contacter le restaurant, etc.

Pour un exemple de ce type, pas trop de problème. En revanche, multipliez le nombre de convives par cinquante, les contraintes de temps et de lieu par six, l'enveloppe budgétaire par mille, et vous commencez à comprendre pourquoi les bons *wedding planners* (organisateurs de mariage) sont recherchés…

Car, en réalité, planifier c'est naturel… mais pas évident.

En somme

Ce qui fait que nous avons parfois du mal à passer à l'action, pour des projets complexes, c'est que, la plupart du temps, nous nous contentons de laisser le projet dans le flou, sans faire consciemment la démarche de planification.

Nous vous recommandons d'expérimenter cette démarche de planification de façon consciente, en écrivant vos réponses aux questions suivantes :

Pourquoi ce projet ?

À chaque fois que je me demande « *Pourquoi ?* », je crée :

- un tri. Si la réponse n'est pas claire ou non conforme à mes principes ou mes objectifs, il se peut que j'élimine tout simplement le projet, sans regret ;
- une motivation à avancer ;
- une vision plus large de l'action.

Quel est le résultat positif que je veux obtenir ?

La technique de la visualisation est très intéressante. Il s'agit d'imaginer, en détail, le résultat recherché. Elle est utilisée notamment par les champions olympiques, pour « câbler » leurs réactions vers la réussite.

- C'est un puissant moteur à l'action : « *Je me vois faisant...* » ;
- Cela permet de vérifier que j'ai vraiment envie ou intérêt à agir.

Ai-je balayé et noté toutes mes idées ?

Il s'agit de *brainstorming* : lancez une « tempête » de réflexion et d'idées dans votre cerveau, et accueillez tout ce qui en sort. Ça se fait seul ou à plusieurs. En une fois, ou en y revenant régulièrement. En voici les principes :

- privilégier la quantité sur la qualité ;
- pas de tri, pas de jugement.

Vous trouverez en partie III de ce guide des exemples de *brainstorming* réalisés selon les règles du *mind mapping* (« carte heuristique » en français). Vous pouvez réaliser vos propres cartes heuristiques à la main ou avec un logiciel. Voir le site **www.petillant.com** pour plus d'informations sur les méthodes et les outils.

Les ai-je ordonnées ?

Si le *brainstorming* est réussi, vous serez amené à sélectionner les meilleures idées et à abandonner les autres. N'hésitez pas à les ordonner formellement, graphiquement à la main ou sur un support informatique, sous la forme d'un tableau ou en respectant ce qui est proposé dans un logiciel de gestion de projet, par exemple.

Est-ce que je sais par quoi je vais commencer (la 3PA) ?

Il est important d'aller jusqu'à la Plus Petite Prochaine Action dans votre réflexion, car c'est en général à ce moment-là que vous comprenez pourquoi vous n'avez pas fait ce qui était prévu.

Évidemment, il vaut mieux ne pas oublier de se poser de nouveau la question lorsque l'action précédente est terminée.

Attention

Si votre projet tourne encore dans votre tête, c'est qu'il reste de la planification à faire.

Quand dois-je réfléchir à mon projet (alors que, justement, je n'ai pas le temps) ?

Dès qu'il démarre (voir chapitre 3). Au moment où il se présente, procédez comme suit :

1. **Créez le dossier projet** : son nom + chemise + dossier informatique.

2. **Faites une première démarche de planification**. Temps généralement constaté pour la première planification « grossière » de démarrage ? dix minutes au maximum. Pour ce faire, attrapez une feuille (ou créez un fichier informatique) et commencez à noter (sous forme de carte heuristique, pourquoi pas) tout ce qui vous vient à l'esprit.

3. Lorsque plus rien ne vient, **placez la feuille dans le dossier** (ou le fichier informatique dans son dossier) et laissez celui-ci sur votre bureau quelques jours – dans un porte-revues, par exemple, pour qu'il ne vous gêne pas. Vous réaliserez rapidement que vous pouvez désormais ajouter tout ce qui vous vient à l'esprit au sujet de ce projet sur cette première feuille, absolument n'importe quand.

4. Dès que possible, **recherchez tout ce qui pourrait contenir des dates limites** et notez celles-ci sur votre agenda. Tout ce que vous souhaitez déléguer doit l'être rapidement (« *Loi du pire* »). Traquez la ou les premières 3PA et inscrivez-les dans votre liste 3PA.

Rassurez-vous, si vous avez l'impression que la première planification de démarrage ne suffit pas, vous aurez toujours le temps de revenir à votre projet lors de votre revue hebdomadaire, pour compléter, affiner et continuer à planifier.

En résumé, vous possédez maintenant deux méthodes pour basculer votre travail progressivement de *À la volée* à *Définir mon travail*. Pour vous entraîner, si ce n'est pas évident pour vous, nous vous suggérons l'exercice ci-dessous.

Exercice 13 : Apprenez à anticiper et à planifier

Pour commencer, vous allez anticiper tout ce que vous pourrez : les anniversaires, les réunions mensuelles, les entretiens annuels, les tâches récurrentes, celles qui sont attachées à un événement particulier... et noter le résultat de ces réflexions sur votre agenda, qui va enfin servir (et vous servir) à plein. Ça peut se faire n'importe quand, n'importe où. Il n'y aurait rien de déshonorant, encore une fois, à trouver sur votre agenda des événements très anticipés :

- 23 août : appeler docteur pour RV (certificats médicaux enfants pour le sport) ;
- 14 novembre : acheter cadeaux de Noël pour Sébastien et Coralie ;
- 17 décembre : écrire 7 cartes de vœux (sur les 50 prévues) ;
- 15 janvier : réserver vacances juillet.

Puis vous allez prendre un projet qui vous tient à cœur ou qui vous semble complexe, ou bien encore un projet sur lequel vous ne passez toujours pas à l'acte, malgré son intérêt apparent. Faites-lui subir exprès, soigneusement et complètement, la démarche de planification ci-dessus. Même si vous devez retourner à votre réflexion plusieurs fois et mettre, du coup, quelques jours à finir. Nous sommes sûres que vous y verrez plus clair. Et que vous gagnerez en vitesse rapidement. En sortie : une date sur votre agenda, une ou plusieurs 3PA et une grande envie de commencer ce projet. Ou bien un abandon pur et simple dudit projet, mais avec très bonne conscience. Ça soulage.

Finalement, après avoir mis en place les quatre premières étapes de notre formule, avoir anticipé au maximum et avoir réfléchi à vos projets, vous voici devant :

- une liste d'actions ;
- un agenda ;
- un système de rangement qui se met en place ;
- un espace de travail dégagé.

C'est déjà bien. Pour certains, c'est même un changement appréciable.

À noter

Vous trouverez des pistes complémentaires dans le chapitre *Objectifs de vie*.

Maintenant, il faut passer à l'action.

Cinq critères pour agir, à partir de votre liste 3PA

Ça semble sûrement aller de soi de choisir par quelle action commencer, et pourtant, pourquoi vous retrouvez-vous parfois à regretter de ne pas avoir fait telle ou telle chose à un moment plus opportun ? Alors voici les pistes pour bien choisir...

Critère numéro un : le contexte

Au chapitre précédent, nous vous avons encouragés à créer et à appliquer un codage de contexte. Le but étant de faire un tri visuel dans votre liste 3PA, que nous devinons déjà fort longue.

C'est logique : on ne peut pas tout faire n'importe où, n'importe quand. De surcroît, il nous faut parfois un certain outil ou une certaine personne pour pouvoir agir. Il suffit donc d'être placé dans la situation adéquate pour voir surgir visuellement (cahier codé ou liste de tâches PDA triées) les seules et uniques 3PA qui sont réalisables dans ce contexte.

Le premier critère de passage à l'action est donc votre environnement.

Vous commencerez par les actions qui se prêtent au contexte dans lequel vous êtes.

■ Exemples

Si vous êtes à la maison et que l'ordinateur est disponible (avec votre mari fou de jeux vidéo, ce n'est pas tout le temps !), vous pouvez passer votre commande par correspondance (tâche codée *O*, comme « Ordinateur »).

Si vous sortez faire une course avec la voiture, vous pouvez en profiter pour faire un saut à la bibliothèque pour emprunter ce livre que votre sœur vous a conseillé (tâche codée *EX*, comme « Extérieur »).

Si votre assistante administrative est là aujourd'hui, vous pouvez vous pencher ensemble sur les congés du service et faire le planning du mois à venir (tâche codée *ADM*, comme « Administratif »).

Et s'il y en a beaucoup appartenant à un même contexte, comment faire le tri ?

Devez-vous vous préoccuper de l'urgence des unes par rapport aux autres ? Oui. En tout premier lieu, placé devant une liste de 3PA, et dans le contexte qui leur correspond, utilisez le codage que vous avez choisi pour signaler vos urgences (surligneur) et réalisez d'abord ces actions-là, avant toute chose. Nous répétons : avant toute chose. Pas question d'aller lire vos messages avant d'avoir effectué ces tâches. Pourquoi ? Parce que :

- l'habitude que vous avez acquise, qui consiste à démarrer votre journée par la lecture de vos e-mails, ne vous porte pas chance. On sait quand débute la lecture, jamais quand finit le traitement des messages. On se retrouve vite à 11 heures du matin, sans avoir fait avancer ses propres actions. Et qui va encore finir à 21 heures ?
- il est trop facile d'être distrait, diverti, amusé par des e-mails. En soi, rien de condamnable évidemment. Mais c'est juste que vous avez ces urgences, là, vous vous souvenez ? Celles qui, si elles ne sont pas traitées, vous mettent en difficulté… Courage, vous les lirez après, ces messages ;
- le contenu des e-mails reflète les priorités de ceux qui vous les ont adressés. En quelque sorte, ils souhaitent que vous fassiez quelque chose pour eux. Aucun problème. Mais *après* vos urgences, pas avant.

- il n'y a pas d'urgence réelle dans ces e-mails. Si vos collègues, clients ou fournisseurs ont une vraie urgence, ils savent comment vous joindre par téléphone, non ?

Donc, prenez dès aujourd'hui en considération le travail que vous avez vous-même défini comme étant urgent et faites-le.

Conseils pratiques

Votre messagerie et la boîte à ampoules où vous avez stocké votre courrier ne sont pas encore des piles d'actions. Vous avez prévu chaque jour plusieurs moments pour vider ces boîtes et noter les 3PA correspondantes, actions qui sont toutes sur votre agenda et votre liste. Alors commencez toujours votre journée par ces deux outils, en privilégiant les 3PA les plus urgentes.

Puis poursuivez par les autres 3PA, selon le critère suivant :

Critère numéro deux : le temps dont je dispose

Dans un contexte donné, certaines actions sont plus courtes à réaliser que d'autres.

Quelques exemples

Dans le contexte *Bureau*

Selon les cas, passer un coup de fil peut être plus court que de noter les quatre idées force de ma prochaine présentation au comité de direction. Or, s'il me reste dix minutes avant mon prochain rendez-vous, je peux passer un appel, ou deux. Peut-être pas réfléchir et noter mes fameuses idées. Alors je choisis de passer un coup de fil. Une 3PA cochée. C'est déjà ça. L'action *« Noter quatre idées force »* sera réalisée après mon rendez-vous ou demain matin, je verrai.

Dans le contexte *Maison*

À 16 heures, il me reste un quart d'heure avant d'aller chercher les enfants à l'école, je peux récupérer ma lessive dans la machine, certainement pas appeler Belle-Maman pour prendre des nouvelles (minimum trente minutes). Une 3PA *« Lessive de blanc »* cochée. Ça, c'est fait. L'action *« Appeler BM »* aura lieu à un moment plus propice. Ce soir, après 20 h 30, par exemple. Je verrai. C'est à faire dès que possible, c'est vrai, mais ce n'est pas à deux jours près...

Critère numéro trois : l'énergie dont je dispose

Replaçons-nous dans un contexte donné, à temps disponible égal. Comment choisir entre deux actions de ma liste 3PA ? Il est temps de prendre en compte un critère complètement négligé par les personnes qui se surmènent : la fatigue.

Eh oui, lorsque vous traitez toute la journée des urgences en vous disant : « *Je ferai ça à tête reposée ce soir* », « *Il faut que je sois au calme pour réfléchir à ça…* », vous faites comme si votre énergie était toujours identique et forte tout au long de la journée.

Hélas, c'est faux. En la matière, ce n'est pas vous qui décidez, c'est votre corps. Et lui, passé six heures de stress quasi non-stop, il n'en peut plus. Vous êtes au calme ? Tant mieux. Votre corps et votre esprit ne veulent qu'une chose : se reposer, se distraire. Ce n'est pas la meilleure façon d'aborder les dossiers de fond.

Repérez votre rythme

Votre rythme vous est personnel : vous êtes du matin, du soir ? Nous ne parlons pas ici de vos exploits sur les pistes de danse, mais de votre capacité à traiter des tâches complexes, demandant une grande énergie mentale. Résoudre un problème, par exemple, vous semblera plus facile à certains moments de la journée que d'autres. En revanche, faire vos notes de frais demande relativement peu de concentration et peut avoir lieu à des moments où vous n'êtes pas très frais.

Servez-vous de vos observations

Vous avez sûrement remarqué qu'il y a des moments de la journée, ou de la semaine, où vous pouvez vous plonger dans un dossier ardu pendant une heure à la suite sans voir le temps passé, alors que vous êtes le premier à regarder votre montre certains après-midi au bout de quinze minutes de travail sur un simple courrier. Vous qui voulez lire la presse professionnelle, pourquoi ne pas réserver ces moments de lecture lorsque vous avez un creux d'énergie ?

N'allez pas contre vos possibilités

En allant contre vos possibilités, vous passeriez trop de temps et dépenseriez plus d'énergie que nécessaire. Parfois, lorsque vous vous dites : « *Non, pas cette 3PA-là, je n'ai pas le courage* », c'est peut-être de la fatigue que vous exprimez.

Voilà pourquoi il faut absolument noter toutes sortes de 3PA sur votre liste.

Conseils pratiques

Les actions ne sont pas toutes de même nature. Il y a :

- des actions courtes et gratifiantes ;
- des actions courtes mais demandant beaucoup d'énergie ;
- des actions plus longues mais plus monotones ;
- etc.

Panachez-les sur votre liste 3PA car, plus vous avez de possibilité de choisir, plus vous serez à l'aise avec ce que vous décidez de ne pas faire maintenant. Notez que, malgré tout, vous avancez tout de même sur l'ensemble de vos projets.

Critère numéro quatre : l'importance

Placé dans un contexte donné, à temps disponible égal et à énergie égale… on vous laisse faire. Nous sommes sûres que vous savez très bien choisir l'action qui sera la plus gratifiante pour vous, celle qui vous permettra d'avancer plus vite ou de terminer (enfin), ou de vous sentir « maître de l'univers » ou « bonne mère » ou « chef d'élite »…

Ce qui est important pour vous, c'est vous qui le savez. Ce qui est important pour vos proches (vos enfants, votre patron, votre conjoint), vous le savez aussi. Si vous avez vraiment besoin d'aide pour définir vos valeurs, un chapitre vous y aidera plus loin, mais faites confiance à votre bon sens. La plupart du temps, il est bon conseiller.

Critère numéro cinq : le joker

Vous pouvez vous retrouver dans un contexte donné, un temps disponible égal, une énergie égale, un degré d'importance tout à fait équivalent… que faire ? Nous vous recommandons de terminer votre tri de 3PA par le joker.

Le joker consiste à décider de vous focaliser sur les actions restées non faites depuis plusieurs jours, semaines ou même mois. Car, si elles sont toujours « *non faites* », cela signifie quelque chose : soit la

3PA est devenue inutile, soit vous l'avez faite et avez oublié de la cocher (ça arrive), soit vous ne voulez plus la faire, soit elle était mal rédigée, soit il vous manque quelque chose...

Le premier but du joker est de pouvoir cocher le haut de la page pour signifier que toutes les 3PA qu'elle contient sont faites et qu'il n'est donc plus nécessaire de parcourir ladite page des yeux (effort minimum). Le deuxième objectif, c'est de regrouper physiquement les actions, pour se donner un nouveau bouquet parmi lequel choisir (le plaisir du choix).

Pour cela, si vous trouvez des 3PA très isolées, mettons à quatre ou cinq pages derrière votre page actuelle, réévaluez-les et, si vous ne pouvez pas les faire dans la journée, tant pis. Cochez-les comme « faites » et récrivez-les à la page du jour (légèrement modifiées, si vous sentez que vous pouvez encore les rendre plus petites...). Mélangées à des actions plus récentes, toutes « fraîches », elles vous paraîtront peut-être plus attractives...

Le joker peut être utilisé également pour regrouper des actions isolées (à quelques pages les unes des autres). Vous décidez de les enchaîner l'une après l'autre, car vous découvrez qu'elles appartiennent à un même contexte que vous n'aviez pas décelé à première vue.

■ Un exemple

Vous avez un rendez-vous à prendre à la banque et un autre chez le médecin spécialiste. Il s'avère qu'ils ont un contexte commun : ça ne peut se faire qu'un mardi matin. Dont acte. Marquez-les d'une façon spéciale (étoile...) puis notez sur votre agenda (que vous regardez tous les matins) : *« Mardi 9 heures : voir 3PA* »*.

La mise en application

Ces cinq critères de passage à l'action sont très différents du binaire urgence/pas urgence. Et donc, sûrement étranges pour ceux d'entre vous qui souhaitent modifier leur organisation. Pour qu'ils vous servent, il faut avoir anticipé tout ce qui peut l'être et avoir planifié au maximum. C'est ainsi que vous allez passer du traitement des ampoules en mode *Pompier* à la réalisation tout en souplesse du travail que vous aurez vous-même défini.

Notre méthode « de base » s'arrête ici. Vous pouvez mettre en application certains principes ou certains outils de notre méthode. Ou bien, vous déciderez de maîtriser l'ensemble de ses étapes. Avec la pratique, votre vie vous paraîtra plus fluide. L'esprit plus libre, vous gagnerez ainsi en sérénité et diminuerez votre stress.

Au-delà, il vous restera d'autres domaines à explorer. Votre créativité vous fait rêver d'une vie qui serait vraiment « à votre façon », de tâches que vous pourriez réaliser en équipe. Vous espérez arrêter de repousser certaines corvées. Alors, passez à la deuxième partie.

En somme

Pour éviter de subir les urgences :

- anticiper ;
- planifier les projets, dès qu'ils démarrent.

Au moment de passer à l'action, choisir selon les cinq critères :

- le contexte ;
- le temps disponible ;
- l'énergie ;
- l'importance ;
- le joker.

Partie II

Pour approfondir la méthode

Chapitre 8

Valeurs et objectifs de vie

Comme vous l'avez vu dans la première partie, une bonne portion de notre vie se passe à gérer ce que nous appelons des « *ampoules* » qui apparaissent en réaction à notre vie quotidienne. Ainsi, on réagit à des courriers, des coups de fil, des idées qui nous « tombent dessus » en lisant un journal, des choses qui nous sont demandées par d'autres, des obligations, des contraintes. C'est la partie réactive de notre vie...

Une fois récoltées toutes vos ampoules, une fois mis en route vos outils de gestion de tâches, vous avez peut-être l'impression que tout cela ne reflète pas assez votre personnalité, votre originalité, vos envies.

Nous avons délibérément commencé par vous parler de toutes ces petites choses concrètes du quotidien, car ce sont elles qui « encombrent » votre esprit à chaque minute, et vous empêchent, justement, de penser à vous, à vos valeurs et vos objectifs.

À présent que toutes vos ampoules sont maîtrisées, profitez de cette sérénité pour vous occuper des choses qui vous tiennent vraiment à cœur.

Dans ce chapitre, ce que nous allons vous apprendre, c'est à créer vos propres ampoules.

Définir vos vraies valeurs

▪ Décider d'être égoïste

Partons du principe, qui va peut-être vous surprendre, que vous avez droit à ce qu'il y a de mieux pour vous. Pour avoir une vie qu'on aime, bien organisée, mais aussi riche et agréable, il faut commencer par décider d'être égoïste. Pas égoïste comme celui qui mange la plus grosse part du gâteau pour embêter les autres, non, mais comme celui qui mange le gâteau qu'il préfère parmi ceux qui sont à sa portée.

▪ Le cahier bleu

Jack Canfield, un expert américain du développement personnel, raconte comment, un jour, dans une conférence sur l'affirmation de soi, on lui avait remis, comme à chaque auditeur, un cahier à spirales coloré. Il y en avait de plusieurs couleurs, et Jack en avait un jaune, alors que sa couleur préférée est le bleu. Chérie Carter-Scott, la conférencière, encouragea alors chaque auditeur à échanger son cahier avec quelqu'un d'autre pour avoir exactement ce qu'il souhaitait. En soulignant : *« Chacun mérite d'avoir ce qu'il veut pour lui dans sa vie. »* Et dans une certaine limite, nous avons tous le choix de l'avoir. Jack échangea son cahier jaune contre un bleu.

Commencez par ne plus dire, au restaurant : « *Oh, je vais prendre un steak-frites comme toi, ça ira plus vite* », si vous aviez envie d'un cassoulet, et que, finalement, vous n'êtes pas à cinq cents calories et dix minutes près. Arrêtez d'acheter dix vêtements bon marché qui ne durent qu'une saison, et qui ne vous plaisent qu'à moitié. En cherchant un peu, vous trouverez trois jolis vêtements bien plus seyants et solides, pour quelques euros de plus.

▪ Oui, mais alors quel gâteau je préfère ?

Voilà LA vraie question. Observez les gens à la pâtisserie : il y a ceux qui prennent toujours le même gâteau, sans hésiter ; ceux qui en prennent toujours un nouveau, pour goûter ; ceux qui demandent s'il n'existe pas le même à la pomme ; ceux qui prennent le même que leur copine ; ceux qui prennent la spécialité de la maison ; ceux qui prennent le moins cher... Et parfois, la première bouchée engloutie, on voit déjà paraître la déception sur leur visage, celle qui signifie : « *J'aurais mieux fait de prendre mon préféré, le mille-feuille.* » Au fond de vous, vous savez lequel vous préférez.

Dans la vie, c'est pareil. Définir vos valeurs, celles qui peuvent vous aider à tout choisir dans la vie, est un art délicat, car cela nécessite d'aller fouiller au fond de vous. En même temps, rassurez-vous, cela n'a rien de définitif. Vos valeurs évolueront au fur et à mesure de votre vie. À 10 ans, on rêve de devenir pompier ; à 15 ans, *rock star* ; à 25 ans, riche ; à 30 ans, parent. Et progressivement, les choses se fixent plus ou moins, même s'il suffit parfois qu'un voisin subisse un grave accident pour qu'on réalise que la vie s'arrête un jour et qu'on se rappelle certaines des valeurs qu'on a temporairement oubliées.

Exercice 14 : Définissez vos valeurs

Asseyez-vous dans un endroit calme, avec quelque chose pour enregistrer vos réflexions : un ordinateur, de quoi écrire ou enregistrer… et répondez à ces questions.

1. Commencez par vous demander ce que vous aimeriez qu'on dise de vous après votre mort. Écrivez ce que vous aimeriez que vos proches (parents, amis, enfants) pensent de vous à ce moment-là.
2. Qui sont les gens que vous admirez ? Pourquoi les admirez-vous ? Qu'ont-ils en commun ? Pensez aux biographies que vous avez déjà lues, lesquelles vous ont fait rêver ? Lesquelles ont forcé votre admiration ? Pourquoi ?
3. Faites la liste de ce que vous aimeriez absolument avoir vécu avant de mourir. Imaginez éventuellement qu'il ne vous reste que six mois à vivre, que feriez-vous si vous n'aviez aucune limite matérielle ?
4. Quelles sont les trois choses que vous feriez si vous étiez sûr de ne pas les rater ?
5. Quelle est la chose que vous êtes le plus fier d'avoir réussi dans votre vie ? Pourquoi ?
6. Que changeriez-vous dans votre vie, si vous pouviez recommencer ?
7. Inventoriez les personnes les plus importantes de votre vie, sans dépasser dix.
8. Imaginez le meilleur des mondes. Comment est-il ? Comment sont les gens ?
9. Si vous aviez une année et un million d'euros à consacrer à une œuvre caritative, laquelle choisiriez-vous ?
10. Selon vous et vos amis, quelles sont vos plus grandes forces ? Comment les utilisez-vous au quotidien, dans les différents domaines de votre vie ?
11. Quels sont les trois verbes actifs qui définissent ce que vous faites le mieux dans la vie ?

Les réponses à toutes ces questions reflètent vos valeurs personnelles. Votre vie, si vous souhaitez l'utiliser à faire quelque chose, devrait se passer à utiliser vos forces – vos qualités, vos compétences – (voir questions 10 et 11) et vos motivations – ce qui vous fait avancer, rêver – (voir questions 2, 5) pour réaliser vos rêves et vos envies (voir questions 3, 4, 6, 8, 9), dans la limite de votre éthique personnelle et du bien-être de vos proches (voir questions 1 et 7).

Tout se tient. Si vous essayez de réaliser vos rêves avec des compétences que vous ne maîtrisez pas, c'est peine perdue. Si vous utilisez vos forces pour les rêves de votre voisin, vous aurez l'impression de n'aller nulle part. Si vous oubliez ce qui vous motive, vous vous épuiserez à la tâche. Si vous réussissez en écrasant votre morale personnelle ou les personnes que vous aimez, vous vous sentirez coupable et ne pourrez pas en profiter vraiment.

Exercice 15 : Formulez vos valeurs

À présent, vous pouvez définir vos valeurs par écrit :

Je souhaite utiliser...
en m'appuyant sur...
pour...
en prenant toujours soin de...

Par exemple : « ***Je souhaite utiliser*** *mon empathie et ma curiosité naturelle,* ***en m'appuyant sur*** *mon besoin d'échange et ma recherche de simplicité,* ***pour*** *encourager et aider les autres à vivre sans stress dans un environnement organisé et à réaliser leurs rêves,* ***en prenant toujours soin*** *d'être tolérant, de croire en l'autre, de protéger l'environnement et de préserver mes enfants, mon conjoint, ma mère, mes frères et sœurs et mes meilleurs amis.* »

Si vous êtes surpris, tant mieux. Il est fort possible que ce que vous croyiez être des rêves de toute une vie n'en soit finalement plus une fois vos valeurs définies. Souvent, des valeurs matérielles, comme l'argent, la consommation, passent bien loin derrière la famille, la fierté du travail bien fait, l'aide aux autres...

Liste non exhaustive de valeurs, pour votre inspiration

Ce qui est important pour moi, c'est...

- ☐ La sécurité financière
- ☐ La sécurité physique
- ☐ L'argent (rémunération élevée)

- ☐ Ma famille
- ☐ L'amour
- ☐ De créer (nouveaux projets, nouvelles idées)
- ☐ D'être autonome
- ☐ D'avoir une certaine liberté d'action
- ☐ D'avoir du prestige
- ☐ L'altruisme (contribuer au bien-être d'un groupe)
- ☐ De contribuer au bien-être d'individus
- ☐ La reconnaissance d'autrui
- ☐ De travailler seul
- ☐ De partager
- ☐ De varier mes activités
- ☐ De jouir d'un pouvoir de décision
- ☐ De continuer d'apprendre
- ☐ De m'exprimer
- ☐ De vaincre en situation de compétition
- ☐ D'avoir des responsabilités
- ☐ De profiter de mon temps libre
- ☐ De pouvoir changer la société
- ☐ L'honnêteté
- ☐ La franchise
- ☐ La justice
- ☐ De me dépasser
- ☐ La nouveauté
- ☐ La stabilité
- ☐ De me débrouiller seul
- ☐ Le respect
- ☐ D'imaginer
- ☐ De me sentir utile

À quoi vont servir ces phrases ?

Ces phrases vont vous servir à deux choses.

À filtrer

D'abord, elles vont vous servir à filtrer vos actions quotidiennes, et notamment vos dépenses en temps et en argent.

Deux exemples simples :

■ À qui donner ?

À l'approche des fêtes de fin d'année, vous êtes sollicité de toutes parts pour donner votre obole à telle et telle organisation dans le besoin. Si vous vous penchez sur la documentation de chaque organisation, c'est clair : elles ont toutes besoin de votre aide. Oui, la recherche médicale a besoin de fonds. Oui, il faut de l'argent pour nourrir et loger les démunis. Oui, tous les enfants devraient pouvoir recevoir un cadeau à Noël et partir en vacances l'été. Oui, il faut faire de la prévention contre les MST, faire du tutorat pour les chômeurs, alphabétiser les étrangers. Oui, oui et oui. Mais vous ne pouvez pas donner à tous ces gens, il vous faut absolument faire un choix, à moins que vous ayez gagné à la loterie.

En reprenant vos valeurs bien définies, vous aurez vite fait de choisir deux ou trois causes qui vous tiennent réellement à cœur, et de définir, dans votre budget, une somme destinée aux dons à des œuvres. Vous choisirez, délibérément, de verser une somme, ou d'acheter quelques objets, aux œuvres choisies, et vous déciderez de jeter les autres prospectus sans regarder.

■ Que faut-il privilégier ?

Au mois de juin, tout se bouscule. Il faut boucler les gros dossiers au bureau avant les départs en vacances. Les enfants ont besoin d'aide pour arriver au bout de leurs devoirs et réussir le dernier trimestre, décisif pour le passage dans la classe supérieure. L'école maternelle veut des gâteaux pour la kermesse. Vous devez préparer les bagages, répéter pour le spectacle de fin d'année de la chorale, faire les courses de votre grand-mère qui se déplace mal, pour qu'elle mange quand même un peu pendant votre absence… Et votre patron, tout joyeux, vous annonce qu'il vous confie le budget NouveauClient. Il faudra juste passer deux heures de plus tous les soirs au bureau pendant une semaine, pour lui faire une proposition béton.

Là encore, le nez sur vos valeurs, vous saurez dire s'il est plus urgent de favoriser une prochaine promotion ou une prime de salaire, ou de soutenir Julie pour ses révisions du bac. À moins que vous filiez dire à votre patron, tout simplement, que, oui, d'accord pour NouveauClient, mais seulement s'il finance des cours particuliers à Julie sous une forme quelconque…

Bien sûr, si vous travaillez ou que vous participez à une œuvre collective, vous devrez confronter vos propres valeurs avec celles de votre entreprise ou celles de votre association, voire de votre groupe d'amis ou de votre famille. Si cela peut poser de grosses questions de conscience à certains moments de la vie, c'est aussi un moyen d'arbitrage efficace pour les grandes décisions... Quand on a le choix entre deux employeurs ou entre deux projets, il est plus facile de se décider avec entre les mains nos propres critères de la « vie qui nous va bien », notre propre idée de ce qu'il faut faire pour être « juste quelqu'un de bien ».

À créer des ampoules

Par ailleurs, en plus d'éliminer de votre vie ce qui ne correspond pas à votre conception de la « vraie vie », ces phrases vous serviront à « créer des ampoules », et à définir vos objectifs de vie (voir plus bas).

▪ Vais-je garder les mêmes valeurs pendant toute ma vie ?

Vraisemblablement non. Même si vous restez toujours la même personne, vos valeurs vont évoluer avec l'expérience, et avec les événements de votre vie. Très souvent, un deuil, une union, une naissance ou une très belle réussite vont vous amener à réfléchir à vos critères de décision pour les années à venir. Rien ne vous empêchera de répondre à nouveau à ces questions et de redéfinir vos valeurs à ce moment-là. Vous pouvez même vous obliger à refaire cet exercice une fois tous les deux ou trois ans, ou à chaque changement important dans votre vie.

Objectifs de vie

Une fois vos valeurs définies, ce ne sera plus à votre patron, à *Je veux tout Magazine* ou à votre maman de choisir vos objectifs de vie. Ce sera à vous !

On vous a parlé cent fois des objectifs. Chaque année, en janvier, vous prenez de bonnes résolutions, que vous reprenez d'ailleurs en… septembre. Hum. Pourquoi ça rate ? Chaque année aussi, votre patron vous convoque et vous annonce le programme de l'année, avec vos objectifs, dont vous entendez à nouveau parler au moment de la prime de Noël. Hum. Pourquoi les aviez-vous oubliés entre-temps ?

Alors reprenons… comment définir un objectif malin et s'y tenir ?

Conseils pratiques

Il doit être **MALIN**, votre objectif :

- **M** comme Mien ;
- **A** comme Accessible ;
- **L** comme Limité dans le temps ;
- **I** comme Intéressant ;
- **N** comme Net.

Mien

Oui, vous pouvez faire vôtre l'objectif de quelqu'un d'autre : nul besoin de réinventer la roue… Mais cet objectif doit correspondre à *vos* valeurs d'une manière ou d'une autre. Cet énième régime a peut-être sa raison d'être s'il est destiné à faire le succès de votre vie de couple, ou à favoriser votre meilleure santé. S'il s'agit juste d'essayer le nouveau régime de *Je veux tout Magazine*, parce qu'Adriana Sibelle ou Zinédine Quarante-Deux l'a fait aussi, oubliez.

Cette résolution de faire du jogging tous les dimanches matin, d'accord si c'est pour passer plus de temps avec votre fils ou pour éviter la crise cardiaque. Mais si c'est seulement parce que Maman vous trouve une petite mine, vous n'irez pas au bout… c'est tout.

Accessible

Soyez fous dans vos objectifs. Si, si, on peut aussi rêver. Voyez grand, voyez magnifique, voyez cher. Mais restez quand même réaliste.

■ Rêvons

On peut rêver de fêter son anniversaire dans la galerie des Glaces du château de Versailles… du moment qu'on ne vise pas la semaine prochaine. On peut espérer prendre une année sabbatique pour faire le tour du monde, mais pour l'an prochain, c'est un peu court. On peut avoir envie d'un grand manoir de six cents mètres carrés sur un beau terrain avec un jardin à la française… mais pas dans le centre de Paris (le Louvre est déjà pris !). Apprenez à rêver et à moduler vos rêves pour les rapprocher du réel. C'est très grisant, ça change du loto.

Par ailleurs, l'accessibilité se mesure aussi par la nature de l'objectif. Fixez toujours, de préférence, des objectifs de moyens. Par exemple, vous voulez perdre du poids. Le plus souvent, vous vous fixez des objectifs de résultat : je veux descendre à 56 kg. Du coup, vous arrêtez presque de manger pendant un mois, et vous descendez à 56, puis remontez, épuisé, dans les jours qui suivent… non ? Parfois même, vous n'y arrivez même pas, et alors, quel découragement !

Maintenant, si vous visiez plutôt : « *Pour perdre du poids, je veux manger des légumes verts à tous les repas et arrêter de consommer des boissons sucrées pendant un mois.* » C'est raisonnable, accessible. Et si vous n'arrivez pas à 56 kg, vous aurez quand même atteint votre objectif et pris une bonne habitude. Un mois de plus, et non seulement vous serez à 55 kg, mais vous ne pourrez plus voir un Schnoups orange en peinture.

Limité dans le temps

Nous avons besoin d'une échéance pour rester motivé. Fixez-vous une date. À cette date-là, vous constaterez votre succès, ou votre éventuel échec.

Intéressant

Comment se motiver pour atteindre un objectif qui ne provoque chez nous aucun enthousiasme ? Un objectif dont on ose à peine parler à notre conjoint, tellement, bon… manger du brocoli vapeur une fois par semaine, ce n'est pas excitant ! Peut-être que, déjà, trouver une nouvelle recette chaque semaine pour cuisiner des brocolis, c'est plus amusant… Bien sûr que les étapes de certains projets ne seront pas toujours très rigolotes, mais cherchez des motivations pour ces objectifs. Au pire, s'il le faut, si elles ne font pas partie de la réussite de l'objectif, inventez-vous des récompenses. Intéressez-vous... et si vous pouvez aussi intéresser les autres, ce sera du soutien pour vous en plus.

Net

Les objectifs vagues ne donnent que des résultats vagues... Soyez net et précis. Écrivez votre objectif sur une feuille et donnez-lui des limites nettes. Les chiffres sont les moyens de mesure les plus efficaces. Mais l'idée est vraiment de fixer votre objectif dans le « monde matériel et concret ». Entre « *Je veux manger bio parce que la nature, c'est important* » et « *Je mange de la nourriture bio à tous les repas que je prends à la maison, avec un budget de 120 euros par semaine* », vous voyez certainement la différence.

Exercice 16 : Décrivez un objectif précis

Pensez à un objectif qui vous trotte dans la tête depuis quelque temps. S'il le faut, entrez dans les détails de sa description, racontez ce que sera votre vie quand il sera réalisé. Visualisez-le. Imaginez-le. Écrivez votre objectif au présent de l'indicatif et au mode affirmatif. Définissez une situation précise et contrôlable qui vous permettra de vérifier que vous avez réussi : *« À la fin du mois, je descends une poubelle sans aucune bouteille de soda », « En 2010, je regarde* La Folie des grandeurs *sur mon écran plasma », « Pour le jour de mes 40 ans, j'ai invité mes dix meilleurs amis et ils sont tous là ».*

Combien dois-je définir d'objectifs pour ma vie ?

Tout dépend de vous, de vos envies, de votre situation actuelle. Quand on est en train de construire sa vie, les projets viennent naturellement, ils ne ressemblent pas à des objectifs, et pourtant : mettre au monde et élever un enfant, trouver un travail, obtenir un diplôme, s'installer dans un logement... que d'objectifs louables. Puis, un jour, l'usine à objectifs se calme : ce sera à vous de briser la routine en vous en cherchant de nouveaux.

Les sept domaines de ma vie

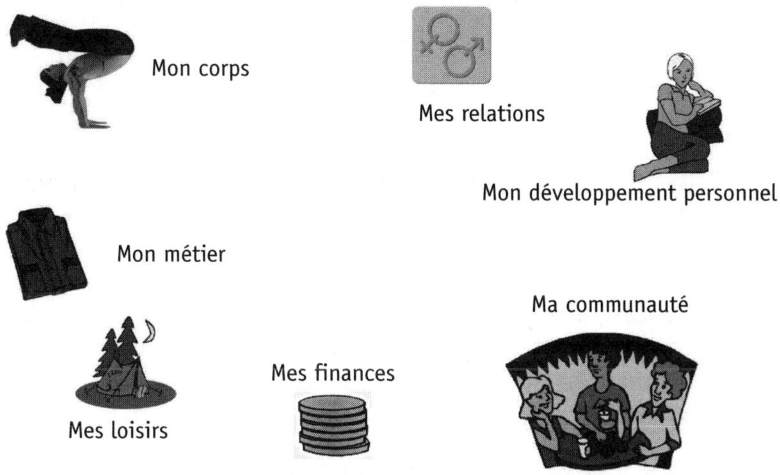

Exercice 17 : Imaginez la vie de vos rêves

Si le cœur vous en dit, pourquoi ne pas réfléchir à la vie de vos rêves ? Prenez un domaine de votre vie après l'autre et imaginez ce que serait votre vie si elle était idéale...

Domaine financier

Dans votre vie idéale, quel est votre revenu annuel ? Le montant de votre épargne ? De vos investissements ?

Comment est votre maison ? Où se trouve-t-elle ? Quelle vue ? Quelle superficie ? Quel type de logement ? Un jardin ? Une piscine ? Des animaux ? La couleur des murs ? Les meubles ? La décoration ?

Avez-vous une voiture ? Laquelle ? Avez-vous une résidence secondaire ? Comment est-elle ? Qu'avez-vous d'autre qui représente un investissement coûteux ?

Domaine professionnel

Dans votre vie idéale, où travaillez-vous ? Que faites-vous ? Avec qui ? Qui sont vos clients ? Comment êtes-vous payé ? Quel est votre statut ? Quels sont vos horaires ?

Domaine des loisirs

Dans votre vie idéale, que faites-vous de votre temps libre ? Quels sont vos *hobbies* ? Où et comment passez-vous vos vacances ? Comment vous amusez-vous et prenez-vous du plaisir ?

Domaine physique

Dans votre vie idéale, comment êtes-vous physiquement ? Comment est votre santé ? Êtes-vous plutôt calme ou plein d'énergie ? Faites-vous beaucoup de sport ? Quelle est votre alimentation ?

> **Domaine relationnel**
> Dans votre vie idéale, quelles sont vos relations avec votre famille proche (conjoint, enfants, parents) ? Avec votre famille éloignée (frères, sœurs, oncles, tantes, cousins, cousines, neveux, nièces, etc.) ? Les voyez-vous souvent ? Que faites-vous ensemble ? Qui sont vos amis ? Quelles sont vos relations avec eux ? Quelle est votre conception de l'amitié ? Que faites-vous avec vos proches ?
> **Domaine personnel**
> Dans votre idéal, que faites-vous pour avancer dans la vie et prendre soin de votre bien-être ? Suivez-vous des formations ? Une thérapie ? Avez-vous une activité spirituelle ? Voulez-vous apprendre quelque chose de nouveau ? Écrire ? Réussir un exploit particulier ? Faire des voyages ? Lesquels ?
> **Domaine communautaire**
> Dans votre idéal, à quoi ressemble votre entourage ? Êtes-vous impliqué dans la ville, dans une association ? Faites-vous du bénévolat ? À quelle fréquence ? Quel type d'activité ? Comment fonctionne votre ville ? Quelles activités propose-t-elle ?

Cet exercice vous demandera environ une heure, mais il vous permettra de rendre vos objectifs plus cohérents. Même dans une vie idéale, les journées n'ont jamais que vingt-quatre heures. À la lumière de vos réponses, vous pourrez être sûr de n'oublier aucun des aspects d'une vie réussie.

Ensuite, reprenez tous les domaines et notez, un par un, tous les objectifs correspondants. Et ces objectifs pourront être traités comme n'importe quelle jolie ampoule de notre système. Une partie d'entre eux pourra être attaquée immédiatement, grâce à une Plus Petite Prochaine Action intégrée à votre liste. Une autre partie attendra dans votre réserve le moment opportun. Dans certains cas, vous pourrez aussi procéder par étapes vers votre objectif.

Ainsi, pour s'arrêter de fumer, l'un choisira de filer chez le médecin pour obtenir un traitement et arrêter immédiatement le tabac, alors qu'un autre préférera réduire sa consommation progressivement jusqu'à l'arrêt total. Ainsi, si vous rêvez de visiter tous les continents avant de mourir, vous préférerez soit vous organiser une année sabbatique dans dix ans et économiser pour faire un tour du monde pendant cette période, soit réserver trois semaines de congés tous les deux ans pour visiter un continent à la fois. Il y a souvent plusieurs chemins pour une même destination…

- **Exemples réels d'objectifs de vies, transformés en actions intégrables dans un planning déjà bien chargé**

1. Mes parents commencent à être âgés, je voudrais profiter du temps qu'il leur reste.
   Donne : Je fais appel à mon père, une fois par mois, pour des conseils, un avis...
2. Je voudrais ne pas rater l'enfance de mes neveux et nièces, car, pris par mon boulot, je reporte toujours à plus tard de passer du temps avec eux.
   Donne : J'invite chacun de mes neveux et nièces, tous les deux mois, un week-end.
3. Je déplore que mes liens amicaux se détendent. Or, j'avais une chouette bande de copains et j'adorais recevoir, avant.
   Donne : J'invite les gens que j'aime, tous les deux mois, pour dîner à la maison.
4. J'oublie de cultiver ma valeur sur le marché du travail, c'est dommage car j'aime progresser.
   Donne : Je consacre une heure par semaine à mon autoformation. Ça commence par Outvision dès le 30 octobre.
5. Je gère très mal mes finances et ça m'a souvent causé du tort. Je souhaite changer ce point.
   Donne : Je lis chaque mois au moins un livre et un magazine sur les mathématiques, les revenus, la finance.
6. J'étais sportive, mais depuis la naissance des enfants... je n'ose plus me mettre en maillot de bain.
   Donne : je vais au club de sport ou à la piscine trois fois par semaine. Je choisis mes heures et mes séances en fonction de mon emploi du temps. Je progresse.

Que dois-je faire de mes objectifs ?

Après ce travail minutieux, vous aurez intérêt à conserver précieusement ces objectifs. Le support sera celui que vous préférez. Certains gèrent leurs objectifs sur ordinateur. D'autres, plus créatifs, se lanceront dans un blog ou un *scrapbook* (un cahier illustré de photos, d'idées, de cartes heuristiques, d'articles de presse, de dessins, etc.). D'autres encore utiliseront un simple cahier.

Conseils pratiques

Prévoir un peu d'espace pour chaque objectif peut vous aider à réfléchir par écrit à chaque étape, voire à créer une carte heuristique pour les objectifs les plus ambitieux.

Surtout, ne vous retenez pas dans le nombre d'objectifs. Une centaine d'objectifs remplit à peu près une vie. Et pour arriver à cent, il faut beaucoup de rêves ! Parmi ceux-là, certains seront plus modestes que d'autres, et tout s'équilibrera le plus souvent.

Par contre, réprimez votre (légendaire) perfectionnisme : vos objectifs n'ont pas besoin de cinq pages illustrées chacun pour mieux se réaliser. Il est utile de les noter, mais rien n'oblige à passer des heures entières à illustrer et détailler chaque objectif sur des pages entières, notamment si ça devient, au bout du compte, une excuse pour ne pas le prendre à bras-le-corps.

Une fois consignés, ces objectifs doivent être revus très régulièrement. Plus vous les verrez souvent, plus ils feront partie de vous-mêmes, et plus vous saisirez facilement les occasions de les réaliser. Idéalement, vous devriez les relire chaque jour, notamment ceux qui sont les plus importants pour vous..., mais en tout cas au moins une fois par mois.

Pour ce faire, vous pouvez mettre en place un troisième « point », qui sera mensuel. Celui-ci vous incitera à reprendre tous vos projets en cours et à vous assurer qu'ils s'inscrivent dans vos valeurs, et qu'au moins certains d'entre eux vous aident à vous rapprocher de vos objectifs. Vous en profiterez pour reprendre vos objectifs un par un, et pour vous assurer également que toutes les occasions de les faire avancer auront été saisies.

■ **Un exemple**

Si vous voulez apprendre à mieux cuisiner, vous avez besoin soit de trouver un livre parfait, soit qu'on vous donne des cours, soit de trouver de l'argent pour payer des cours, puis de trouver le temps de suivre les cours ou de vous entraîner chez vous. Si vous n'avez pas les fonds sous la main, ni le temps disponible, ce projet restera quelque temps dans votre réserve. Mais si, à la veille de votre anniversaire, on vous demande une idée de cadeau beau et utile et que vous avez quelques semaines de vacances disponibles, vous serez content de retomber sur cet objectif... et de proposer, à vos généreux donateurs, les cours de cuisine comme idée de cadeau.

D'autres objectifs peuvent attendre ainsi un concours de circonstances, un événement spécifique ou même la rencontre parfaite d'une personne qui peut vous aider à réaliser votre rêve ou qui a le même, ce qui est très motivant (et parfois économique), ou un événement spécifique.

Par ailleurs, ce point mensuel vous permettra aussi, parfois, d'éliminer certains objectifs ou d'en rajouter d'autres. C'est une erreur de penser que les objectifs de vie sont définitifs. Ils ne le sont pas plus que vos valeurs. La vie, faite de rencontres et de découvertes, vous fera certainement des cadeaux inattendus, et il n'est pas question de les refuser « *parce qu'ils ne font pas partie de vos objectifs* ». Si vous revoyez vos valeurs, comme recommandé plus haut, certains objectifs vous paraîtront peut-être caducs, et d'autres manqueront à la liste. Faites des modifications si besoin.

Voyage organisé

Vous pouvez considérer que la vie est un grand voyage. À un moment donné, vous décidez de ce que vous voulez faire et ne pas faire pendant ce voyage (vos valeurs), et vous choisissez votre itinéraire (vos objectifs). Si un jour, vous trouvez votre voyage épuisant, rien ne vous empêche de modifier le programme, et les pays à visiter, ou même de faire une pause et de profiter du paysage ! Et si vous tombez par hasard sur une occasion inespérée de voir un monument dans lequel aucun touriste n'a la chance de mettre les pieds, vous ferez, à juste titre, un petit détour.

N'oubliez pas, donc, que ces objectifs sont des ampoules que *vous* créez. Elles se glissent dans votre système, avec les autres ampoules venues de l'extérieur ou de vos contraintes personnelles. Ces ampoules-là ont un atout particulier : elles vous motivent pour utiliser votre système, car avancer sur ces objectifs vous apporte une satisfaction personnelle.

Et quand d'autres personnes me fixent des objectifs ?

Comme bon nombre d'entre nous, vous devez peut-être remplir des objectifs imposés par d'autres personnes, notamment par votre employeur ou vos professeurs. Nous sommes bien conscients que, parfois, ces objectifs vont se confronter avec les vôtres, quelquefois les repousser au fond de l'armoire.

Dans la mesure où vous choisissez, à un moment donné, de faire partie d'une entreprise, c'est un de vos objectifs. Si, parmi vos objectifs, « *Je travaille et je gagne ma vie convenablement, pour rembourser l'emprunt de ma maison* » est plus important que les autres, il est logique que, temporairement au moins, les objectifs de votre patron passent avant certains des vôtres. S'il est fondamental pour vous de rembourser l'emprunt de la maison sur quinze ans, si c'est plus important, pour l'instant en tout cas, que de partir à Tahiti l'an prochain, vous devrez sûrement annuler ce long séjour pour organiser le Colloque Machintruc et éviter ainsi le licenciement.

■ **Utilisez à votre avantage les objectifs fixés**

Votre définition de poste commercial ne parle pas de trier le courrier de tout le service... alors pourquoi vous y collez-vous tous les matins pendant une heure au lieu de suivre vos meilleurs clients ? Vos dix objectifs annuels portaient principalement sur l'entretien de votre clientèle en cours... à vous de rappeler cela à M. Boss le jour où il posera discrètement le dossier de ce nouveau client qui ne veut rien entendre et exige de travailler avec vous. Plutôt ce nouveau client, ou plutôt le suivi de cet autre, également très « spécial » ? Vos heures ne sont pas plus élastiques que celles de votre chef... C'est pour cela que vous avez fixé ensemble des priorités.

Ce chapitre est un « perfectionnement », un « approfondissement » qu'on n'a pas forcément le courage de maîtriser dès les premières semaines de familiarisation avec notre méthode. Cependant, nous espérons qu'il sera un encouragement à acquérir la démarche pour vous organiser au quotidien, et intégrer à votre vie vos propres envies, voire vos rêves les plus fous.

Chapitre 9

Travail en équipe : déléguer et savoir dire non

Voici un chapitre pour vous aider à déléguer avec aisance (et obtenir le maximum de la part de vos collaborateurs et de vos proches). Et puis, c'est aussi un chapitre vu depuis l'autre côté de la médaille : le côté de celui ou celle à qui on demande trop et qui ne sait pas dire non.

La délégation

Trois précautions

La délégation de certaines tâches à nos proches ou collaborateurs requiert un certain nombre de précautions. Trois, au minimum.

1. La délégation n'est pas une excuse pour alimenter l'agitation et les activités inutiles.
   - On « n'occupe » pas le stagiaire confié par le département RH à faire des recherches dont on n'aura pas besoin, en lui demandant un rapport tous les deux jours.
   - On ne délègue pas n'importe comment, n'importe quand, en s'écriant, tout en passant la porte, « *Tu m'appelles, s'il y a un problème, OK ?* »

2. Toujours penser à éliminer avant de déléguer ! Si une tâche peut être tout simplement automatisée, voire éliminée, ne la déléguez pas : vous feriez perdre son temps à la personne.
   - Votre assistante est une personne de haut niveau ? Ne lui faites pas filtrer tous vos e-mails, mais seulement ceux qui ont passé la barrière *antispam*.
   - Ne laissez pas votre femme de ménage briquer toutes les semaines le dessus des placards de la cuisine si vous vous en moquez.
3. Définir les règles et les processus avant de penser à déléguer.
   - Chacun de vos collaborateurs doit avoir une fiche de poste à jour, cohérente.
   - Il doit pouvoir savoir si ce que vous lui demandez fait partie de son travail ou s'il peut négocier avec vous le report de cette tâche comme ne faisant pas directement partie de ses priorités.

Conseils pratiques

Ce qui caractérise la tâche idéale à déléguer :

– elle est précisément définie et vous prend du temps ;

– il s'agit d'obtenir un résultat pendant que vous faites autre chose de plus productif.

À qui déléguer ?

Déléguer, c'est choisir la personne la plus à même de réaliser le travail demandé (pas plus, pas moins) dans le délai imparti. Pour cela, cette personne doit avoir les moyens, les compétences, le temps et la motivation nécessaires pour le faire. Selon les tâches, vous donnerez plus d'importance à un aspect ou à un autre.

■ La jeune stagiaire

La jeune stagiaire du service achats passe ses journées à faire des cafés et des photocopies. Elle fait patiemment ses heures en se demandant ce qu'elle écrira dans son rapport de stage. En une petite heure, vous pouvez lui expliquer comment pointer les factures des fournisseurs, l'une de vos tâches les plus rébarbatives. Vous gagnerez du temps pour cette fois, et pour d'autres (se sentant utile et motivée, elle acceptera de prolonger son stage), et vous n'aurez pas à passer vingt minutes à convaincre votre assistante administrative de s'y coller, comme vous devez le faire une fois par semaine.

Pour les tâches simples de petite importance pour vous, la motivation est un aspect à ne surtout pas négliger, et parfois au détriment de la compétence… Expliquons-nous : une personne qui a le temps et la motivation pour accomplir une action sera, après formation, plus efficace qu'une personne débordée et pas motivée. Vous aurez perdu du temps à la former, certes, mais cette formation sera peut-être un investissement utile à long terme.

■ **La petite dernière**

Lucille, 5 ans et demi, rêve de faire tout comme Maman. Et pourtant, qui appelez-vous pour faire les poussières le jour du ménage ? Agathe, 15 ans, qui fait déjà le repassage, ses devoirs, le ménage de sa chambre et accessoirement vos courses d'appoint. En deux minutes, vous pouvez former Lucille, qui ne fera pas les poussières parfaitement, mais juste assez bien pour vos besoins, et ce sera ça en moins à lui montrer quand elle devra s'occuper de sa chambre. En plus, comme chien de garde (*« M'enfin, Youri, je t'ai dit de ne pas mettre de miettes partout où j'ai fait les poussières… »*), vous ne trouverez pas mieux… Vous déchargerez ainsi l'aînée, qui ne se sentira plus corvéable à merci. Elle sera peut-être plus motivée pour des tâches d'envergure, comme apprendre à nettoyer elle-même les vêtements dont elle change deux fois par jour.

Pour les tâches difficiles, *a contrario*, vous aurez à cœur de choisir des personnes aussi compétentes, voire plus compétentes, que vous.

■ Comment déléguer ?

Voici les erreurs les plus fréquentes – à éviter, bien entendu.

Erreur numéro un : *« J'ai pris le premier qui passait… »*

Vous avez confié à votre nouvelle recrue la lourde tâche de fournir des explications à ClientExigeant, parce que votre adjoint était en réunion à ce moment-là. Or, il lui manquait des informations, au petit nouveau. Et vous récupérez votre nouveau collaborateur, blême, qui vous glisse tête basse : *« Il va vous rappeler, chef. Il n'avait pas l'air content. »*

Ou bien, vous attrapez Fille-du-Milieu et lui jetez : « *Bon, tu lances une lessive, comme je t'ai montré, d'accord ? Je dois y aller, là. À ce soir !* » Et vous réalisez juste avant votre rendez-vous que, non, ce n'est pas à elle que vous avez montré les arcanes du lave-linge, mais à son frère aîné, il y a quinze jours.

> **Conseils pratiques**
>
> Déléguer à quelqu'un qui ne sait pas faire, c'est au mieux inutile, au pire dangereux.

Erreur numéro deux : *« Il y arrivera bien tout seul... comment j'ai fait, moi ? »*

C'est de la formation (si on veut). C'est surtout frustrant pour le « formé » et gaspilleur en temps : le temps passé en essais-erreurs et en réinvention du fil à couper le beurre.

> **Conseils pratiques**
>
> Si votre objectif est de former quelqu'un, annoncez-le clairement, prenez votre temps et *ex-pli-quez*.

Erreur numéro trois : *« Je n'ai pas le temps... c'est pour ça que je délègue ! »*

Vous n'avez pas le temps de donner les tenants et aboutissants d'une situation et d'expliciter votre demande ? Allons, un peu d'honnêteté : ne serait-ce pas parce que ce n'est pas si clair dans votre tête ? Savez-vous vous-même où sont les informations dont votre collaborateur ou proche pourrait avoir besoin ? Avez-vous réfléchi aux obstacles qu'il pourrait rencontrer ? Personne ne vous secondera intelligemment si vous n'avez pas réfléchi un tant soit peu à ce que vous déléguez.

> **Conseils pratiques**
>
> Ce que vous déléguez, dans notre méthode, ça n'est pas une *« idée qui vous passe par la tête »*, mais une 3PA ou un projet, c'est-à-dire une action ou une série d'actions dont vous attendez un résultat défini.

Erreur numéro quatre : *« J'envoie un e-mail, ça va plus vite et c'est plus clair »*

Voire. Un e-mail rédigé comme ceci : « *Voici les informations. Appelez-moi en cas de problème* » n'aide pas à vous dégager du temps. Car, n'en doutez pas, vous serez appelé, sans égard pour vos vacances ou vos rendez-vous à l'extérieur.

Aussi, prenez l'habitude de rédiger vos e-mails ainsi, à la sauce « *programmeur informatique* » (si... alors, si... alors) :

« Voici les informations. Si vous rencontrez tel type de problème, appelez Michèle au 06 05 04 03 02. Si vous avez besoin d'information supplémentaire, le dossier est à tel endroit et Paul a suivi les étapes avec moi. Vous pouvez lui envoyer un e-mail jusqu'au 25 avril. Si tout se passe bien, adressez-moi un e-mail à telle adresse, que je ne relèverai que le 30 avril. »

Conseils pratiques

Pour bien déléguer, il faut encore et toujours anticiper.

Erreur numéro cinq : *« Je ne comprends pas, j'ai pourtant été bien clair...? »*

C'est l'erreur principale. Notre collaborateur ou notre proche revient vers nous et non, décidément, ce n'est pas ça qu'il fallait faire. C'est à côté de la plaque, insatisfaisant ou incomplet. Nous sommes déçus. Que s'est-il passé ?

Nous avons tout simplement oublié de vérifier que :

- le contexte est connu de la personne (à nous de lui donner) ;
- elle sait faire ce qu'on lui a demandé ;
- elle connaît notre niveau d'exigence (un brouillon gribouillé ou un document de quinze pages ?) ;
- elle a compris et sait par quoi commencer ;
- elle sait quoi faire en cas de problème (avec votre aide ou sans) ;

- elle connaît la date limite et les risques encourus à ne pas la respecter ;
- elle sait quoi faire quand elle a fini (vous en informer ou passer à autre chose ?).

Et pour vérifier tout ça, il faut demander. N'hésitez pas à poser des questions : « *Vous savez comment vous y prendre ? Par quoi pensez-vous commencer ? Où pensez-vous que vous risquez d'être coincé ? Comment voulez-vous que je vous aide ?* »...

Conseils pratiques

Vous pourriez bien être surpris de l'autonomie et la créativité des gens qui vous entourent lorsqu'ils s'efforcent de répondre à vos questions. Ce faisant, ils commencent à réfléchir à la tâche confiée, à la méthode qu'ils vont employer... bref, ils ont déjà démarré. Une méthode à utiliser sans modération à la maison comme au travail.

Erreur numéro six : « *Il ou elle ne sait vraiment pas gérer ses priorités !* »

Les siennes, si, certainement. Les urgences dont vous l'inondez plusieurs fois par jour, en plus des tâches de fond qu'il ou elle doit déjà faire... peut-être pas.

En attendant que la personne à qui vous déléguez ait lu ce guide, à vous de jouer. C'est à vous d'expliquer que cette urgence-là passe avant l'urgence de tout à l'heure. Pas par caprice de votre part (on l'espère) mais parce qu'il y a une bonne raison : donnez-la lui. Ainsi, la prochaine fois, elle pourra anticiper.

Donnez, non seulement des dates limites, mais aussi, pour les tâches de longue haleine (plusieurs jours), une première étape intermédiaire, très rapprochée dans le temps (trois heures, ou une journée par exemple), pour vérifier qu'elle s'en sort bien. Et lui montrer que vous êtes présent, prêt à l'aider si nécessaire.

Si vous communiquez essentiellement par e-mail, vous pourriez préciser : « *C'est urgent. Aussi, merci de finir ce que vous êtes en train de faire, de vous y mettre tout de suite et de me faire savoir au bout de trois heures où vous en êtes. Si vous ne pouvez pas travailler là-dessus, merci de m'en informer aussi rapidement que vous pourrez.* »

Conseils pratiques

Signaler les urgences, c'est bien. Indiquer que telle et telle tâche peuvent être reportées en conséquence, c'est encore plus confortable pour tout le monde.

Vos demandes allument des ampoules chez vos collaborateurs. Si vous ne les éteignez pas en expliquant : « *Ce n'est plus d'actualité* », ou « *On peut repousser ce rapport, tant pis* », le poids des guirlandes risque de les étouffer.

Voulez-vous un exemple de fausse délégation, qui empêche complètement votre interlocuteur de faire quoi que ce soit ?

■ **Un exemple**

« Madeleine, il faudra qu'on...
- réponde à CherClient ;
- s'occupe de ça ;
- voie ça ensemble ;
- en parle à la prochaine réunion », lancé par-dessus le PC de ladite.

Qu'est-ce que c'est ? Une urgence, comme le suggère le verbe *« falloir »* ? Un vœu pieux, comme le suggère le pronom indéfini *« on »* ? Alors, Madeleine note. Mais que doit-elle noter, au juste ? Quelle est sa 3PA ?

■ Déléguer ou ne pas déléguer un pouvoir de décision

On a tous vu au supermarché un mari serviable accroché à son portable : « *Chérie, je n'ai pas trouvé le sel Sibon qu'on prend d'habitude, tu crois que je peux prendre le sel Simeilleur ?* » La compagne sera parfois agacée, en tout cas souvent dérangée... même si c'est elle, la semaine dernière, qui avait râlé parce que « *je t'avais dit que je voulais du filet mignon de porc et pas des escalopes de veau, alors comment je vais boucler mon dîner, moi !* »

Apprenez à déléguer aussi certaines décisions, si vous souhaitez vous concentrez sur vos tâches prioritaires. Certains managers définissent une somme au-dessous de laquelle ils considèrent qu'ils n'ont pas à décider : par exemple, le vendeur peut faire une remise sans demander, tant que ça ne dépasse pas cinquante euros...

On peut en faire autant pour de nombreuses décisions : le mari peut prendre une autre marque de yaourt tant que c'est du 0 %, Fille-du-Milieu peut acheter elle-même ses vêtements tant qu'elle ne dépasse pas tel budget, etc.

Conseils pratiques

À vous de choisir vos limites : à partir de quand mon intervention vaut-elle réellement la peine ? À quel niveau les constantes sollicitations de décision seront-elles compensées par une économie de stress, de temps ou d'argent correspondante ?

Feed-back : compliments et critiques

Une délégation réussie se termine toujours par un *feed-back*, un retour de votre part. Ne pas le faire, c'est courir deux risques :

- votre collaborateur ne se sent pas « reconnu ». C'est le reproche le plus fréquent fait par les employés à leur supérieur, et un facteur très important de démotivation ;
- votre collaborateur ne sait pas si ce qu'il a produit est conforme à ce que vous souhaitiez. Si vous avez été clair dès le départ, normalement il n'y a pas de souci. Cependant, vous pouvez avoir changé d'avis. Il peut aussi avoir pris des initiatives et avoir besoin de votre avis là-dessus.

Conseils pratiques

N'hésitez pas à remercier, dire ce que vous avez apprécié, critiquer ce qui vous semble insuffisant et expliquer pourquoi.

De retour chez vous, c'est tout à fait la même chose. Si vous avez appelé depuis le bureau, à 18 h 30, pour dire que votre réunion se prolongerait tard, sachez apprécier tout haut l'effort de votre conjointe ou de votre grand fils qui vous a confectionné et gardé au chaud un dîner, alors qu'il s'agit d'habitude de votre part du travail domestique.

Comment suivre une fois qu'on a délégué ?

Vous utiliserez en priorité votre agenda papier ou électronique pour vous indiquer les dates auxquelles vous devez relancer.

Les documents que vous aurez transmis, si vous en avez une copie (transmission de pièces jointes par e-mail, notamment), seront conservés dans votre répertoire ou bannette *En attente de*. Jusqu'à réponse de votre interlocuteur.

Demandez toujours, si cela est plus confortable pour vous, que les personnes à qui vous avez délégué une tâche reviennent vers vous systématiquement avant la date limite.

Expliquez-leur sous quelle forme vous voulez être tenu au courant, par exemple :

- par téléphone, dès que possible ;
- par e-mail ;
- lors de la prochaine réunion de service hebdomadaire ;
- en personne.

Conseils pratiques

Prenez l'habitude de demander à vos collaborateurs où ils en sont, quelque temps avant la date limite, pour pallier les éventuels problèmes qui pourraient surgir.

Des check-lists comme s'il en pleuvait

Un mode d'emploi ou une check-list évitent bien des approximations et des allers-retours. C'est à vous de les concevoir, avec approbation finale de l'intéressé.

- Vous pourriez, par exemple, relevez les tâches ménagères que votre femme de ménage doit faire hebdomadairement et mensuellement, en faire un tableau avec cases à cocher et lui demander de cocher quand c'est fait. Elle organisera son travail comme elle l'entend autour de cette liste.
- Un assistant de communication tirera profit d'une check-list des différentes actions à mener pour réussir l'organisation de votre participation au prochain salon professionnel, etc.

- Sans parler des enfants, qui raffolent de ces outils structurants (voir *Vous êtes parent et travaillez à la maison*, partie III).

Dire non, non et non

Rien n'est plus compliqué, avouons-le, que de faire le tri entre ce qui est important et urgent pour soi, et ce qui est superflu pour nous mais important et urgent pour les autres...

■ Quelques exemples

En tant que collaborateur, on n'ose souvent pas dire non à celui qui nous impose un travail hors de notre « fiche de poste » mais *« à faire pour hier, et là, vraiment, je suis trop charrette »*.

En tant que parent, on n'ose pas renvoyer dans ses buts le bout de chou qui doit, maintenant tout de suite, retrouver grâce à vous la règle du jeu du Monopoly.

Quelques pistes pour apprendre à dire non, et sans (toujours) blesser l'autre.

Pourquoi est-il difficile de dire non ?

Dès qu'un enfant ouvre la bouche pour dire son premier « *Non* », les parents s'indignent et s'évertuent à le faire rentrer dans le moule de l'obéissance. De là, cette crainte de blesser l'autre et de perdre son estime (son amitié, son amour) en lui disant simplement non. Sans compter cette obligation « morale » de générosité, de solidarité, et l'impression de toute-puissance que donne le sentiment de pouvoir régler les problèmes de la terre entière sur demande, comme Superman.

Regardez-vous quand vous n'osez pas dire non...

- Vous cherchez constamment à éviter l'ami ou le collègue à qui vous n'osez pas refuser un service.
- Vous demandez à votre conjoint ou, pire, à vos enfants, de dire non à votre place ou d'inventer des excuses.

- Vous mentez, vous inventez des excuses et vous vous emmêlez dans vos mensonges.
- Vous rendez les autres responsables de votre amertume, vous accomplissez la mission exigée mais en critiquant, en râlant, en boudant, et ça n'est pas toujours la personne à l'origine de votre problème qui subit votre désappointement.

Pourquoi dire non ?

- D'abord parce qu'on ne perd pas l'amour des siens en disant non, surtout quand on refuse ainsi de s'engager à faire quelque chose qu'on n'aura pas la possibilité de faire suffisamment bien.
- Parce qu'on peut être un bon employé, un bon manager, une bonne épouse, une bonne mère, un bon fils, même si on dit non… si on le dit avec sensibilité et parcimonie.
- Parce qu'on traite l'autre d'égal à égal, et que c'est bon pour l'image qu'on a de soi.
- Parce que dire oui à tout, c'est prendre le risque de ne rien faire bien, et de décevoir l'autre encore plus.
- Parce que ça donne plus de poids à vos « oui » : les autres vous en sont bien plus reconnaissants.
- Parce qu'on finit par fuir les autres, à force d'être la bonne poire de service, de ne plus être respectée.

Comment dire non ?

D'abord, s'entraîner. Sur des situations qui vous impliquent peu, ou à conséquences peu importantes, pour voir ce que ça donne. Et ce que ça *vous* fait. Exercez-vous donc au quotidien, sur des proches.

Technique numéro un : visualisez les conséquences de votre non

Avant de dire non, essayez de visualiser les conséquences positives et négatives de votre réponse, pour vous et pour votre interlocuteur. Par exemple, si vous acceptez une charge de travail supplémentaire, vous aurez du mal à terminer ce que vous aviez prévu de faire et risquez d'avoir encore une image dévalorisée de vos capacités, ce qui est injuste.

Technique numéro deux : retardez votre réponse

Dans la mesure du possible, apprenez à retarder votre réponse à une demande de service. Demandez simplement à réfléchir. Comme cela, vous aurez le temps de préparer votre réponse négative, de vous la répéter pour trouver la bonne formulation.

- **Un exemple**

« Donc, si j'ai bien compris, tu voudrais que je garde tes enfants ce week-end ? Je vais voir ce que je peux faire et je te rappelle demain, d'accord ? »

Technique numéro trois : dites « Je »

Dites « *je* » – « *Je suis désolé, je ne peux pas* », plutôt que « *Tu aurais dû m'en parler plus tôt...* » – et présentez une argumentation toute simple : il se peut que l'autre n'ait pas vu la situation comme vous et accepte très facilement votre point de vue une fois expliqué.

- **Un exemple**

« Je ne peux pas garder tes enfants ce week-end, j'ai prévu une sortie samedi soir avec Paul. Désolée. »

Technique numéro quatre : restez sur vos positions

Dites non avec conviction. Mais restez calme, clair et aimable. Si besoin, utilisez quelques précautions verbales : « *Je comprends que tu aies besoin de... mais je ne peux pas t'aider cette semaine* » ou : « *Je suis ennuyée de te dire ça, mais je ne pourrai pas venir.* »

Si votre interlocuteur insiste, ne cherchez pas pour autant des justifications : contentez-vous de refuser poliment, autant de fois qu'il le faudra. Rajoutez-en, à chaque refus, dans le plaisir que vous auriez eu à accepter, si l'autre tente la carte du chantage affectif. À répéter, en boucle. C'est la technique du disque rayé, au bout d'un moment l'interlocuteur se lasse.

■ **Quelques exemples**

À votre grand-mère, qui, vous sachant au régime, insiste pour que vous repreniez de ce dessert que vous adorez : *« Je raffole de ta tarte Tatin, Mamie, tu ne l'as jamais si bien faite, c'est un vrai régal, ce croustillant, ce parfum de beurre, hmm... mais non, je n'en veux plus, merci. »*

À Muriel, la larme à l'œil, qui vous supplie de l'aider à finir son dossier (elle n'avait qu'à s'y prendre plus tôt, au lieu de draguer à la machine à café) : *« Je comprends, Muriel, j'aurais vraiment adoré t'aider là-dessus ; c'est vrai que c'est important pour le département, et je te remercie d'avoir pensé à moi pour ça... mais non, ce soir, ça ne va pas être possible. Du tout. Je suis désolée, mais là, il faut que j'y aille. »*

Technique numéro cinq : proposez une alternative

Vous pouvez aussi, si c'est possible, proposer une alternative, une solution de substitution. Mais, si votre interlocuteur est un adulte, ne cherchez pas de solution à sa place ; vous risqueriez de vous engager – à contrecœur – pour le consoler de lui avoir dit non !

En somme

Refuser de faire quelque chose, ou demander à quelqu'un d'autre de le faire, ça n'a rien à voir avec du mépris envers qui que ce soit. Au contraire, c'est montrer une grande confiance en quelqu'un que de lui déléguer correctement une tâche. De même, c'est un signe d'équilibre que de ne pas vouloir donner son temps pour une tâche qui ne va pas dans le sens de sa propre mission. Pour accepter certaines responsabilités avec assurance, il faut être capable d'en déléguer ou d'en refuser certaines.

Chapitre 10

Procrastination, retards et étourderies

« Procrastiner », tout reporter : comment arrêter ?

La procrastination, sous son nom barbare, correspond à une tendance très courante : celle de reporter à plus tard certaines tâches, certaines actions. Quand se manifeste ce comportement ? À quoi sert-il ? Comment le contrer ?

« Procrastiner », c'est quoi au juste ?

Procrastination

La procrastination se définit très simplement comme suit :

« **Je veux** faire telle chose, **je peux** faire telle chose, **mais...** je me retrouve à ne pas la faire. »

En soit, la procrastination n'est pas un problème. Après tout, choisir de réaliser telle action au lieu de telle autre... ça ressemble à une bonne gestion du temps à première vue. En réalité, ce comportement ne pose problème que lorsqu'il n'est pas maîtrisé : « *Je me retrouve à ne pas faire* » n'est pas du tout équivalent à « *J'ai décidé de ne pas faire* ». Ce qui diffère, c'est la décision, vraie, réfléchie. Si vous repoussez certaines tâches en zappant quasi immédiatement la pensée même de l'action, vous ne décidez rien. Vous repoussez, c'est tout. Et c'est là que les problèmes commencent parfois.

Les deux principales idées reçues

- *Quelqu'un qui repousse à plus tard est un fainéant.*

  Non ! Pendant qu'il ne fait pas ce qui devrait et pourrait faire, il ne reste pas les bras croisés : il fait… autre chose. Et très souvent même, il s'étourdit d'activités en tout genre, il n'a pas un moment à lui.

- *On naît procrastinateur.*

  Non plus, on le devient. Souvent au cours des études, d'ailleurs. La procrastination est un comportement. Ce n'est donc pas un caractère héréditaire comme la couleur des yeux, par exemple. Et, comme tous les comportements, vous pouvez le modifier si vous le souhaitez.

Des coûts supérieurs aux bénéfices

Quelques exemples de procrastination

- Je remplis ma feuille d'impôts au dernier moment et fais la queue, rue du Louvre, à Paris, avec des centaines d'autres personnes pour poster de justesse ma déclaration, ou m'exposer, au pire, aux 10 % de majoration d'impôts.
- Je repousse le moment de prendre rendez-vous chez le dentiste… jusqu'à la rage de dents douloureuse.
- Je ne mets pas à jour mon CV de sorte qu'il ne m'est pas possible de répondre aux annonces intéressantes.
- Je ne parviens pas à choisir le modèle de voiture qui me convient.
- Je n'arrive pas à m'inscrire au cours de *tai chi* qui me fait tellement envie.
- Quoi que je fasse, je suis toujours en retard à mes rendez-vous.
- La lampe du plafond de l'entrée est grillée depuis des semaines : je ne la change pas.
- La vaisselle sale s'empile dans l'évier : je commande des pizzas et mange dans du carton depuis cinq jours.
- J'ai déménagé il y a quatre ans : les cartons sont toujours dans la cave.
- Je sais que je devrais mettre de l'argent de côté en cas de coup dur. Ça fait sept ans que je me le dis, sans jamais passer l'ordre de virement permanent.

Tout se passe comme si nous faisions semblant de croire qu'il n'y aura pas de conséquences négatives à notre tendance à reporter. Or, lorsqu'on a tendance à reporter un peu trop, les conséquences finissent par être très difficiles à vivre. Suivant les cas : désordre, problèmes d'hygiène, de santé, d'argent, occasions ratées, querelles avec l'entourage…

Émotions et discours intérieur

Un cercle vicieux d'émotions négatives

Le comportement de procrastination est entretenu par un flot continu de pensées et par des émotions :

- les émotions négatives génèrent une envie d'échapper aux situations désagréables et donc renforcent le comportement. De même, les pensées quasi automatiques d'autodénigrement (« *Je suis nul, de toute façon* ») ou de réassurance (« *Après tout, c'est pas si grave* ») confortent aussi la procrastination ;
- en retour, chaque comportement de procrastination déclenche émotions négatives et pensées désagréables ;
- lesquelles génèrent à nouveau l'envie d'échapper aux situations désagréables ;
- etc.

Le cercle vicieux de la procrastination

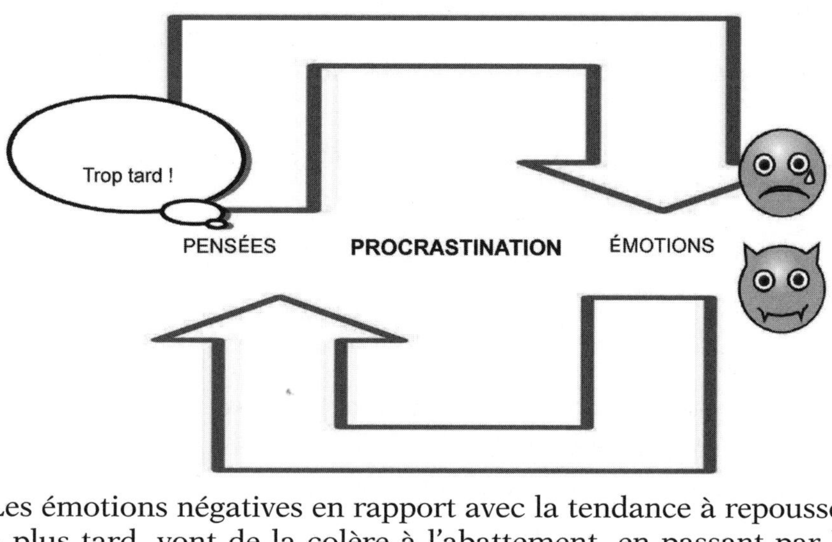

Les émotions négatives en rapport avec la tendance à repousser à plus tard, vont de la colère à l'abattement, en passant par la sensation d'être « nul », « incapable »… C'est un cercle vicieux qui entretient le comportement gênant.

La bonne nouvelle, c'est que nous avons accès à nos pensées, même fugaces. En les « attrapant au vol » et en les remplaçant progressivement par des pensées différentes, nous pouvons débrancher le cercle vicieux et le retourner à notre profit, générant ainsi des émotions positives (« *Ça y est, j'ai réussi à le faire !* », « *Ce n'était pas si terrible, après tout* ») qui donnent envie, à leur tour de continuer à modifier nos vieux comportements.

Des excuses pour se fabriquer des émotions positives à court terme

Parallèlement, nous nous rassurons par un discours intérieur : « *Ce n'est pas urgent* », « *Je suis fatigué, je verrai ça plus tard* », « *Il suffit que je m'y mette et...* », « *Je le ferai quand je serai motivé* », « *Ce n'est pas si grave* », « *Tant pis, maintenant c'est trop tard de toute façon* », etc.

Car en effet, la procrastination est le lieu de prédilection des excuses et des prétextes. Et pour cause : elle entame sérieusement l'estime de soi. Vous vous souvenez ? Tous les engagements pris avec vous-même (ampoules) et non respectés ? Il est donc indispensable, pour conserver une estime de soi raisonnable, de trouver de bonnes raisons pour ne pas avoir réalisé ce qui était prévu. Dans ces cas-là, on fait feu de tout bois : excuses bidon, mensonges à soi et aux autres, superstition...

Dans quelles circonstances « procrastine-t-on » ?

On trouve la procrastination à l'œuvre dans trois domaines principaux : la vie professionnelle, la routine quotidienne, la prise de décision.

Vie professionnelle ou étudiante

Si vous « procrastinez » dans ce domaine, vous :

- démarrez vos révisions au dernier moment ;
- terminez vos dossiers à 23 heures la veille de les rendre ;
- ne mettez pas à jour votre CV ;
- oubliez de vous inscrire aux formations prévues par votre entreprise ;

- ne rappelez pas certaines personnes ;
- ne remplissez pas vos formulaires de notes de frais ;
- ne faites pas savoir que vous recherchez un autre poste ;
- repoussez sans arrêt ce que vous appelez « l'administratif » ;
- etc.

Routines quotidiennes

Si c'est là que vous repoussez volontiers des tâches, vous :

- ne lavez la vaisselle que lorsque l'évier déborde ;
- repoussez les lessives, le repassage, le ménage ;
- ne traitez pas vos papiers administratifs ;
- n'ouvrez pas votre courrier ;
- ne réparez pas ce qui est cassé chez vous ;
- ne rangez pas vos affaires ;
- etc.

Domaine décisionnel

Si vous repoussez les prises de décisions, vous :

- prenez conseil de plusieurs personnes, plusieurs fois de suite, sans jamais réussir à agir ;
- choisissez comme les autres convives, au restaurant ;
- n'avez toujours pas décidé quel papier peint vous voulez pour votre chambre ;
- ne jetez pas les papiers, de peur de ne plus jamais les avoir sous la main ;
- attendez une catastrophe pour vous séparer de votre conjoint ;
- voudriez faire beaucoup de choses… mais quoi ?
- etc.

Une tendance partagée

Nous « procrastinons » tous plus ou moins, dans un domaine ou un autre, avec plus ou moins d'intensité, selon les moments. Sachez-le, en cas de dépression, la tendance à tout repousser à plus tard s'aggrave.

■ Pourquoi « procrastine-t-on » ?

Il y a quatre raisons principales pour lesquelles on repousse ce qui, paradoxalement, souvent nous ferait le plus de bien.

Échapper à quelque chose de désagréable

La raison principale pour laquelle on n'attaque pas bille en tête notre grosse pile de courrier, c'est parce que ça ne nous plaît pas. Ça nous frustre : « *Pendant que je fais ça, je ne fais pas autre chose.* » Ne pas agir évite donc d'être confronté à cette situation désagréable.

■ Vous vous reconnaissez ?

La procrastination peut prendre toute sorte de formes : de l'étudiant qui ne relit pas ses cours parce qu'il pense qu'une simple révision de tout le chapitre la veille suffit largement, à ce jeune célibataire qui attend d'avoir assez d'assiettes et de couverts sales pour que « ça vaille le coup » de faire la vaisselle, à la personne responsable de la gestion du budget de la famille qui conserve tous les tickets de carte bleue dans l'espoir de les pointer mais qui n'a jamais le temps de le faire, à la femme plantureuse qui attend depuis des années de perdre ces satanés kilos pour remettre ses ravissantes tenues d'été (qui occupent toute l'armoire et qu'elle ne porte pas, évidemment)...

Le point commun entre toutes ces personnes : elles repoussent à plus tard, sans jamais réellement décider quand elles passeront à l'acte, ce qu'elles perçoivent comme pénible, inutile, de bas niveau, sans imagination, rébarbatif, désagréable... Certes, intellectuellement, elles savent que ce n'est pas forcément le comportement idéal, mais de là à prendre le problème à bras-le-corps... Il vaut mieux zapper pour l'instant, pensent-elles, on verra ça plus tard, quand... (au choix).

Protéger son estime de soi

Le cas de Christine

Christine reprend des études de psychologie après quelques années de vie active. Elle se voit psychologue dans un cabinet. Sa vie est très pleine par ailleurs et elle a de nombreux centres d'intérêt. Elle reçoit le planning des examens. En personne structurée, elle se fait un magnifique plan de révisions, en couleur, qu'elle affiche au-dessus de son bureau.

Et tous les jours, au lieu d'ouvrir ses cours, elle « fait des recherches » sur Internet. Chaque soir, elle se dit qu'elle s'y mettra demain. Chaque semaine, elle restreint le champ des matières à réviser, en spéculant sur « ce qui risque de tomber ». Jusqu'à ce que, finalement, Christine réalise qu'elle ne peut tout simplement pas se présenter aux partiels. Elle n'a rien révisé.

En réalité, c'est sans doute ce que Christine recherchait sans s'en rendre compte : doutant d'elle-même, dès le début, elle craignait d'être confrontée à son niveau réel. Seules ses notes lui auraient donné une valeur réelle, objective. Mais elle ne voulait pas le savoir, et préférait de beaucoup « s'imaginer en psychologue » plutôt que de connaître sa vraie valeur en tant qu'étudiante en psychologie.

Si, dans ce cas, Christine protège son estime d'elle-même en fuyant une tâche délicate qui pourrait la mettre face à un échec, certains « procrastinateurs » sont maîtres dans l'art de repousser une tâche qui les mènerait à réussir.

On a vu certains lycéens, affolés par l'idée d'être repérés comme « le premier de la classe », repousser au dernier moment puis bâcler un devoir important, juste pour s'éviter une très bonne note : leur popularité en dépendait. On voit aussi des professionnels, croulant sous le travail, ne pas boucler un dossier pour éviter d'obtenir une promotion qui pourrait leur donner des horaires encore plus lourds et leur attirer l'inimitié de leurs anciens collègues.

Résister aux autres

Le cas de Solène

Solène est mère au foyer, par choix. Venant d'une famille nombreuse, très unie et très présente, les rapports humains sont importants pour elle. Bien plus que les tâches domestiques, en tout cas.

Son mari passe de longues heures au travail et en déplacement. Sans être macho, il apprécie tout de même de trouver une chemise repassée le matin avant de partir et quelque chose à manger dans le réfrigérateur le soir, quand il rentre fatigué. Parfois aussi, mais il n'ose l'avouer, il aimerait rentrer chez lui et que ce soit calme : Belle-Maman serait chez elle et non à la cuisine en train de bavarder avec Solène ; les enfants seraient nourris et lavés au lieu de se battre en hurlant dans le salon.

Il lui arrive de reprocher à Solène son « manque d'organisation » et de lâcher : *« Tu n'as pourtant que ça à faire toute la journée. »* Il lui a proposé à plusieurs reprises d'embaucher une femme de ménage, ce que Solène a repoussé avec indignation.

Solène trouve le comportement de son mari « rigide ». Elle sait bien que, si elle a choisi d'élever ses enfants et de tenir sa maison, c'est parce qu'elle n'aime pas qu'on lui dise quoi faire et comment le faire. Elle trouve que ce n'est tout de même pas si grave et que le désordre et l'improvisation donnent « de la vie » à une maison. De toute façon, les gens sont plus importants que les choses, non ?

En réalité, Solène se sert de sa procrastination pour résister à son mari, qui n'apprécie guère sa belle-mère et qui, lorsqu'il est fatigué, ne voit que ce qui ne va pas et refuse de comprendre qu'elle aussi est fatiguée par ses journées trop remplies. Passivement, sans s'opposer frontalement à lui, elle se contente de « ne pas faire ». Aucune raison de lui faire plaisir, pense-t-elle, alors qu'il est si désagréable et hostile.

Quelquefois, le « procrastinateur » n'a pas besoin d'une personne face à lui pour résister. Il résiste simplement à la normalité, à la routine, à la hiérarchie... chaque acte « procrastiné » est une petite rébellion.

Éprouver des sensations fortes

Le cas de Marcel

Marcel est directeur général d'une société qui vient d'être restructurée. Étudiant brillant sans avoir jamais eu à fournir d'effort, il est, depuis des années, régulièrement contacté par des chasseurs de tête. Charmant et très participatif, il a la sensation que son équipe l'apprécie, ce qui est vrai. Cependant, parmi ses collaborateurs directs, jusqu'alors tous masculins, se trouve depuis peu une jeune femme, qui vit seule avec son enfant. Elle ne peut prolonger indéfiniment les réunions tardives ni s'enthousiasmer devant les décisions au dernier moment que leur impose Marcel, qui fonctionne en permanence « dans l'urgence ».

Jusqu'à très récemment, c'est-à-dire jusqu'à ce que son corps lui rappelle qu'il a 48 ans et qu'il a dorénavant besoin de temps pour récupérer, Marcel était persuadé qu'il ne travaillait bien que sous la pression des événements. Son équipe suivait fort bien le rythme, nourrie au mythe du *« Je reste tard signifie que je suis dévoué à mon entreprise »*.

Or sa nouvelle collaboratrice ne peut jouer selon ses règles-là, car elle a des contraintes horaires le soir. Elle tente de le faire comprendre à Marcel, qui la prend rapidement en grippe. Elle lui demande d'anticiper, de planifier, de prévoir, et ça, Marcel, refuse de le faire. En fait, il ne sait pas comment procéder. La procrastination, depuis toujours, lui procure des sensations fortes, un peu comme le toréador qui sent les cornes du taureau passer tout près et qui savoure le soulagement d'avoir encore une fois, grâce à son brio, échappé au pire.

En réalité, Marcel exerce un travail de routine, bien en deçà de ses capacités, et la tendance à tout repousser à plus tard lui fournit le sentiment d'une vie professionnelle plus riche, plus palpitante.

Pourquoi procrastine-t-on ?

Échapper à la frustration

Résister
aux autres

Protéger son estime de soi

Se procurer des sensations fortes

L'estimation du temps

Force est de constater que lorsqu'on est un « procrastinateur » de haut niveau, on n'a tout simplement aucune idée du temps qu'on met à faire les choses. Dès lors, ce qui ne nous plaît pas nous « prend du temps » et ce qui nous amuse ou nous stimule n'est pas comptabilisé dans notre journée. Tout se passe comme si le temps n'était pas une donnée objective : surfer sur le Net, se vautrer devant la télévision, bavarder avec les copains... Difficile de dire combien de temps on y passe.

La loi de Parkinson

La loi de Parkinson est bien connue des gens qui se préoccupent de gestion du temps. Elle dit qu'une tâche prend autant de temps qu'on veut bien lui en attribuer.

Faut-il se mettre sous pression et s'obliger à achever une tâche en dix minutes d'office ? Ou bien, faudrait-il se chronométrer sur tout pour pouvoir attribuer avec précision, sans aucune possibilité d'improviser, un temps pour chaque chose ?

Sans aller jusque-là, il est parfois intéressant de repérer concrètement, avec objectivité, combien de temps nous passons sur un certain type de tâches : celles qu'on « procrastine », justement.

La mauvaise estimation du temps ne génère pas la procrastination, mais elle l'aggrave. Il est donc utile, à titre expérimental, pour voir, juste une fois, de chronométrer la réalité.

Le cas de Cyrille, Marion ou Gwenaël

- Cyrille ne vide pas la messagerie de son portable parce qu'elle n'a pas le temps.
- Marion ne range pas le salon parce que ça lui prendrait trop de temps.
- Gwenaël arrive toujours en retard au travail parce qu'il continue à penser qu'il lui faut vingt minutes pour y aller...

Cyrille effacera un message de son portable (pas tous, ce n'est pas la peine) et regardera combien de temps ça lui a pris. Elle multipliera simplement ce qu'elle a trouvé par le nombre de messages. À elle ensuite, sachant en toute connaissance de cause de quoi il s'agit, d'utiliser ses prochains temps d'attente (médecin, rendez-vous, temps d'allumage de son ordinateur...) pour effacer ses messages. Elle décidera de les effacer tous ou par groupe de cinq, comme elle veut, et se rendra ainsi de nouveau disponible pour ses interlocuteurs.

Marion utilisera le chronomètre de son téléphone portable pour évaluer précisément la quantité de temps nécessaire au rangement du salon. Effet de bord non négligeable, conséquence de la loi de Parkinson : elle ira légèrement plus vite que si elle ne chronométrait pas. Là, elle peut dire : *« Finalement, le rangement ne me prend que douze minutes. Je crois que je peux tout à fait intégrer douze minutes dans mon emploi du temps. »*

Gwenaël choisira un jour de la semaine et chronométrera, en toute honnêteté, le temps qui s'écoule entre le moment où il passe la porte de son domicile et le moment où il est à son bureau. Il découvrira que les déplacements sont soumis à des événements imprévus (éboueurs, incidents...) et que c'est plutôt de trente-cinq minutes qu'il a besoin. Dont acte.

En somme

S'entraîner à estimer le temps, c'est prendre connaissance de la réalité de nos journées par opposition à ce qu'on imagine.

▪ Faut-il être motivé pour agir ?

Combien sommes-nous à nous dire : « *Si j'étais motivé, je le ferais ?* » Comme si la motivation allait nous tomber dessus, comparable à une révélation. Nous passerions alors à l'action, légers et efficaces, sans états d'âme. Le rêve. Eh bien, oui, c'est bien d'un rêve qu'il s'agit. Cela n'existe pas : hélas, la motivation ne vous apparaîtra jamais comme Dieu à Moïse, soudaine et foudroyante.

Il vaudrait mieux, au contraire, imaginer que la motivation est comme l'appétit. Car, selon le dicton populaire, « *l'appétit vient en mangeant* ».

La motivation vient en faisant

Il suffit de démarrer – juste démarrer – une tâche pour que, soutenus par une émotion positive (« *Ça y est, je m'y mets, comme je suis courageux !* ») et un dialogue intérieur encourageant (« *Maintenant que j'ai commencé, je finis* »), suivi de « *Mais ça y est, j'ai fini ! Ce n'était pas si terrible* », nous générions une motivation à continuer, puis finir. Puis recommencer.
Essayez.

Passer du « *Je dois* » au « *Je peux au moins* »

Comment font les gens qui ne « procrastinent » pas (ou peu) ?

Ils réussissent à transformer un discours intérieur qui les entraîne à repousser à plus tard en un discours intérieur qui les rend maîtres de leurs actions.

▪ Un exemple de discours intérieur, enregistré début janvier

« Il faudrait quand même que je les écrive, ces cinquante cartes de vœux. Bof, mais il me reste encore vingt-deux jours, j'ai le temps. Et puis, cette tradition des vœux de fin d'année, c'est barbant et personne ne me répond jamais. En plus, je n'ai plus de timbres, alors... Et puis, pour une fois, tant qu'à le faire, j'aimerais envoyer des cartes un peu originales... et si j'allais en chercher ? Ça tombe bien, j'ai bien mérité un peu de shopping, avec tout ce boulot que j'ai... »

La quantité de cartes de vœux à écrire semble décourageante. On devrait en envoyer mais on n'y croit guère, finalement. Cherchant une motivation, nous percevons l'aspect original et personnalisé des cartes comme une compensation à la corvée. S'y ajoute un obstacle matériel : les timbres. C'est trop. Prenons prétexte d'un achat pour nous livrer à une activité éminemment consolante : le shopping. Voilà une procrastination rondement menée.

- **Ce que cela aurait pu donner**

« D'abord, cette tradition des cartes de vœux, je la trouve sympa ou pas ? Oui, plutôt, car j'aime en recevoir. J'aime aussi mettre un petit mot personnel sur chaque carte, ça me fait penser à la personne. Combien de cartes dois-je envoyer ? Faisons la liste : ah, quand même... cinquante ? Ça me semble beaucoup et je n'ai pas envie de tout faire d'un coup. Par ailleurs, ai-je de quoi les expédier ? Non, il me manque des timbres. Je le note sur ma liste de courses. Je grouperai mes achats. Par contre, en attendant, je vais déjà en écrire cinq ou six, ce sera toujours ça de fait. Ce n'est pas parce que je n'ai pas encore les timbres que je ne peux pas démarrer l'écriture des cartes. »

La tâche « *Écrire les cartes de vœux* » est vécue comme un choix, non comme une contrainte absurde. Nous aurions pu tout aussi bien décider que cette année, non, pas de cartes de vœux. Mais à partir du moment où c'est décidé, parce que c'est conforme à notre vision de nos relations aux autres, nous trouvons que nous avons intérêt à agir. Puis un bref *brainstorming* permet de repérer où ça risque de coincer, et de planifier ce qui doit l'être. Nous nous prenons par la douceur (juste cinq ou six cartes, pas tout le tas) pour avancer tout de même sur ce qu'on a choisi de faire.

Entre ces deux dialogues intérieurs, on est passé du « *Je dois (mais ça m'embête)* » au « *Comme je l'ai décidé, je peux au moins faire..., voyons comment* ».

La puissance des habitudes

Ceux qui « procrastinent » peu sont aussi passés maîtres dans l'art de raccourcir le délai entre la décision et l'action. Comment font-ils ? Ils se créent des habitudes, tout simplement.

Pour aller faire du sport

Imaginons que je souhaite aller deux fois par semaine au club de sport auquel je suis inscrit. Mais, très souvent, il fait froid, je n'ai pas envie de ressortir de chez moi, je suis fatigué, je n'ai plus très envie… Pourtant, les premières fois, j'étais très enthousiaste. Et puis, à chaque fois que j'y vais, j'en ressors délicieusement fatigué et détendu.

Je vais alors tenter de me piéger, gentiment. Je vais prendre l'habitude de laisser mes affaires de sport près de la porte, le matin en partant au travail. Lorsque je rentre, je les vois, forcément. Je n'ai plus qu'à avaler vite fait un en-cas, empoigner mon sac sans me poser de question et… partir au sport. Sinon, c'est très bête d'avoir sorti mon sac le matin et de le ranger le soir sans m'en être servi. Si j'arrive à ancrer cette habitude, je n'aurai plus à me demander interminablement si j'y vais (ou pas), si j'ai envie (ou pas)…

Pour ranger la cuisine

Dans un autre ordre d'idée, imaginons que, bien que j'aime arriver dans une cuisine propre le matin lorsque j'y entre pour prendre mon petit-déjeuner, je n'arrive pas à ranger la veille au soir et à passer le coup d'éponge fatidique sur la table et l'évier.

Je vais alors repérer attentivement la séquence que j'effectue d'habitude juste après le dîner. Ah tiens, ventre plein, je file vers mon ordinateur pour surfer sur Internet ? Tous les soirs ? Mais c'est donc une habitude ! Oui, sauf que ses conséquences ne me conviennent pas. Et si j'essayais d'enchaîner « *dîner – juste le rangement – ordinateur* » pendant quelques jours ? Puis, une fois acquise cette habitude, si je la transformais légèrement en « *dîner – rangement – éponge – ordinateur* » ?

Comme cela, je ne tergiverse pas, je n'éprouve ni frustration (privé d'ordinateur, quelle horreur), ni découragement (la cuisine sale, au réveil, ça me déprime). Je peux toujours me promettre une séance de surf endiablée… après l'épreuve de l'éponge.

Vingt et un jours pour acquérir une habitude

Une habitude quotidienne s'acquiert en vingt et un jours. Après ça, elle est câblée et on ne se pose plus de question. Si on en vient à ne pas la faire, elle nous manque.

Analyser les coûts et les bénéfices

Parfois, pour passer du « *Je dois...* » au « *Je peux au moins...* », une réelle analyse bénéfices/coûts est nécessaire. Voici comment procéder :

Exercice 18 : Quel intérêt à agir comme prévu ?

1. Déterminez avec précision une tâche que vous reportez, après vous être demandé quand, au plus tôt, vous pourriez la réaliser.
   Exemple : *« Trier le contenu de ma sacoche samedi prochain à 11 heures. »* La noter telle quelle en haut d'une page.
2. Tracez deux colonnes sous votre phrase, l'une appelée *Avantages à faire ce qui est prévu*, l'autre *Inconvénients à faire ce qui est prévu.*
3. Listez soigneusement, dans la colonne qui leur correspond, avantages et inconvénients.
   Attention : il ne s'agit pas de noter « en général », les avantages à ranger votre sacoche, mais bien les avantages à le faire au moment prévu.
4. Lorsque vous avez terminé, répartissez 100 points pour attribuer une note, instinctive, à chacune des colonnes, selon que vous sentez que tel argument pèse plus lourd pour vous que tel autre. Exemple : colonne *Avantages* = 60 points, colonne *Inconvénients* = 40 points.

Vos résultats

– Si la colonne *Avantages* pèse plus lourd que l'autre, vous avez maintenant des arguments pour vous convaincre d'agir comme prévu. Si la colonne *Inconvénients* pèse plus lourd, pour vous, c'est qu'il y a plus d'inconvénients à faire qu'à ne pas faire.
  Cela arrive ! Vous preniez peut-être pour de la procrastination ce qui n'était que du bon sens : en réalité, tout bien considéré, vous n'avez pas intérêt à passer à l'action au moment que vous estimiez le meilleur. Conclusion : n'agissez pas.
  Dans le cas contraire, évidemment, vous avez sous les yeux toutes les bonnes raisons de vous y mettre...

Pour la tâche « *Trier le contenu de ma sacoche samedi prochain à 11 heures* », le tableau bénéfices/coûts sera par exemple :

Trier le contenu de ma sacoche samedi prochain à 11 heures ?

Avantages à agir comme prévu	Inconvénients à agir comme prévu
Comme ça, ce sera fait, je n'aurai plus à y penser	Pendant que je ferai ça, je ne ferai pas autre chose
Elle sera plus légère lundi (j'ai mal à l'épaule à force de la porter)	Ça m'embête et ça va me prendre du temps de trier tout ça

.../...

.../...

Avantages à agir comme prévu	Inconvénients à agir comme prévu
Je serai fier de moi, depuis le temps que je reporte...	Ce n'est pas une urgence, de toute façon : je peux le faire à n'importe quel autre moment
Je sens que je serai de bonne humeur après ça : mon week-end commencera bien	Si ça se trouve, samedi matin à 11 heures, j'aurai envie de me détendre
60/100	40/100

Décoder nos pensées et croyances

Derrière notre comportement, se mettent en œuvre, de manière automatique, un certain nombre de distorsions cognitives. Ce sont des sortes de « filtres » que l'on applique à la réalité qui nous entoure, pour lui donner un sens. Ils sont constitués de pensées très rapides, issues de croyances que nous avons acquises au fil du temps.

Voici les six principales :

Le tout ou rien

« Mon bureau est soit nickel soit dans un désordre profond. Mais ce n'est pas la peine de ranger si ce n'est pas pour faire parfait. Et ce n'est pas la peine de commencer si c'est pour s'arrêter en cours de route. »

Il n'y a pas de demi-mesures. On voit bien comment une telle croyance peut encourager la procrastination : à quoi bon commencer si on n'a pas le temps de finir parfaitement ?

La boule de cristal

« Je sais bien comment ça va se passer : je vais me lancer dans un grand rangement et personne ne s'en rendra compte. Ou plutôt, si, les enfants vont encore se moquer de moi : "Alors, maman, tu ranges ?" »

Bref, je sais lire dans l'avenir (étonnant, ce talent). Et il suffit donc que j'imagine un avenir peu attractif pour carrément ne pas commencer la tâche que je voulais faire.

Le catastrophisme

« De toute façon, ça ne sert à rien de ranger, à chaque fois je perds des papiers. Et j'y passe des heures. Et c'est toujours quand je

démarre un truc comme ça qu'il y a un problème. La dernière fois, c'était Jacqueline qui s'était cassé la jambe… »

Effectivement, à quoi bon, si tout est voué à l'échec et amène des catastrophes ?

L'étiquetage

« Moi, j'ai toujours été la bordélique de la famille, la bohème. On disait dans ma famille : "Laure, on ne peut rien lui demander, elle oublie tout. Et ferme la porte de ta chambre, c'est trop le bazar !" *Ça me donnait une personnalité intéressante, on me laissait tranquille. »*

De fait, Laure n'imagine pas qu'elle pourrait très bien fonctionner différemment. Comment pourrait-elle changer, si elle a toujours été comme ça ?

Les exigences tyranniques

Pas celles des autres, les vôtres. Enfin, celles que vous avez si bien intégrées qu'elles font partie de vous. Toutes ces mini-injonctions sur les thèmes de « *Sois parfait* », « *Va vite* », « *Ne gêne pas les gens* », « *Sois gentil et poli* », etc.

À force de vouloir y répondre, vous attendez le moment idéal ou les circonstances idéales, celles qui n'arriveront jamais. Non, votre rapport ne satisfera pas tout le service du premier coup, même si vous invitez vos trois chefs (jamais là) à participer à sa rédaction. Non, vous n'aurez jamais le temps de repasser tout ce qu'il y a dans le coffre à repasser en une seule fois. Non, s'il fait beau, vous ne brûlerez pas plus de calories en courant…

Le perfectionnisme vous entraîne à reporter vos tâches et parfois même à les accomplir dans l'urgence, de manière à avoir une bonne excuse pour faire « moyen ». C'est pourtant aussi une façon de faire les choses dans le stress et de vous gâcher la santé.

Le raisonnement émotionnel

« Ça m'embête. Je n'ai pas envie. Je ne le sens pas. Plus tard, pas maintenant. Je suis fatigué. J'ai mieux à faire. »

Cette distorsion porte le nom de raisonnement émotionnel parce que, sans réfléchir plus avant, on attribue à nos émotions la valeur d'une raison : « *Puisque je n'en ai pas envie, je ne le fais pas.* » Avouons-le, c'est un peu léger, et on le sait très bien. Mais nous sommes tellement programmés pour éviter ce qui nous déplaît...

Comment mettre au défi nos perceptions erronées de la réalité ?

Voici deux techniques qui ont fait leur preuve.

Technique numéro un : trois questions antidistorsions

Si vous vous écoutez penser, parfois, vous constaterez que vous fonctionnez d'après un cocktail de toutes ces distorsions (et peut-être même d'autres encore). De temps à autre, essayez de les noter. Vous verrez assez vite se dessiner un schéma. Devant certaines tâches, vous aurez toujours le même genre de distorsion qui apparaît. Dès que vous aurez mis « la main dessus », si on peut dire, posez-vous ces trois questions :

- cette croyance est-elle toujours vraie ?
- est-elle vraie pour tout le monde ?
- y a-t-il eu un moment où elle ne s'est pas vérifiée ?

Conseils pratiques

Réfléchissez à quelques autocompliments. Ceux-ci vous autoriseraient à faire un travail honnête, digne d'éloge, même s'il était imparfait. Quelques exemples ? *« Ce n'est pas parfait mais c'est déjà bien », « Hier, je n'aurais même pas fait ça », « Quand je pense que je n'y touchais pas avant, et que maintenant j'y arrive ! », « Je n'ai pas fini, c'est vrai, mais au moins, j'ai commencé », « Je ne vais pas très vite, en effet, mais après tout, je débute »*, etc.

Technique numéro deux : un ami qui vous veut du bien

Vous pouvez également imaginer que vous discourez avec un ami cher. Et que vous tentez de l'encourager à passer à l'action, pour son bien. Ça pourrait donner, par exemple :

« Oh, cette pile de papier, je n'ai pas envie de m'en occuper maintenant : ça m'embête !

- Je te comprends. Il y en a beaucoup, c'est vrai. Mais justement, comme il y en a beaucoup, ne pourrais-tu pas ne faire que les dix premiers, par exemple ?
- Non, je ne veux même pas en entendre parler. Dix, c'est encore trop. Et cinq, ce n'est pas la peine, ce n'est pas ça qui fera descendre mon tas.
- Souviens-toi, ce tas n'est pas arrivé en quelques minutes. Alors, ne t'attends pas à ce qu'il disparaisse en quelques minutes. En revanche, en cinq minutes, combien de papiers pourrais-tu trier ?
- Je n'en sais rien... quinze peut-être ? Ça dépend.
- Veux-tu essayer de voir combien de papiers tu peux traiter en cinq minutes ? Et au bout de cinq minutes, promis, tu t'arrêtes et tu surfes sur Internet, d'accord ?
- OK. Je m'y mets pendant cinq minutes, pas une de plus. »

Pensez à adapter votre discours à votre « ami ». Tous les arguments ne font pas mouche.

Attention

Trop souvent les « procrastinateurs », habitués qu'ils sont à attendre les contraintes extérieures (demandes, urgences, date limite) pour passer à l'action, ont tendance à penser qu'un bon coup de pied aux fesses suffit pour les motiver. C'est faux, évidemment. On n'attrape pas les mouches avec du vinaigre. À méditer pour ceux d'entre vous qui travaillent ou vivent avec un procrastinateur...

Les outils antiprocrastination

Le plus célèbre : le plan de cinq minutes

C'est celui qui est illustré dans le dialogue ci-dessus. En somme, placé devant une tâche rébarbative, de quelque nature que ce soit, il faut reconnaître qu'on peut toujours y accorder cinq minutes. Un rangement de bureau, un tri d'armoire, du repassage, du tri de photos... tout peut être attaqué (on n'a pas dit fini) en cinq minutes.

Usez et abusez d'un chronomètre et faites-vous le plaisir d'arrêter au bout de cinq minutes, lorsqu'il sonne... ou de continuer si vous êtes bien parti ! Mais c'est au choix, et ça change tout.

Oubliez les longues après-midi de corvées « ménagéro-administratives », démarrées à grand effort, en ronchonnant et qui vous font rater des tas de choses plus intéressantes. Remplacez-les par *« cinq minutes de ci, cinq minutes de ça »* et tout avancera lentement mais sûrement.

C'est le premier pas qui coûte, dit-on. Alors franchissons-le de façon amusante, avec un minuteur.

Pour une tâche spécifique bien connue sous le nom de *« grand blitz de rangement »*, référez-vous au chapitre concerné qui traite de la technique *Trois cartons, un sac*.

Le plus honnête : la clé au bras

Pas question de se livrer à un combat de catch, pour cet outil, mais il y est question d'honnêteté. Passant et repassant plusieurs fois devant ce tas de courrier posé dans l'entrée, vous vous dites : *« Tiens, il faudra que je m'en occupe... »* et puis... il ne se passe rien.

La clé au bras consiste à se laisser procrastiner deux ou trois fois et à s'attraper (mentalement, évidemment) la quatrième fois : *« J'ai bien compris que ça ne te tentait pas. Mais tu sais bien que si tu ne t'en occupes pas, ça va s'accumuler et tu vas encore y passer ton samedi. Quand vas-tu t'en occuper ? Non, pas "plus tard", mais quand au juste ? »*, jusqu'à ce que vous ayez réussi à prendre un engagement ferme avec vous-même sur un moment précis auquel vous allez traiter ce fichu courrier. Notez-le, cet engagement, si vous craignez de ne plus y penser... et faites-le. Là encore comme c'est vous qui aurez décidé, il y a plus de chances, on l'espère, que vous agissiez comme prévu.

Conseils pratiques

Beaucoup de « procrastinateurs » peu disciplinés se fabriquent une clé au bras particulièrement efficace : ils s'engagent auprès de quelqu'un qui compte sur eux, ou qu'ils estiment assez pour leur offrir le meilleur.

Vous avez sûrement dans votre entourage une de ces filles qui reçoivent régulièrement des amis chez elles, non seulement parce qu'elles aiment ça mais aussi parce que ça les oblige à ranger toute leur maison pour l'occasion. Ou un monsieur qui déclare à tout le service qu'il se met au sport et qui se sent obligé d'en apporter la preuve régulière, ne serait-ce qu'en partant du bureau à petites foulées...

> Dire à quelqu'un qu'on va faire quelque chose, en précisant la cadence ou la date limite, c'est un moyen efficace, également, de se faire une clé au bras et d'arrêter de reporter, même si c'est par pure fierté !

Le plus rusé : le microenvironnement

Vous vous souvenez des cartes de vœux ? Imaginons maintenant que vous soyez presque prêt à les rédiger à cet instant… et là, mince ! Plus de timbres. Sans parler du fait que les enfants ont encore chipé les seuls stylos qui marchaient… bref, impossible de passer à l'action.

Se créer un microenvironnement, c'est regrouper (avant même de penser à la tâche à accomplir), tout ce dont on risque d'avoir besoin (planification). Une corbeille avec des stylos qui marchent, des timbres, des enveloppes. Un ensemble de produits ménagers dans la salle de bains *et* dans la cuisine, etc. Ainsi, si et quand vous êtes prêt, il n'y a aucun obstacle sur votre route. Vous pouvez faire ce que vous avez décidé.

Le plus personnel : les signaux

Agnès est accro à l'ordinateur. Dès qu'elle arrive au bureau, elle l'allume, se lance dans la lecture de ses e-mails, y répond… et y passe la journée. Dans le même temps, sur le sol, cachée à la vue des visiteurs, monte une pile inquiétante de courrier, qu'Agnès se promet bien d'attaquer tous les jours… sans avoir le temps (ni l'envie) de le faire. Elle a bien repéré que sa première habitude du matin lui cause problème. Mais elle ne sait pas comment faire.

En y réfléchissant, elle décide qu'elle va utiliser un Post-it®, noter NON en gros, dessus, et le coller sur son ordinateur, près du bouton marche-arrêt. Et ça fonctionne ! Le matin, lorsqu'elle arrive, elle se penche pour allumer son ordinateur et tombe sur son signal. Ça la fait sourire et elle ouvre la première lettre de son tas de courrier.

Le plus intellectuel : le compte à rebours réaliste

Tous les « procrastinateurs » mémorisent magnifiquement les dates limites. Et même s'ils tentent souvent de les éviter, la présence du couperet ne les quitte pas. Cependant, ce qu'ils éprouvent la plus grande difficulté à faire, c'est de procéder à un compte à rebours réaliste. Autrement dit, si la date limite est le 15 avril, *quand puis-je commencer au plus tôt ?* En effet, ils confondent date limite et date-à-laquelle-je-m'y-mets. Ou heure d'arrivée et heure de départ. Concentrés sur la date limite ou affolés par la complexité de la tâche, ils en oublient qu'on peut très bien distinguer la réflexion et l'action.

Conseils pratiques

Comme expliqué dans la première partie de ce guide, plus vous anticipez et planifiez, plus les différentes actions se mettent en place souplement, sans accroc.

Donc, si date limite il y a, réfléchissez tout de suite à ce qu'il vous faut (ressources), ce que vous pouvez déléguer, et à ce que sont les Plus Petites Prochaines Actions. Notez sur votre agenda les dates clés (pour vous et les autres) et lancez-vous.

Le plus gourmand : le saucisson d'éléphant

On dit que si on veut manger un éléphant, on n'a pas le choix : on ne peut le manger que petit bout par petit bout. Vu de loin, beaucoup de choses ressemblent à un éléphant. Tout projet, absolument tout, peut être décomposé en tranches découpées et « savourées » l'une après l'autre.

On n'a jamais dit qu'il fallait ranger tout son *dressing* en une fois. En revanche, une seule étagère rangée, c'est déjà bien, quand on sait qu'hier vous ne vouliez même pas commencer. On n'a jamais dit qu'un enfant devait ranger sa chambre parfaitement et en une seule fois, vite de surcroît. Par contre, pourquoi ne pas l'aider en lui suggérant de ranger d'abord les livres, puis de jouer un petit peu. Ensuite, de ranger les Playmove, puis de goûter. Enfin les vêtements... puis d'aller prendre sa douche.

Coupez donc vos saucissons d'éléphant en tranches et démarrez la dégustation !

Conseils pratiques

Les Plus Petites Prochaines Actions (3PA), l'agenda, la planification, l'anticipation, la liste d'actions, la simplification des classements sont des attitudes ou des techniques propres à diminuer la procrastination.

Si ce comportement vous gêne :

- commencez par en prendre conscience ;
- repérez quels types de tâches vous repoussez le plus souvent ;
- notez ce que vous vous dites pour justifier que vous reportiez. Ce sont vos distorsions cognitives qui se manifestent ;
- vous pouvez aussi noter les émotions que vous ressentez. Elles signalent sans coup férir que vous êtes en train de reporter ;
- défiez gentiment vos pensées automatiques ;
- repérez le ou les outils qui vous semblent appropriés (ou qui vous plaisent le plus) ;
- expérimentez. Selon les caractères et les circonstances, l'une ou l'autre méthode sera plus efficace. Vous n'avez rien à perdre à essayer et beaucoup à gagner.

Retardataires et étourdis : la procrastination au carré

Que vous soyez étourdi ou toujours en retard, vous vous classez souvent dans la catégorie de ceux qui ont une étrange perception du temps.

Le retardataire est persuadé qu'il mettra vingt minutes pour aller en cours. Il ne compte pas le temps pour descendre les dix étages en ascenseur, la forte probabilité de rater un bus ou de tomber dans un embouteillage, et il se prend pour un coureur olympique…

L'étourdi, le nez dans son dossier – *« déjà 1 h 30 ! »* –, oublie joyeusement son engagement auprès de X ou Y. Ou, dans ses pensées sur son prochain rendez-vous, il ne croit pas nécessaire de faire rapidement le tour des dossiers à emporter avant de claquer la porte.

Votre perception du temps et de ce que vous en faites

Quand une personne constamment dans le rouge vient voir un conseiller financier pour la première fois, elle lui demande les informations nécessaires pour constituer un budget. Le conseiller se propose de faire correspondre ses ressources (revenus, épargne) à ses dépenses (charges diverses). On additionne alors les ressources, et on fait le bilan des dépenses des derniers mois pour voir comment les modifier.

Exercice 19 : Faites le bilan de votre temps

Le principe du bilan, déjà bien efficace pour prendre conscience de ses dépenses financières, est très intéressant à faire avec son temps. Les ressources sont les mêmes pour tous : vingt-quatre heures par jour, comportant chacune soixante minutes. Tentez pendant une journée, ou même une demi-journée, de noter vos occupations tous les quarts d'heure ou toutes les demi-heures.

Vous allez vraisemblablement faire des découvertes. Les « mangeurs » de temps, comme la télévision, Internet, le téléphone, envahissent plus souvent votre espace-temps que vous l'imaginez. Que de temps passé... parfois sans résultat et sans bien-être. Car la question est là : franchement, obtenez-vous quelque chose, au moins un plaisir quelconque, à rester éveillé pour regarder certaines émissions tard dans la nuit ? Passer une heure au téléphone avec votre belle-mère vous apporte-t-il une quelconque rétribution ou satisfaction ? Si oui, libre à vous de continuer. Sinon, réfléchissez. Certaines habitudes ne sont pas si difficiles à perdre et en valent la peine. Tentez juste une semaine sans télé pour voir...

Variante : Faites un bilan heure par heure

Toutes les heures, notez ce que vous prévoyez de faire dans l'heure suivante, puis ce que vous avez fait durant l'heure précédente, à l'intérieur d'un tableau en deux colonnes (Ce que je vais faire/Ce que j'ai fait). Aïe ! Vous voyez comment vous évitez soigneusement telle ou telle tâche ? Comment vous avez tendance à privilégier systématiquement tel type de tâche par rapport à tel autre ?

Au secours, je suis horriblement étourdi !

Vous vous reconnaissez ?

- Vous vous rappelez en bas de chez vous que vous avez oublié le dossier CherClient pour votre rendez-vous de 9 heures.
- Vous avez laissé une fois votre bébé à l'école dans sa poussette en allant chercher l'aîné (parce qu'une voisine vous avait apostrophé dans le hall).
- Vous étiez sûre, hier, que c'était jeudi, et vous avez oublié la réunion de vendredi.

On en passe et des meilleures. Pierre Richard est votre star...

L'étourderie, c'est une sorte de mémoire sélective : les étourdis se rappellent parfois très bien leurs cours de physique de 4e, mais pas ce qu'ils doivent absolument acheter pour le repas de ce soir. Certains étourdis sont d'une rigueur implacable au bureau et ne laissent échapper aucune toute petite erreur, mais sont capables de partir de chez eux le matin en pantoufles ou de monter en voiture avec le sac-poubelle à la main !

L'étourderie, c'est aussi, paradoxalement, le résultat d'une trop forte concentration : le nez dans le dossier CherClient, vous oubliez simplement de vous interrompre pour appeler Sacré-Collègue à l'heure prévue, parce que vous êtes trop concentré sur votre tâche.

C'est parfois la conséquence d'un stress très important, quelquefois même d'un trouble de l'attention, mais souvent aussi une caractéristique personnelle avec laquelle il faut se débrouiller...

Quelques pistes...

Tout noter

Partez du principe que vous risquez fort d'oublier : notez tout. Notre méthode est pour cela un système idéal, elle vous indique comment vider votre cerveau de toute préoccupation inutile, en prenant des notes et en laissant des traces là où on souhaite les retrouver. Pour vous y fier aveuglément, vous devez TOUT noter.

Mettre en place des rituels

Comme nous vous l'avons indiqué, les tâches récurrentes s'accommodent très bien de rituels et d'habitudes. Au bout d'un mois pendant lequel vous vous serez forcé à vous habiller des pieds à la tête dès la sortie de la douche, c'est votre corps qui réclamera les chaussures à la sortie de la salle de bains, et du coup, plus de risque de sortir en pantoufles !

Provoquer votre mémoire

Vous pouvez, comme nous l'avons fait en vous proposant une liste de déclencheurs d'ampoules, en début de livre, jouer à provoquer votre mémoire. Par exemple, vous avez déjà sûrement posé un sac à emporter le lendemain matin juste devant la porte d'entrée. Si vous êtes obligée de le déplacer, vous êtes obligée de le voir, et vous avez peu de chance de l'oublier. Prenez soin, cependant, de poser l'objet dans un endroit où il fait suffisamment de « bruit visuel » (ou il fait « tache ») ou bien où il vous gêne réellement (pour appeler l'action immédiate).

Vous faire envoyer des rappels

Utilisez les moyens modernes pour vous prévenir de ne pas oublier certaines choses : envoyez-vous ou faites-vous envoyer des e-mails, si vous les consultez régulièrement ; programmez l'alarme de votre portable (avec la fonction agenda, on peut en fixer plusieurs à la fois) ou de votre assistant électronique ; branchez des réveils ; installez un chronomètre sur votre ordinateur ; faites bipper votre montre... Les plus étourdis prennent quelques minutes chaque soir pour « programmer » tous leurs rendez-vous à heures fixes sur leur portable... Privilégiez les moyens qui permettent de noter une indication, pour savoir immédiatement pourquoi vous êtes « bippé ».

■ Attention

Méfiez-vous des petits mots fluorescents, ils finissent parfois par faire partie du décor. Imaginez que votre réveil sonne toute la nuit... Au bout d'un moment, vous vous endormiriez épuisé de fatigue et il ne vous réveillerait pas. C'est pareil pour ce Post-it® fixé depuis trois jours à votre écran d'ordinateur : s'il ne vous empêche pas de vous concentrer sur autre chose (s'il n'est pas au milieu de l'écran que vous lisez...), il pourrait aussi bien être transparent... il correspond à un « bruit de fond ». Dommage pour ce coup de fil que vous devez absolument passer à Josiane à 17 h 30.

Comme toujours, assurez-vous que l'information en question vous reviendra au moment où vous en aurez besoin. Pas trop avant, au risque de vous déconcentrer sur la tâche en cours. Mais pas après non plus. Cela signifie que l'alarme « *Ne pas oublier : dossier MonClient et carte identité pour RV* » doit être fixée quelques minutes avant le départ prévu pour le rendez-vous, en tenant compte du temps nécessaire pour retrouver le fameux dossier.

Partie III

Trouvez votre meilleur profil

Dans cette partie, vous ferez connaissance avec des personnes correspondant à des profils spécifiques : étudiant, travailleur à domicile, cadre, fou de technologie, retraité. Cependant, nous vous recommandons de parcourir l'ensemble des profils, pour trouver des réponses à toutes les questions d'organisation que vous rencontrez. Au besoin, consultez l'index thématique de ce guide.

Chapitre 11

Vous êtes étudiant

Les études supérieures, ou même les années de lycée, semblent toujours un merveilleux souvenir pour ceux qui les ont terminées... Cependant, les questions d'organisation, dans cette période de la vie, sont tout simplement fondamentales car, mine de rien, la durée des études est souvent limitée (par les moyens financiers, par les règlements scolaires et universitaires) pour obtenir les examens. À côté de ça, la plupart des étudiants ont besoin d'une vie sociale riche, sans parler de ceux qui doivent travailler pour payer leur loyer. Nous vous présentons Juliette, étudiante en histoire, qui partage avec nous ses techniques d'organisation.

Les avantages de la situation

- Une partie des objectifs est toute trouvée : réussir ses examens pour obtenir un diplôme et trouver un emploi correct ensuite.
- En général, pas d'enfants, donc moins de contraintes à la maison.
- Parfois la possibilité de vivre encore chez ses parents, même s'ils commencent (enfin) à réclamer qu'on participe à la gestion de la maison.
- Souvent la possibilité de gérer son temps et d'avoir ses propres horaires, hormis quand les horaires de cours sont lourds.

Les obstacles à l'organisation

- La difficulté à se motiver sur certaines matières obligatoires mais qui ne rentrent pas pleinement dans nos projets d'avenir.
- Les tentations extérieures : soirées, discussions, activités culturelles variées...
- Des moyens financiers limités.
- Un espace restreint (que ce soit une chambre chez les parents ou une studette, ça ne vaudra jamais un bureau bien équipé).
- Des horaires de cours parfois mal adaptés (emplois du temps « gruyère », cours à l'aube quand on est plutôt du soir, et inversement...).

Les outils favoris

Le point hebdomadaire

Julia fait son point hebdomadaire le dimanche matin, pour la simple raison que :

- c'est en fin de semaine, et ça lui permet de faire un bilan ;
- s'il y a des urgences à boucler avant lundi, une bonne partie d'entre elles pourront l'être dans la journée, souvent calme, à venir...

En effet, la semaine des étudiants fait sept jours, et le dimanche est rarement celui où on travaille le moins.

Témoignage

« Tous les dimanches de l'année universitaire, je démarre ma journée un peu de la même manière.

– Au réveil, un énorme petit déjeuner brunch pour me remettre en forme après la fête de la veille au soir (souvent !), en lisant le journal.

– Je m'installe dans un endroit calme, sans tentations. Je passe vingt à trente minutes à revoir mon agenda et mes listes. Je fais mentalement la liste des choses à faire dans la semaine. Éventuellement, si nécessaire, j'en planifie certaines pour un jour précis. Et je me prépare un programme de travail pour la journée.

– Je me vide la tête par écrit et je prépare le programme du lundi. »

L'agenda de texte

La vie d'étudiant est pleine de dates limites. À part ça, l'emploi du temps est relativement régulier. Donc Julia utilise un agenda de textes avec une page par jour, où elle inscrit les devoirs à la date où ils doivent être rendus dans un grand espace *libre* et ses rendez-vous dans le petit cadre *Horaires*. Bien sûr, en début d'agenda figure son emploi du temps. Pour être sûre de ne pas oublier un devoir à rendre, Julia revoit son agenda tous les soirs, lors de son point quotidien.

L'agenda de Julia : à chaque jour sa page

Le cahier à spirales

Pour sa liste de Plus Petites Prochaines Actions (3PA), elle utilise un cahier à spirales tout simple, où elle note et code les tâches au fur et à mesure. Comme elle note ses devoirs à rendre (ceux qui ont une date limite) dans son agenda, ils ne figurent pas sur sa liste 3PA. Ce qui y figure, ce sont les 3PA associées à certains travaux et à sa vie privée. Sa liste 3PA est codée : O pour ordinateur, M pour maison, B pour bibliothèque, C pour courses.

Le classeur-trieur

Comme Julia prend ses notes sur des feuilles volantes, elle a choisi de transporter partout un classeur-trieur. C'est moins lourd que d'avoir un cahier par matière, comme certains de ses camarades, mais ça demande un peu de discipline, pour le vider chaque soir et reclasser tous les documents à leur place. Elle sépare ses cours par matière, et garde un espace pour les documents qui lui serviront dans la journée, à l'extérieur (par exemple, pour un jour donné : cours de droit des contrats à revoir, plan de l'exposé d'économie du développement, exercices d'anglais). Un autre espace est prévu pour recevoir ses « documents ampoules ». En somme, tous ses papiers sont réunis et classés.

Le sac

L'étudiant est un ouvrier itinérant. Julia a donc besoin d'un sac solide et pratique. Certains étudiants utilisent même une poche désignée du sac comme « boîte à ampoules » quand ils reçoivent de nombreux documents chaque jour.

Le point semestriel

En plus des points quotidiens et hebdomadaires, Julia effectue un point à la fin du premier semestre et à la fin de l'année universitaire pour se fixer des objectifs. À la moitié de l'année, elle établit un bilan de ses notes et repère ses faiblesses pour travailler dessus au second semestre. À la fin de l'année, elle fait un bilan de ses examens et élabore un programme de révision pour les vacances, surtout si elle a des examens à repasser en septembre. Évidemment, elle ne se fixe pas uniquement des « objectifs de note » mais a aussi des « objectifs de compétence » : être capable de mener une conversation en anglais lors d'un entretien de motivation, faire la différence entre les différents contrats de travail, découvrir un nouveau métier à travers un exposé…

La gestion de projets

Les étudiants ont, la plupart du temps, deux types de projets principaux : les travaux de recherche à présenter en groupe et les révisions d'examen.

▪ À noter

Pour organiser voyages et fêtes, voir les fiches pratiques en partie IV.

▪ L'exposé

Les travaux de recherche sont à préparer et présenter parfois en groupe, parfois individuellement. Certains sont présentés oralement, d'autres par écrit. Julia porte une attention particulière à l'organisation du travail à préparer en groupe et à présenter par oral.

Un tel projet nécessite une bonne réflexion préalable, d'une part pour la composition et le plan de la présentation et, d'autre part, pour l'organisation de sa mise en œuvre. On peut donc fonctionner de deux manières : soit grâce à une carte heuristique, soit avec un plan associé à des délais.

Prendre connaissance du sujet

Dans un premier temps, sujet en main, l'équipe se documente pour prendre connaissance du sujet et développer un plan. On peut utiliser tout de suite une carte heuristique pour consigner le plan, en mettant une grande branche pour chaque partie.

Se répartir les tâches

On développera ensuite chaque branche pour préciser qui en sera chargé, quelles seront les tâches associées. Exemple : « *Rechercher dans l'encyclopédie X* », puis le lieu de recherche possible ; ou bien « *Contacter Mélanie pour son dossier sur ceci* », puis son e-mail et son numéro de téléphone).

D'autres étudiants, plus académiques, écriront le plan (le plus souvent sur une feuille de traitement de texte), et lui ajouteront le planning du travail sous la forme d'un tableau, ainsi :

Exposé sur le Machin, à présenter le 30 janvier

Parties	Plan	Responsables	Composition	Recherche	Date
Titre de la première partie	Machin, qui es-tu ?	Angèle	Définition du Machin Historique de cela Chronologie de ceci	Encyclopédie en ligne Le machin en 100 leçons	10 janvier
	Machin : un exemple	Julia	Exemple de machin dans la Roumanie du XIVe siècle	Livre : *La Roumanie du XIVe siècle : le machin*, Éditions Je sais tout	15 janvier
	Machin, pourquoi es-tu toujours là ?	Julia	Pourquoi le machin continue de se développer. Remise en perspective dans la France d'aujourd'hui	Recherche dans la presse nationale (site : www.pressenat.fr)	15 janvier
Titre de la deuxième partie	Titre 1re sous-partie	Angèle	Le Machin aujourd'hui : témoignage	Lancer appel à témoins sur forum « Machin-com » sur Internet	20 janvier
	Titre 2e sous-partie	Julia	Analyse du témoignage	Travailler avec le manuel *Machin en 100 leçons*	25 janvier

Dans certains cas, le travail de Julia dépendra de celui d'Angèle. Ainsi, Julia doit disposer du témoignage, recueilli par Angèle, pour l'analyser correctement.

Une fois les tâches partagées (ou déterminées s'il s'agit d'un projet en solitaire), il est simple de les traiter. La tâche qui dépend du retour de quelqu'un figurera dans la liste *En attente de*. Les autres tâches, morcelées en 3PA, sont incluses dans la liste 3PA ou sur l'agenda, à la date prévue. Si certains ouvrages ne sont disponibles qu'à la bibliothèque, il faudra disposer des horaires d'ouverture de celle-ci pour repérer rapidement les moments où on pourra consulter tel ou tel ouvrage.

■ **Exemple de listes de Julia pour son exposé**

Liste 3PA

- Aller à la bibliothèque pour emprunter *La Roumanie du XIVe siècle : le machin* et *Machin en 100 leçons*.
- Rédiger la partie *Machin : un exemple*.
- Rechercher sur Internet (*pressenat.fr*) sur « le machin dans la France d'aujourd'hui ».
- Rédiger *Machin, pourquoi es-tu toujours là ?*, première partie.
- Rédiger *Machin, pourquoi es-tu toujours là ?*, deuxième partie.

Liste *En attente de*

- Témoignage sur le machin par Angèle → analyse du témoignage.

À chaque point, notamment au point hebdomadaire, Julia vérifiera l'avancement de ce projet, et éventuellement déterminera une nouvelle 3PA pour qu'il se poursuive.

S'il est nécessaire de se réunir régulièrement pour faire le point sur le projet, voire pour répéter la présentation, Julia fixe les dates de réunion à l'avance, car elles serviront souvent de dates butoirs. C'est souvent ce qu'il manque aux projets individuels, motivant ainsi une procrastination dommageable à la qualité du travail.

Conseils pratiques

Pour un travail en solitaire de longue haleine (mémoire, thèse), se fixer des points bilans (à noter dans l'agenda) aide à se motiver. Et pourquoi ne pas s'offrir parfois une récompense si les objectifs ont été atteints ?

Quand elle travaille en groupe, Julia est disciplinée. Une réunion de travail est une réunion de travail, et pas l'occasion de discuter de la pluie et du beau temps. Julia n'en prévoit que lorsque c'est vraiment nécessaire, et la prépare avec soin. L'équipe fixe une durée et un programme pour cette réunion (voir fiche pratique *Organiser une réunion*), et se promet une récompense après, si besoin : souvent un petit « chocolat-potins » à la cafétéria. À moins que le travail ou le professeur ne l'exige, elle évite de travailler à plus de deux personnes.

Les examens

Le projet *Examen* est vraiment un objectif de moyen terme qui doit être traité comme tel. Dans un premier temps, Julia doit déterminer précisément cet objectif. Selon son niveau en début d'année, elle peut viser pour l'examen une fourchette de notes qui lui permettra, associée aux notes des autres examens, d'obtenir son passage en classe supérieure ou son diplôme, son concours, avec la mention envisagée : « *Pour obtenir mon diplôme d'histoire contemporaine avec la mention Assez Bien, j'ai entre 11 et 14 à mon examen de sociologie.* »

Attention

Beaucoup d'étudiants, même consciencieux, se contentent de se fixer un objectif de note, et de travailler en obéissant aux directives des professeurs, mais sans zèle. Il manque une étape : l'objectif d'action.

Dans une deuxième étape, Julia détermine l'étendue du programme à étudier, s'informe sur les exercices demandés à l'examen, et sur les critères de notation. Partant de son niveau dans la matière, elle sait ainsi ce qui lui manque pour atteindre le résultat désiré : de l'entraînement ou de la méthode sur tel exercice, des connaissances sur tel sujet ou des progrès sur tel aspect de son travail... Et c'est ainsi qu'elle peut traduire en objectif d'action son objectif de note, trop abstrait.

Exemple d'objectif d'action

Pour Julia, l'objectif « *obtenir entre 11 et 14 à mon examen de sociologie* » se traduit en :

- reprendre les cours le soir même pour mettre en valeur les notions importantes et compléter si besoin ;
- rendre tous les devoirs demandés par le professeur de sociologie ;
- à chaque période de vacances, s'entraîner à rédiger une dissertation (sujets des années précédentes) ;
- mettre en fiche tous les cours à chaque période de vacances.

Dans tous les cas, les révisions d'examen se composent principalement d'entraînements : on revoit ses cours, et on les met en application à travers différents exercices. Ainsi, pour son examen de sociologie, Julia va partager le programme de l'année en autant de semaines disponibles (en laissant une bonne marge d'environ deux semaines par semestre, pour tenir compte des événements impondérables).

En réalisant ce plan de travail, elle tient bien sûr compte du fait que, tout au long de l'année, elle a du travail à rendre à ses professeurs sur les différentes matières. Heureusement, ces travaux lui permettent également de revoir ses cours (et de s'en imprégner), ainsi que de s'entraîner.

Révisions d'histoire

Mois	Partie du programme à réviser	Exercices
Septembre	Demander au professeur des informations sur les épreuves	
Octobre	Faire les fiches : *La Seconde Guerre mondiale* (chapitres 1 à 6)	Étude de documents annales p. 17 ; Composition annales p. 45
Novembre	Faire les fiches : *La France de Vichy* (chapitres 7 à 9) ; *Le Bilan humain et matériel de la guerre* (chapitres 10 à 12)	Étude de doc. livre p. 30 ; Compo. annales p. 48
Décembre	Faire les fiches : *Le Bilan de la guerre pour la France et le monde* (chapitres 13 à 15) ; *Transformations économiques et sociales depuis 1945* (chapitres 16 à 19)	Étude de doc. livre d'exos p. 30 ; Compo. livre p. 51
Janvier	Faire les fiches : *La Guerre froide* (chapitres 20 à 25)	Étude de doc. annales p. 60 ; Compo. annales p. 45
Février	Faire les fiches : *Les Relations internationales de 1945 à 1973* (chapitres 26 à 28) ; *Deux Grands Modèles et leur évolution* (chapitres 29 et 30)	Étude de doc. livre p. 62 ; Compo. sujet de l'an dernier.

…/…

.../...

Mois	Partie du programme à réviser	Exercices
Mars	Faire les fiches : *L'Émancipation des peuples dépendants et l'émergence du Tiers-Monde* (chapitres 31 à 34). Revoir fiches chapitres 1 à 15	Compo. annales p. 100
Avril	Faire les fiches : *L'Évolution de la société française depuis 1945* (chapitres 35 à 38) ; *La Ve République et de Gaulle* (chapitres 39 et 40). Revoir fiches chapitres 16 à 30	Étude de doc. sujet de l'an dernier ; Compo. annales p. 32
Mai	Faire les fiches : *La France depuis de Gaulle* (chapitres 41 à 47). Revoir fiches chapitres 31 à 47	Étude de doc. annales p. 110 ; Compo annales p. 50
Juin	Revoir les fiches	Entraînement sur mon type de sujet préféré

Pendant les périodes consacrées aux révisions, Julia prévoit bien sûr des moments de détente. Se « farcir la tête » de connaissances n'aura l'effet escompté que si elle est suffisamment en forme et motivée pour apprendre... et pour cela, la détente et le repos sont des nécessités.

Un système de classement

Julia travaille à la maison et en dehors de la maison (à l'université, à la bibliothèque...). Cependant, le plus gros de sa documentation personnelle est chez elle, dans un espace limité. Comme elle ne vit plus chez ses parents, elle doit stocker des documents qui n'ont pas trait à ses études. Elle sépare donc, normalement, la documentation pour ses études de son classement administratif et personnel.

D'un côté, donc, elle a un classement par matière. Dans chaque range-revues (un par matière), elle a plusieurs dossiers. Par exemple, en droit des contrats, elle a son cours (avec le manuel), puis un dossier reprenant tous les travaux réalisés en travaux dirigés (TD). Ils représentent donc sa réserve, qu'elle ressortira au moment des révisions. Sur son bureau, elle dispose les cours qu'elle n'a pas encore mis en fiche ou sur lesquels elle doit agir : exercices, exposés à terminer, etc. Ils sont pour l'instant dans des chemises toutes simples : ce sont ses projets.

Une fois l'examen passé, elle trie rapidement les documents et les classe dans des boîtes d'archives à ranger dans l'étagère au-dessus des toilettes. Tous les ans, elle refait le tour de ces boîtes pour voir ce qu'il faut vraiment garder.

Par ailleurs, sur une autre étagère ou dans un classeur spécial, elle range les documents en rapport avec sa colocation, son inscription à la fac, son abonnement de bus, et bien sûr un tas de documents sur ses envies (bonnes adresses de restos, bons plans fringues, etc.). La plupart de ces dossiers rentrent dans la catégorie *Réserve*.

Les bons plans de l'étudiant

Maître de son temps

Parmi l'ensemble de nos profils, les étudiants sont ceux qui ont, en général, le plus de maîtrise sur leur emploi du temps. À eux de mettre à profit cette chance en choisissant les moments adéquats pour l'étude et pour la détente.

Si vous savez que vous étudiez mieux, mémorisez mieux, réfléchissez mieux le matin, et que vous vous évertuez à reporter votre travail scolaire en soirée, non seulement vous risquez de vous épuiser, mais vous perdez du temps. En général, les périodes favorables au travail intellectuel se situent autour de 10 heures et de 17 heures, mais certaines personnes sont tout à fait alertes à 6 h 30, le matin.

> **Exercice 20 : Déterminez votre « moment phare »**
>
> Pour déterminer votre « moment phare » de la journée, essayez de faire un jeu de sudoku ou de mots-croisés de votre niveau à plusieurs moments de la journée. Si vous battez votre record, c'est un moment phare. Si aucune inspiration ne vient, vous pouvez parier que vous aurez du mal à vous mettre au travail à cette heure-là.

Prévoyez des marges

Vous devez resté motivé dans votre travail. Si un petit imprévu vient bouleverser votre plan de révision, vous risquez de baisser la garde. Choisissez plutôt de prévoir une marge et de vous permettre des loisirs, sans culpabiliser, à la fin de votre travail. C'est plus prudent que de devoir bachoter au dernier moment à cause d'une bonne grippe ou d'une fâcheuse tendance à la procrastination.

La procrastination est votre pire ennemi

Les professeurs ne sont pas continuellement sur votre dos pour vous relancer au sujet de l'avancement de cette dissertation... Pas facile, dans ces conditions, de se motiver tout seul. Travailler à plusieurs peut être utile pour se « booster ».

Conseils pratiques

Dans tous les cas, dès qu'on a un devoir à rendre pour dans plusieurs semaines, il est bon de se pencher immédiatement sur le sujet pour déterminer tout de suite la première 3PA. Qui sait si une occasion ne se présentera pas demain, à l'improviste, de la boucler en quelques minutes...

Vos études sont la plupart du temps votre priorité numéro un

Cependant, quand vous faites votre point, n'oubliez pas toutes les tâches en rapport avec votre vie personnelle et d'éventuelles tâches administratives. Mine de rien, les reporter signifie souvent une grosse perte de temps à l'arrivée pour résoudre le problème : perdre une allocation pour ne pas avoir renvoyé un formulaire à temps, c'est dommage.

Maître de son matériel

Ne lésinez pas sur le matériel

Oui, vous êtes la plupart du temps fauché. Il n'empêche que travailler sans manuel ou avec des stylos qui ne fonctionnent pas est loin de vous rendre efficace. Au prix de quelques restos (faites une soirée crêpes à la place), offrez-vous un vrai agenda et quelques réserves de matériel pour que l'année se passe bien. S'il le faut, trouvez un moyen d'acheter vos fournitures en gros, et partagez avec quelques camarades.

Conseils pratiques

Vous êtes « branché » hautes technologies, tant mieux ! Mais n'attendez pas d'avoir le dernier smartphone pour vous organiser. Rappelez-vous toujours que, *high-tech* ou pas, les systèmes d'organisation n'agissent pas à votre place, et ne peuvent rien pour vous si vous ne les utilisez pas régulièrement. Entraînez-vous à avoir une liste de tâches sur papier... une fois que vous aurez ce magnifique Blackmacky, la gestion des tâches n'aura déjà plus de secret pour vous.

Maître de ses ressources

Gérez votre temps

Pour améliorer votre concentration, essayez d'alterner les matières. Mieux, si vous le pouvez, travaillez sur toutes les matières au moins une fois par semaine.

Faites-vous une liste de personnes à contacter en cas de problème. Constituez votre réseau, repérez le fort en thème et celui qui a la bosse des maths... Le fait de rester bloqué avec un sujet mal compris devrait entraîner systématiquement une 3PA : « *Contacter X pour lui demander de l'aide.* »

Triez

Ne conservez pas vos cours depuis la cinquième. La plupart du temps, ils ne vous serviront qu'à vous rappeler des souvenirs (pas toujours bons). Il n'est pas évident, nous vous l'accordons, de se séparer du fruit de son travail d'une année entière juste après les examens, mais procédez quand même, au minimum, à un bon tri, avant d'attaquer la nouvelle année.

Au niveau universitaire, vous arrivez à un point où les informations deviennent rapidement obsolètes. Il n'y a guère que les théories mathématiques et certaines grandes dates historiques (et encore !) qui ne changent pas d'une année à l'autre... Ce qu'on vous a appris à travers vos études, c'est à rechercher et retrouver vous-mêmes, facilement, ces informations. Alors au bout de deux ou trois ans, acceptez de vous séparer des cours qui ne vous serviront pas dans les deux ans à venir.

Conseils pratiques

Dès votre premier emploi, créez un classeur pour regrouper toutes vos informations professionnelles : diplômes, bulletins de paye, certificats de travail, CV. Tous ces documents vous seront demandés régulièrement tout au long de votre scolarité et de votre carrière, par différents organismes. Vous devrez vraisemblablement les conserver jusqu'à la retraite, alors soignez leur classement.

Chapitre 12

Vous êtes parent et travaillez à la maison

D'aucuns vous diront qu'être parent et travailler chez soi, et même parfois, pas à temps plein, est une situation idéale. On savoure son rôle de parent, on s'épanouit professionnellement, et on ne passe pas ses journées dans les transports.

Delphine, maman d'Elsa, Rodolphe et Nicolas, a choisi ce mode de vie.

Les avantages de la situation

- On limite les temps de déplacement.
- On subit relativement moins de contraintes professionnelles, quoique cela dépende fortement de la profession exercée (les médecins et vétérinaires de campagne se reconnaîtront...).
- L'organisation de la garde des enfants est facilitée par la proximité et la disponibilité relative de la famille.
- On a souvent le loisir de choisir ses horaires.

Les obstacles à l'organisation

- La maison est occupée toute la journée et exige donc souvent un entretien plus important, d'autant qu'on y prend plus de repas.

- La liberté est souvent l'ennemie jurée de l'autodiscipline…
- Le professionnel envahit le personnel et inversement.
- Pour les voisins, la famille, tout le monde, travailler à la maison correspond à une sorte de « sous-travail » qui autorise à être dérangé pour tout et n'importe quoi par n'importe qui…

Les outils favoris

L'espace bureau

Delphine peut difficilement se passer d'un vrai bureau équipé d'un ordinateur chez elle.

Témoignage

« J'ai partagé mon espace de travail en deux zones spécifiques, un côté travail, un côté maison. La difficulté est parfois de sauver cet espace de l'invasion des intrus : les jouets des enfants, les tasses à café, mon mari amateur de jeux vidéo. Nous avons fixé des règles tous ensemble pour limiter les dégâts. »

L'agenda

L'agenda de Delphine, c'est sa référence. Elle le traîne partout, comme un doudou… En plus de son planning, elle y insère sa liste des Plus Petites Prochaines Actions, et consulte le tout au minimum trois fois par jour (sauf, peut-être, pendant les vacances). Elle a choisi le format « organiseur », pas trop gros, pour pouvoir le glisser dans son sac à main lorsqu'elle accompagne les plus jeunes à l'école, et noter facilement la date de la kermesse.

C'est tout une discipline pour elle que de délimiter des périodes de travail et les moments où elle s'occupe de sa famille. En général, elle profite du moment où les enfants sont à l'école pour travailler, et se consacre à eux le reste du temps. Sa relative disponibilité fait qu'elle utilise quand même des fins d'après-midi, en semaine, pour faire ses courses, au lieu de s'ajouter aux foules du week-end. Et elle ose prendre une journée pour elle une fois de temps en temps... Mais globalement, elle a prévenu ses employeurs : après 16 h 30, ils la dérangent, il faut vraiment qu'il y ait une urgence !

L'agenda de Delphine : sa référence pour la semaine

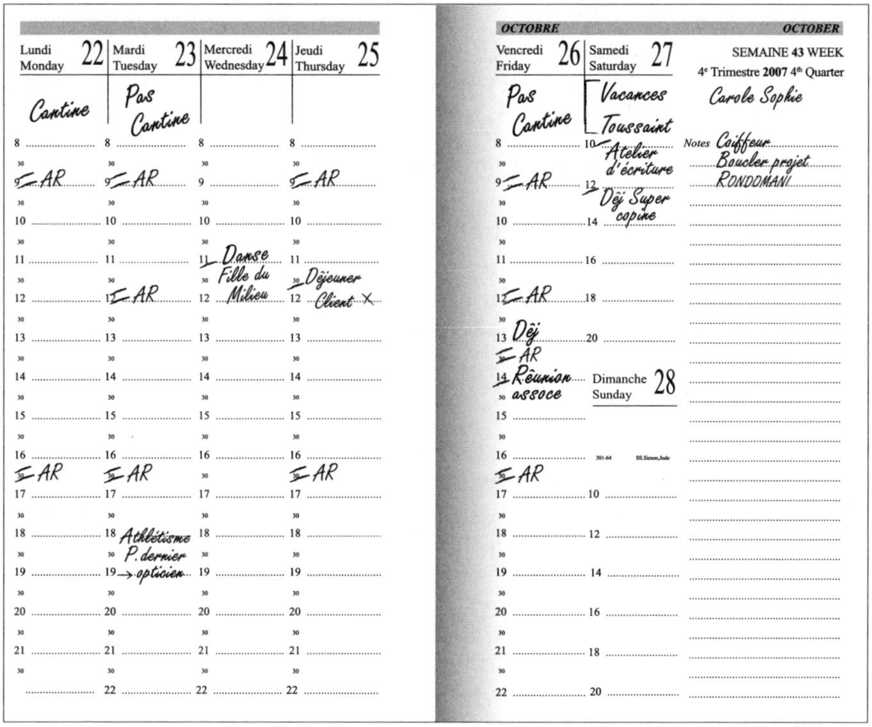

■ Le classeur de maison

Delphine l'a créé quand elle s'est rendu compte que, étant donné sa situation familiale, elle consultait très souvent les mêmes documents et utilisait régulièrement les mêmes numéros de téléphone. Et à chaque fois, il fallait fouiller dans un dossier ou l'autre pour retrouver ces précieuses informations... Le classeur de maison est par excellence un document de référence : dans ce classeur à anneaux, elle range les documents utilisés au quotidien. Chaque famille en aura un différent, mais le sien est comme ça :

- **Intercalaire *Emplois du temps* :** dates des vacances scolaires, emplois du temps des enfants, horaires des activités de chacun, invitations, horaires des bus et trains.

- **Intercalaire *Téléphone* :** page « urgences » regroupant les numéros à contacter en cas d'urgence, numéros les plus souvent appelés, partagés en pages blanches (famille, amis, proches) et jaunes (livreur de pizzas, médecin, etc.).
- **Intercalaire *Famille* :** liste des dates d'anniversaire de toute la famille, listes d'idées cadeaux pour chacun, mensurations de chaque membre de la famille, liste de livres empruntés à la médiathèque.
- **Intercalaire *Ménage* :** listes des grosses tâches domestiques à effectuer par saison, check-lists de préparation de fêtes, liste des tâches ménagères des enfants, calendrier de maintenance de la voiture, petit guide contre les taches, inventaire de la cave, check-lists de participation aux vide-greniers, instructions pour certaines tâches particulières ou récurrentes, notamment celles qui sont déléguées.
- **Intercalaire *Finances* :** budget, liste des cartes de crédit, informations sur l'assurance, dates de garantie des appareils électroménagers, contacts des fournisseurs d'énergie (gaz, électricité) et de télécoms (fixes et mobiles) avec les numéros de client...
- **Intercalaire *Santé* :** check-list de la trousse de premier secours, autorisation d'hospitalisation pour les enfants, une fiche par membre de la famille regroupant ses principales informations médicales (numéro de sécu, antécédents, vaccins), ordonnances en cours, aliments à éviter pour l'allergie d'Elsa.
- **Intercalaire *Loisirs* :** liste des choses à emporter en pique-nique, check-list pour les bagages, choses à faire avant de quitter la maison pour plusieurs jours, fiche information pour la baby-sitter, documents sur les activités de chaque membre de la famille (associations sportives, etc.).

■ **À noter**

Voir aussi, des mêmes auteures :

S. Bujon et L. Einfalt, *S'organiser, c'est facile !*, Eyrolles Pratique, 2005.

Les rituels des enfants

En tant que mère de famille active, Delphine a besoin de l'aide de ses proches pour faire « tourner la maison ». Elle considère, en plus, qu'apprendre l'organisation et les tâches domestiques fait partie de l'éducation qu'un parent doit donner à son futur adulte de rejeton. Pour cela, elle utilise un système de délégation simple : chaque enfant a ses rituels à suivre tous les jours. Ces listes, illustrées de tâches à la fois personnelles et ménagères, permettent à chaque enfant de savoir ce qu'il a à faire sans consulter ses parents. Pour les plus jeunes, elle a trouvé des petits dessins sur Internet. Les plus grands ont dessiné les illustrations et les ados ont négocié durement le partage des tâches. Objectif : que chacun s'approprie sa liste de telle manière que Delphine ait juste à « superviser »...

À noter

Voir aussi, des mêmes auteures :
S. Bujon et L. Einfalt, *J'aide mon enfant à s'organiser*, Eyrolles Pratique, 2007.

Le plan de menus

Delphine n'est pas une « inspirée de l'hypermarché ». Le fait d'entrer dans un magasin alimentaire ne lui donne pas instantanément, comme à certains, des idées de repas pour la semaine. Alors, lors de son point hebdomadaire, elle se plonge quelques minutes dans la liste des plats préférés de sa tribu et dans quelques-uns de ses livres de recettes simples pour créer un plan de menus pour la semaine. Elle l'affiche sur le réfrigérateur, pour que chacun, lorsque elle est amenée à s'absenter à l'heure du dîner, puisse démarrer le repas avant son retour. Il lui arrive bien sûr d'inverser des repas, mais elle sait ainsi qu'au retour de ses courses hebdomadaires, le frigo contiendra de quoi manger pour sept jours. Elle ne sera pas tenue de retourner faire les courses plusieurs fois dans la semaine... sans parler de ne plus rencontrer les feuilles moisies des légumes oubliés malencontreusement au fond du frigo.

Le rituel du matin de Nicolas, 7 ans

Ma liste du matin

Je me lève

Je fais mon lit

Je vais aux toilettes

Je m'habille

Je mets mes chaussettes et chaussures

Je me coiffe

Je prends mon petit déjeuner

Je remets mon bol sur le plateau

Je me brosse les dents et je me lave la figure

Je prends mon cartable et je part à l'école

La liste de courses

À côté de son plan de menus, aimantée au frigo, il y a la liste de courses à cocher.

Après avoir oublié plusieurs fois des fournitures importantes, comme le papier toilette ou le café de son compagnon, Delphine s'est décidée à créer cette liste : tous les articles dont la famille a besoin s'y trouvent, accompagnés d'une case à cocher dès qu'on se rapproche de la pénurie. Toute la famille a le droit de cocher. Il reste aussi des espaces pour ajouter les petites envies, et les ingrédients nécessaires au plan de menus (voir ci-dessus) avant de partir au magasin.

À noter

Voir aussi la fiche pratique *Les listes de courses*, partie IV.

La gestion de projets

Acheter un nouveau lave-vaisselle

Les gros achats sont un souci dans toutes les familles. Pourtant, quand le lave-vaisselle vous lâche un lendemain de fiesta, c'est un bon moyen de gâcher son week-end... Alors c'est décidé, comme celui de Delphine montre des signes de faiblesse, elle va en acheter un autre. Devant l'abondance de l'offre, il va falloir choisir...

À noter

La démarche de Delphine est identique pour tout investissement important, y compris l'achat de ses outils de travail (ordinateur, etc.).

Établir le cahier des charges

Dans un premier temps, Delphine doit définir ses besoins et ses ressources, en l'occurrence son « cahier des charges » (ce qu'elle attend de son lave-vaisselle), et son budget (combien elle peut dépenser pour l'avoir). Elle discute du budget avec son mari, et ils fixent une somme maximum ensemble. Puis elle cherche des informations (qu'elle range dans un dossier *Nouveau lave-vaisselle*, classé parmi ses projets en cours) sur les fonctionnalités des lave-vaisselle. Entre les sites Internet des grandes marques, les informations de sa belle-sœur (qui vient de changer le sien) et un ou deux articles de presse croisés sur le sujet, elle cerne les nouveautés et les nécessités, les fonctions « gadget » et ce qui compte vraiment. Elle fait donc une liste des critères importants pour sa famille...

■ **Cahier des charges pour un nouveau lave-vaisselle**

Budget maximum : 950 euros

Besoins de base :

- 12 couverts
- filtre autonettoyant
- silencieux
- économie d'énergie

Rechercher

Delphine consulte ensuite sur Internet un site où elle trouve le plus vaste choix, et note les références des appareils qui regroupent l'ensemble de ses critères.

a) Recherche sur Internet

Marque	Référence	Caractéristiques	Prix
Lavomatix	8799x	Programmable, chromé	800
Machinalavex	XO42	Programme demi-charge, programmable	405
Électrolavage	OPE4256	Programme demi-charge, programme spécial verres, programmable	600
Vaissellix	LUX	Système anticalcaire, séchage « superactif », programmable, programme rapide	850

Puis elle essaie de trouver des informations plus objectives, dans un magazine de consommateurs ou un banc d'essai « énergie » (à quoi bon faire des économies à l'achat si on perd tout en dépenses d'électricité ?). Éventuellement, elle va voir à quoi ressemblent les appareils en magasin (même si c'est moins important que pour un meuble, par exemple).

b) Bancs d'essai consommateurs

Marque	Référence	Jugement	Classement	Prix
Lavomatix	8799x	Consomme trop	4	800
Machinalavex	XO42	Bon rapport qualité-prix	3	405
Électrolavage	OPE4256	Consomme très peu, très efficace	1	600
Vaissellix	LUX	Consommation correcte	2	850

Comparer

Delphine finit par choisir un appareil, et se lance dans la comparaison des prix selon les magasins. Elle n'oublie pas de tenir compte des frais « en plus », notamment le prix et la durée de la garantie, ainsi que les coûts de livraison et d'installation.

Pour noter toutes ces informations, elle a réalisé une check-list qui fonctionne pour tous les achats importants. Elle l'a soigneusement remplie, et peut donc discuter avec son conjoint sur des bases claires. Une fois la décision prise, le passage à l'action est très simple… il ne reste plus qu'à acheter et à prendre rendez-vous pour la livraison.

Comparatifs de prix

Marque et référence	Magasins	Prix	Garantie	Service après-vente	Livraison et installation	Tarifs livraison
ÉlectrolavageOPE4256	Superprix	589	1 an = 9 euros ; 2 ans = 31 euros	??	Sur RV	0 euro
	Magic	628	2 ans, gratuite	Efficace	Sur RV, reprise ancien appareil	0 euro
	CSuper	588	1 an, pièces		À retirer au dépôt	50 euros
	Netachat	599	3 ans, pièces, mains d'œuvre et déplacements	Efficace	Sur RV	30 euros

Les bons plans du travailleur à domicile

■ Maître de son temps

Quand on travaille à domicile, on travaille. Ça va mieux en le disant, car c'est bien la situation où apprendre à dire non est fondamental. Oui, on est tenté de suivre Machine dans sa journée shopping. Oui, ça arrange le plombier de passer dans la journée plutôt que samedi. C'est souvent pratique de faire ses courses les jours où les magasins sont vides, plus rapide de faire le ménage quand les enfants ne sont pas là, mais il faut garder du temps pour travailler.

Conseils pratiques

S'il le faut, fixez-vous des horaires de travail, ayez une ligne de téléphone professionnelle, et habillez-vous comme pour aller travailler... Sans cette discipline, vous pouvez dire adieu à vos rêves de télétravail.

Inversement, ça n'est pas parce que votre travail est à deux pas de votre chambre à coucher que votre vie professionnelle doit envahir votre vie privée. Rien ne vous oblige à répondre à vos appels professionnels à 21 h 30. Vous n'avez sûrement pas choisi de travailler chez vous pour travailler plus que les autres, si ?

Conseils pratiques

Si vous avez une ligne téléphonique professionnelle, rien ne vous empêche d'en couper la sonnerie le soir à partir d'une certaine heure, de manière à ce que vos correspondants soient directement renvoyés sur une boîte vocale.

Encore plus que vos confrères « sur site », pensez à éteindre le signal de réception de vos e-mails, et oubliez les messageries instantanées. Profitez de votre situation pour vous concentrer réellement sur votre travail, sans passer d'une chose à l'autre à longueur de journée.

■ Maître de son matériel

Le travailleur à domicile est son propre responsable informatique. Il doit donc prendre soin de ses appareils, et faire des sauvegardes régulières. Certains logiciels permettent de le faire automatiquement.

Conseils pratiques

Créez-vous des check-lists de maintenance de votre ordinateur et intégrez une routine de sauvegarde dans votre point hebdomadaire.

Maître de son environnement

Les jouets qui traînent partout

Dans beaucoup de familles où se trouvent des enfants en bas âge, on installe une caisse dans la salle de séjour pour récupérer les objets des enfants temporairement (plutôt que de les ranger tous les soirs dans la chambre des enfants). C'est une bonne solution si on s'oblige à ranger le contenu de cette caisse une fois par semaine.

Le secret du rangement des jouets dans leur chambre ? Il faut que les contenants soient à la hauteur des enfants et lisiblement étiquetés. L'idéal, ce sont les caisses en plastique rangées côte à côte sur une étagère. Pour les étiquettes, on peut évidemment dessiner (pour les plus créatifs), mais aussi, tout simplement, découper un morceau d'emballage ou photographier le contenu de la caisse.

Les articles de presse qui s'accumulent

L'important, dans ce domaine, est d'être extrêmement sélectif. La presse développe souvent les mêmes sujets et les mêmes informations d'une année sur l'autre. Inutile de garder quinze articles sur les bons plans de la rentrée des classes ou les meilleurs moyens de garder un client, autant en choisir deux ou trois qui sont complets et bien présentés, et les classer soigneusement. Ça prendra toujours moins de temps que d'en retrouver quinze… enfouis sous quinze piles.

Pour organiser vie familiale et professionnelle

Outre les check-lists concernant les vacances, il est intéressant de s'en constituer une pour la rentrée des classes, qui représente quand même un des moments les plus stressants de l'année. De même, pourquoi ne pas utiliser une check-list pour les documents réclamés par le fisc chaque année ?

Comme pour les fêtes de fin d'année, le bon système est toujours d'*an-ti-ci-per*. On peut acheter ses cadeaux de Noël toute l'année (même en juillet à Agadir) et faire des photos d'identité pour la maîtresse au moins de juin. On peut faire des provisions de stylos bille pour trois ans (au moins !), et stocker des cadeaux d'anniversaire pour les petits copains, en cas d'invitation de dernière minute. Vous pouvez aussi préparer très en amont votre participation au salon Free-Lance Expo.

Lorsqu'on travaille chez soi, on peut utiliser une boîte à ampoule unique pour les papiers professionnels entrants, les factures à régler, les cahiers d'école à signer, etc. Habituez vos enfants à mettre tous les documents à traiter dans votre boîte à ampoules.

■ Astuce

Pour faciliter les départs à l'école, vous pouvez utiliser la « rampe de lancement » : prévoyez pour chaque membre de la famille, surtout les enfants, un espace dans l'entrée où vous mettrez tout ce qu'ils doivent emporter le matin. Cette caisse, cette étagère ou ce tiroir contiendra dès la veille le cartable, le sac de gym et la photo de son groupe de musique favori à montrer à sa copine Lucie.

Rien n'empêche de faire la même chose pour les parents étourdis qui perdent facilement clés, sacoche ou sac à main, et autres nécessités.

La liste des Plus Petites Prochaines Actions (3PA) n'est pas réservée aux factures et aux rendez-vous médicaux. Mettez-y vos promesses à la famille, vos projets de week-ends, et vos envies personnelles. Pour vos proches, voir que vous notez votre promesse vous rendra d'autant plus crédible. Et pour vous, c'est une motivation supplémentaire de consulter régulièrement votre liste. Bien sûr, votre maison étant votre bureau, vous n'avez pas de raison de séparer vos 3PA professionnelles et personnelles.

Chapitre 13

Vous êtes cadre

On a tous l'image du cadre « surbooké » qui court dans tous les sens, écouteur du téléphone sur l'oreille et ordinateur à la main. Mais comment faire autrement quand on doit gérer une équipe, pas mal de réunions, une collection de projets et des objectifs toujours plus exigeants ? S'organiser, s'organiser, s'organiser… c'est possible. Héloïse et Bernard nous montrent comment ils s'en sortent…

Les avantages de la situation

- Un emploi du temps souple, même s'il est très souvent à rallonge.
- Un salaire qui permet de déléguer une partie du quotidien à ces personnes si importantes que sont la nounou « gardienne d'enfants » et la femme de ménage « perle rare ».
- Des responsabilités et un job varié et intéressant.

Les obstacles à l'organisation

- Un temps de présence au travail plus long et souvent l'obligation d'être joignable presque à tout moment.
- Des priorités qui changent à toute allure, auxquelles il faut sans arrêt s'adapter.
- Des interruptions fréquentes et des dates limites… limites.
- La nécessité de déléguer avec art et diplomatie, ce qui n'est pas toujours aisé.

■ Techno ou pas techno ?
Difficile d'imaginer un cadre sans son couple smartphone + messagerie-agenda de l'ordinateur.
Cependant, certains résistent au high-tech ambiant, non pas par technophobie, mais parce qu'ils ont été échaudés par les défaillances des matériels électroniques. Soucieux de ne plus perdre leurs précieuses données, ils ont basculé de nouveau dans le low-tech et se promènent de réunion en *briefing* avec cahier « d'écolier » et organiseur grassouillet.

Bernard

■ Ses outils

Son agenda électronique partagé en réseau

Bernard note sur son organiseur électronique tous ses rendez-vous, les professionnels comme les privés. Ces derniers sont « cryptés », car il ne tient pas à faire savoir à tout le service qui il rencontre jeudi à 18 h 30. Souvent, il n'indique que les initiales de son contact, ou un intitulé abrégé.

■ Témoignage
« Sur mon agenda, j'ajoute systématiquement un quart d'heure à mon heure de retour au bureau. En effet, j'ai constaté que, souvent, de retour de rendez-vous, j'ai besoin d'un temps de décompression (un café avec Julie, mon assistante, le temps de ranger un document ou deux, ou encore de noter quelques 3PA). »

Sa liste d'actions

Comme il a du mal à planifier ses activités, Bernard a tenté plusieurs fois de se fixer des rendez-vous « de travail » avec lui-même. Assez vite, il s'est rendu compte que ça ne marchait pas à 100 % : il y avait toujours un imprévu, une urgence qui faisait voler en éclat ses belles intentions.

Il s'est donc résigné à utiliser un codage coloré, appliqué sur ses Plus Petites Prochaines Actions (3PA), pour signaler ses urgences à la journée. Il sait que, quoi qu'il arrive, il ne doit rien démarrer d'autre, tant que ce qu'il a marqué en couleur n'est pas fait. Au besoin, il retarde la consultation de sa messagerie électronique d'une demi-heure ou une heure, le matin ou l'après-midi pour ne pas risquer d'être tenté de répondre.

Bernard a une écriture particulière, au point qu'il n'arrive pas à se relire : en faisant des essais, pour choisir entre écran-clavier et cahier, il en est venu à utiliser son clavier pour noter ses actions. Il aime ce côté net que donne une liste de 3PA dactylographiée, et apprécie de pouvoir l'afficher sur le même écran que son agenda et ses autres applications.

Bernard et ses œillères

La première fois que Bernard a constitué sa liste de 3PA, il a bien cru qu'il n'en viendrait pas à bout. Mais il a compris qu'en fait, il continuait à fonctionner en liste de tâches quotidienne et qu'il croyait qu'il fallait *tout* finir d'ici la fin de la journée !

Lorsqu'il a réalisé qu'il ne s'agissait que des tâches à faire, par lui, dès que possible et non plus d'intentions louables comme *« réorganiser le service »* ou *« développer le chiffre d'affaires »*, il s'est senti beaucoup mieux. Après tout, ces 3PA, il fallait bien les faire tout de même, autrefois. Les écrire ne les avait pas créées...

Il a progressivement appris à ne mettre sur sa liste de 3PA que ce qu'il appelle *« travailler avec mes œillères »* : c'est-à-dire des tâches unitaires minuscules, prévues dans un avenir proche, inférieur à un mois. S'il tente d'être plus « ambitieux », en essayant d'utiliser sa liste pour planifier et ordonnancer, il se noie sous la somme des choses à faire...

Ses listes contextuelles

Bernard fait partie de groupes de travail qui se réunissent tous les mois.

D'une séance à l'autre, il a parfois des idées lumineuses dont il aimerait faire profiter ses collègues.

Sur son PDA, il a donc attribué une liste à ces réunions. Entre deux réunions, il y note toutes les idées qui lui viennent : ainsi, au moment de préparer l'ordre du jour de la prochaine réunion, il retrouve ses notes, les enrichit ou en élimine certaines.

■ Ça marche aussi pour la vie privée

Bernard a également créé une liste *Brico-Jardin*, dans laquelle il note le matériel qui lui manque ou les indications des dimensions des pièces détachées qu'il doit se procurer pour bricoler le week-end. L'idée de cette liste lui est venue après que, ravi d'avoir

enfin trouvé le « démantibuleur » à triple vitesse dont il rêvait, il est revenu tout joyeux à la maison, délesté de quelques centaines d'euros... mais sans les vis qu'il était parti chercher !
Du coup, sur le même principe, il a aussi une liste de livres, CD et jeux vidéo, qu'il consulte et enrichit assez régulièrement...

Son téléphone portable

Pour éviter les interruptions, Bernard reste en permanence sur boîte vocale et consulte ses messages téléphoniques à intervalles réguliers, juste avant d'ouvrir sa messagerie Internet.

Il a habitué ses enfants (ça n'a pas été très dur) à lui envoyer des SMS plutôt que de l'appeler : c'est toujours un grand moment de décrire à FilsAîné comment cuisiner des pâtes, au téléphone, en pleine réunion de direction !

Ses bonnes idées

Créer un document unique, pour gagner du temps et en faire gagner

Le département dans lequel travaille Bernard est en plein développement. Sa société embauche de jeunes diplômés, et Bernard, qui y travaille depuis plusieurs années, est souvent leur mentor.

- *Avantage :* devant expliquer ses pratiques, il les formalise et améliore ainsi sa capacité à déléguer.
- *Inconvénient :* il est souvent obligé de répéter les mêmes consignes, ce qu'il vit comme une perte de temps.

Avec son assistante, ils ont réfléchi aux questions les plus courantes que posent les nouveaux arrivants et ont créé un document type, baptisé *Le livret d'accueil*. Ils ont répertorié tout ce qu'il y a à savoir lorsqu'on débute dans cette société : du numéro de téléphone du support informatique aux restaurants du quartier, en passant par les us et coutumes du service.

Ainsi ils ne sont dérangés que pour des questions importantes et l'accueil est plus fluide. De plus, les nouvelles recrues se sentent mieux accueillies.

Pour gérer la masse des informations à lire

Choisir son moment

Le travail de Bernard l'oblige à être au courant de toutes les nouvelles tendances et à l'écoute permanente de son marché. Il est donc abonné à une dizaine de revues professionnelles. Son souci : ne pas se noyer sous l'information et en extraire ce qui aura une influence sur son activité. Il a donc choisi de « tricher » avec son emploi du temps.

Pour lire au calme

Une fois par semaine, Bernard déjeune seul, volontairement, emportant avec lui les magazines et journaux qu'il a l'intention de lire. Il s'installe au bar, en bas de la rue, et prend connaissance de la presse professionnelle : il y est au calme, personne ne le dérange, et il reprend son travail l'après-midi, détendu.
Il a même pris l'habitude de télécharger sur son PDA des articles intéressants tirés de ses sites Internet préférés. Il les lit au moment du café, ces jours-là.

Créer une réserve adaptée à son activité

Avant, Bernard stockait les lettres d'information qu'il recevait, sans avoir le temps de les lire. Inutile de dire qu'il ne savait pas ce qu'elles contenaient. Il entassait l'information sans pouvoir s'en servir. Cela le culpabilisait quelque peu car il sentait qu'*« il aurait dû être au courant »*. Maintenant, il les lit, ces lettres d'information, avant de les classer. Il faut dire qu'il en a réduit le nombre au strict minimum, après s'être rendu compte que certaines étaient redondantes…

Mais il les lit de façon particulière :

- Premièrement, il les lit désormais en fin de journée, après 18 heures, lorsque son énergie est au plus bas. Cela le détend et il finit la journée à son rythme, sur de nouvelles perspectives…
- Deuxièmement, en parcourant ses lettres d'information, il s'interroge désormais : « *Y a-t-il une action à faire, cachée sous ce flot d'information ? Et si oui, est-ce que ça fait partie de mes projets ?* » Ce qui donne, d'après lui, lieu à action, se trouve noté sur sa liste 3PA. Pour tout le reste, il a créé, dans les signets (ou favoris) de son

navigateur, un répertoire *Réserve*, dans lequel il place, selon les thèmes, les lettres d'information qu'il reçoit. Et il fait le tri tous les six mois, car les informations deviennent vite obsolètes.

Héloïse

▪ Ses outils

Son agenda papier

L'agenda d'Héloïse : à la fois professionnel et familial

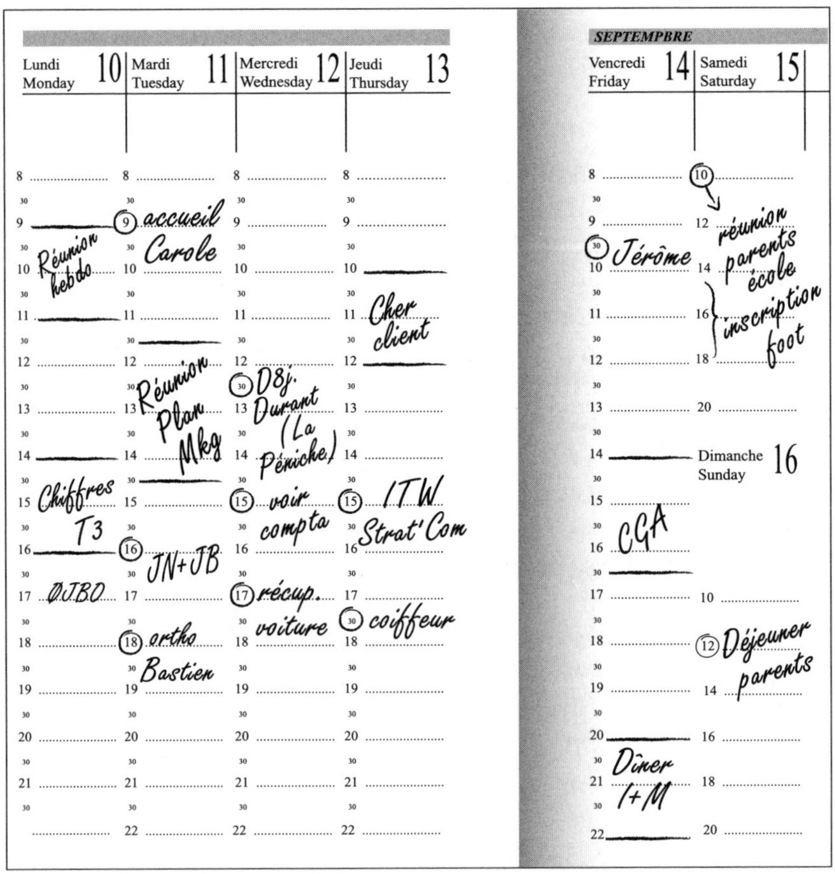

Héloïse ne possède bien sûr qu'un agenda, organiseur papier, à anneaux, pour toutes ses activités. Il faut dire qu'au début de sa carrière, elle avait deux agendas. Elle n'a pas tardé à se rendre compte qu'elle avait raté plusieurs rendez-vous en fin d'après-midi chez l'orthophoniste ou avec la maîtresse de Bastien, parce qu'elle n'avait pas consulté son agenda « perso » et que les réunions débutant à 16 heures s'étaient prolongées un peu trop.

Une fois par jour, elle prend le temps de retranscrire tous ses rendez-vous sur le planning partagé de son entreprise, en ajoutant le temps de déplacement pour les rendez-vous qui n'ont pas lieu au bureau.

Sa liste d'actions

Héloïse a en permanence avec elle une liste de ses Plus Petites Prochaines Actions, impressionnante par sa variété et sa longueur.

Comme elle trouve que les 3PA sont plus longues à noter au clavier qu'avec un stylo, elle a choisi un cahier, pourvu de lignes et de marges. Au moment où elle écrit ses 3PA, à la volée, au fur et à mesure qu'elles s'imposent à elle, Héloïse se contente de sauter une ligne après chaque tâche.

Ce n'est qu'au moment de faire le point, ce qu'elle fait plusieurs fois par jour, qu'elle trace alors des lignes à la règle entre les tâches. Pas parce qu'elle est maniaque (encore qu'elle aime avoir un cahier net, puisqu'elle l'emporte en réunion et en clientèle). Mais surtout parce que ces traits créent des cases vides dans la marge. Une case vide égale une 3PA restant à effectuer (voir ci-après la liste actualisée d'Héloïse).

Du coup, elle utilise ces cases ainsi :

- lorsqu'elle parcourt des yeux sa liste – qui fait plusieurs pages – elle ne lit pas toutes les 3PA, évidemment, mais saute visuellement d'une case vide à une autre ;
- c'est parmi ces cases vides qu'elle choisit ce qu'elle va faire, en fonction du contexte, du temps dont elle dispose, de son énergie et de l'importance relative des tâches.

La liste 3PA d'Héloïse

04/09/08

Rappeler M. Durant 06 82 53 18 10

Répondre à J.P (mail du 3/9)

Réserver déjeuner mercredi 12h30

Corriger point 3 de la proposition " S^ce Mkg"

Payer cantine Bastien

Lire procédure qualité

Remercier journaliste de Strat'Com

Refaire convention de stage par Carole

Faire note de frais août

Prévenir JB : pas possible réunion du 12

Finir dossier CGA

Déclencher facture Cherclient

Pointer relevé T3

Contacter Jackie par réseau

Répondre au mail de Julie

Vérifier tableau de Jérôme

Ses codes

C'est aussi au moment de faire le point qu'elle attribue un codage contextuel à ses 3PA :

- les initiales de chaque personne avec qui elle travaille, notamment celles de son assistante Julie Nouvel (codage JN) ;
- un pictogramme *Téléphone* (codage Ø) ;
- un pictogramme *Argent* (codage €) ;
- un pictogramme *Au calme* (codage ZZ).

Certaines actions n'ont pas de codage particulier, ce qui ne les empêche pas de faire partie des « choses à faire ». Héloïse s'efforce de soigner ses libellés : elle varie exprès les verbes d'action, pour accentuer la variété des tâches et les rendre plus précises.

Héloïse revoit quasiment en permanence sa liste 3PA, puisque c'est elle qui dicte ses journées. Deux jours plus tard, voici à quoi ressemble la même page de son cahier :

La liste 3PA actualisée d'Héloïse

		Rappeler M. Durant 06 82 53 18 10	04/09/08
	Ø	Répondre à J.P (mail du 3/9)	
	JN	Réserver déjeuner mercredi 12h30	
	ZZ	Corriger point 3 de la proposition " Sce Mkg"	
		Payer cantine Bastien	
	ZZ	Lire procédure qualité	
	Ø	Remercier journaliste de Strat'Com	
	JN	Refaire convention de stage par Carole	
	€	Faire note de frais août	
		Prévenir JB : pas possible réunion du 12	
	ZZ	Finir dossier CGA	
	JN	Déclencher facture Cherclient	
	€	Pointer relevé T3	
	Ø	Contacter Jackie par réseau	
		Répondre au mail de Julie	
		Vérifier tableau de Jérôme	

Certaines actions sont devenues des urgences, comme « *Corriger le point 3 de la proposition "S^{ce} Mkg"* » et « *Vérifier le tableau de Jérôme* ». D'autres 3PA ont été faites (marquées par « *OK* »), mais pas toutes, ce qui est normal.

La date mentionnée au haut de la page n'est qu'un repère temporel. Héloïse s'en sert parfois pour se pousser à l'action lorsqu'elle constate qu'une 3PA « stagne » dans sa liste depuis plus de trois semaines.

Les urgences sur la liste 3PA d'Héloïse

04/09/08

OK		Rappeler M. Durant 06 82 53 18 10
OK	Ø	Répondre à J.P (mail du 3/9)
OK	JN	Réserver déjeuner mercredi 12h30
	ZZ	Corriger point 3 de la proposition " S^{ce} Mkg"
OK		Payer cantine Bastien
OK	ZZ	Lire procédure qualité
OK	Ø	Remercier journaliste de Strat'Com
OK	JN	Refaire convention de stage par Carole
	€	Faire note de frais août
		Prévenir JB : pas possible réunion du 12
	ZZ	Finir dossier CGA
OK	JN	Déclencher facture Cherclient
OK	€	Pointer relevé T3
OK	Ø	Contacter Jackie par réseau
		Répondre au mail de Julie
		Vérifier tableau de Jérôme

Ses listes contextuelles

Héloïse porte une liste de courses en permanence sur elle. Dès qu'elle pense : « *Il faudrait que j'achète...* », elle le note immédiatement. De sorte que, de retour de rendez-vous, elle peut passer directement faire ses courses avant de rentrer à la maison.

Toujours prête

Toujours par monts et par vaux, Héloïse possède également une liste des dimensions de certains objets de son domicile : la taille des tables, des fenêtres, les hauteurs de certaines étagères... ce qui lui permet de profiter des bonnes affaires qu'elle croise dans les magasins, entre deux rendez-vous.
Idem pour les mensurations de ses proches : elle veut pouvoir acheter la jolie petite robe en solde pour sa fille sans se tromper de taille.
Abonnée à la médiathèque, Héloïse note dans sa liste *Livres* ce qu'elle aimerait y emprunter lorsqu'elle y va le samedi avec ses enfants.
Elle possède une liste *Noël*, composée des noms de ses proches, des idées de cadeaux auxquelles elle pense... et des cadeaux déjà offerts (depuis qu'elle a réalisé qu'elle avait donné deux fois le même cadeau à la même personne !).

Son téléphone portable

Héloïse filtre ses appels grâce aux sonneries différenciées (une sonnerie par groupe de personnes), ce qui lui permet, selon le moment de la journée, de décider si elle décroche ou pas.

Depuis son portable, Héloïse se laisse des messages sur l'une ou l'autre de ses messageries fixes, selon qu'une idée à contexte personnel ou à contexte professionnel lui vient. Elle sait qu'elle les consultera en arrivant au bureau ou en rentrant chez elle.

Ses dossiers *Projet*

Pour Héloïse, un dossier égale une affaire. C'est donc très facilement qu'elle a organisé son espace de travail, son disque dur et sa messagerie autour de son activité. Comme il peut y avoir plusieurs affaires pour un même client, elle leur donne des noms explicites, datés. Exemple : *Client X – Service Marketing avril 2008*.

Et chaque dossier (une chemise) est rangé à la verticale dans un porte-revues sur son bureau. Elle a archivé les anciens dossiers dans son armoire, en les conservant dans leur chemise. Une fois par an, elle empoigne le tas le plus ancien (tout en dessous) et refait un tri drastique. Parfois, elle jette le tout, sachant que des traces informatiques sont sauvegardées, de toute façon.

■ À noter

Héloïse et Julie, son assistante, possèdent la même arborescence sur leur PC. De même pour les autres membres de l'équipe. Lorsque Julie ou Héloïse sont absentes, n'importe quel collègue peut remettre la main sur leurs dossiers. Ce qui sécurise grandement les clients.

Les bons plans du cadre

■ Utiliser intelligemment les temps de déplacement et d'attente

Héloïse se tient au courant de l'actualité. Pour cela, elle met à profit ses nombreux déplacements. Elle a créé une pile de journaux et magazines sur un meuble, à côté de la porte de son bureau. Elle l'a baptisée *À lire*. Lorsqu'elle quitte son bureau, elle emporte une poignée de ces périodiques, car elle sait qu'elle aura le temps de les lire dans le train, à l'aéroport, voire dans le hall d'entrée de certains de ses clients, notoirement retardataires !

■ Gérer les interruptions

Les cadres efficaces limitent les interruptions qu'ils peuvent contrôler. C'est-à-dire qu'ils ne consultent leurs e-mails que lorsqu'ils le décident et ne se laissent interrompre par leur téléphone portable que s'ils le souhaitent. Mais il leur reste à tenir compte des visites impromptues et des appels sur leur ligne fixe, lorsqu'ils sont à leur bureau. Et ça, malheureusement, ils n'y peuvent rien. En revanche, ils parviennent à limiter l'impact de ces interruptions grâce à leur liste 3PA.

Ils utilisent leur liste 3PA ainsi : lorsqu'ils sont interrompus dans ce qu'ils étaient en train de faire, soit ils peuvent répondre en moins de deux minutes et le font immédiatement, soit ils ont besoin de plus de temps et notent de revenir vers leur interlocuteur lorsqu'ils auront fini leur tâche actuelle. Si l'interruption à un caractère d'urgence, ils la notent comme telle et respectent cette urgence. Ils se bâtissent ainsi rapidement une réputation de fiabilité flatteuse.

Se tenir à jour : le point hebdomadaire

Bernard et Héloïse ont choisi le même moment de la semaine pour faire le point : le vendredi après-midi.

Un exemple de point hebdomadaire : celui de Bernard et Héloïse

Tous les deux :
- passent en revue leur agenda pour voir de quoi sera faite la semaine suivante ;
- font la chasse aux ampoules (Post-it® sauvages, gribouillages en tout genre, information papier déposée sur leur bureau en leur absence) ;
- font la chasse à leurs ampoules mentales afin de les noter ;
- parcourent leur liste 3PA et la codent en fonction des événements à venir ;
- se coordonnent avec leur assistante ;
- synchronisent une dernière fois leurs agendas électroniques ;
- fouinent dans leurs dossiers projet à la recherche d'une 3PA oubliée ;
- trient les e-mails auxquels ils ont répondu mais qui sont restés échoués dans leur boîte de réception ;
- passent les derniers coups de fil urgents ;
- rangent leur bureau, s'ils n'ont pas eu le temps de le faire.

Leur objectif à tous les deux : se vider la tête pour partir détendu en week-end et redémarrer le lundi par les priorités de la semaine.

Le point de début d'année

L'année d'Héloïse est ponctuée de rendez-vous réguliers. Elle a donc pris l'habitude de planifier le plus possible tout ce qui peut l'être, car :

- elle n'aime pas travailler « en rush », la veille au soir pour le lendemain ;
- elle n'aime pas promettre quelque chose pour une certaine date et réaliser au dernier moment qu'elle risque de ne pas tenir sa promesse ;

- elle veut pouvoir dire à son supérieur qu'elle ne peut pas travailler sur tel dossier parce que (et elle peut lui montrer) « *elle n'a pas le temps* ».

C'est pourquoi, la première semaine de janvier par exemple :

- elle relève les dates des vacances scolaires ;
- elle planifie les entretiens d'évaluation annuels avec les membres de son équipe ;
- elle inscrit les dates des salons professionnels auxquels elle va participer ;
- elle note approximativement les semaines où se dérouleront les réunions de direction trimestrielles.

Le rétroplanning

De la première planification découlent certaines tâches, qu'Héloïse inscrit également sur son agenda :

- les dates de vacances scolaires entraînent des actions à faire avant, puisque certains de ses interlocuteurs ne seront pas joignables à cette période ;
- les entretiens d'évaluation nécessitent qu'elle note « *Revoir les notes de l'entretien précédent* » une semaine avant ;
- les salons entraînent réservation, choix du standiste, mise à jour des plaquettes, etc., le tout avec une date limite à chaque fois, sous peine de manquer de quelque chose le jour J ;
- les réunions de direction déclenchent au moins deux jours de travail pour elle et son équipe, puisqu'elle y présente ses résultats du trimestre précédent.

À chaque fois qu'elle effectue cette planification, Héloïse a un choc : c'est fou tout ce qu'elle a déjà à faire, avant même que l'année ait commencé ! Mais, en même temps, c'est rassurant. Parce qu'elle sait qu'aucun événement important pour son travail ne « surgira » dans son emploi du temps, au risque de bousculer tout le reste. Elle ne peut évidemment pas prévoir les urgences de dernière minute ni les changements de stratégie qui ne manqueront pas d'échoir. Mais au moins, elle parvient à se rendre compte réellement du temps qui lui reste pour travailler sur autre chose que sur ses engagements fixes.

■ À noter

Héloïse soigne particulièrement les rétroplannings liés à des événements concernant plusieurs personnes. Elle sait qu'elle peut toujours, au besoin, travailler le week-end. En revanche, elle ne souhaite pas imposer un rythme frénétique à son équipe.
Donc, elle met au point des « plannings à l'envers », à partir de la date limite, pour ne rien oublier et permettre à son équipe d'anticiper sur les événements.

La préparation de la participation à un salon
SALON PROS du 12 au 14 février

semaines	s6	s7	s8	s9	s10	s11
action				attention vavances !		
appeler standiste pour RV	JN					
revoir le stand		HD				
imprimer plaquette présentation	JN					
réserver hôtels	JN					
confirmer les VIP		JB				
louer camionnette		JB				
confirmer puissance électrique		JN				
valider la démo			HD			
vérifier nbre cartes de visite	JN					
relancer fournisseur objets publicitaires si rien reçu		JN				
préparer messages automatiques mails					JB	
former les derniers arrivés					JB	
présence sur salon						JN, JB, HD, PG + stagiaire

Conseils pratiques

La pratique du point annuel peut être utilisée par n'importe quelle personne, y compris pour ses activités personnelles : on peut noter les grands événements culturels qu'on ne veut pas rater ou les anniversaires et événements qui nécessiteront l'achat d'un cadeau, se fixer une journée par mois pour aller au spa, etc.

Chapitre 14

Vous êtes fou de haute technologie

Nous vous présentons Homère, 25 ans, fou d'informatique et prêt à tout pour mettre sa vie entière dans une machine. Laisser l'ordinateur gérer le « tout-venant » et profiter de chaque vraie minute, c'est après tout une entreprise honorable... et possible.

Les avantages de la situation

- Pour une personne expérimentée, il est plus rapide d'écrire trois mots sur un clavier d'ordinateur qu'avec un stylo.
- L'ordinateur, quelle que soit sa taille, peut enregistrer une somme de données bien supérieure à celle que vous transporteriez dans le même volume (et le même poids) en papier.
- Une fois enregistrée, une donnée numérique peut être utilisée et transformée de différentes manières sans qu'il soit besoin de la recopier ou de la matérialiser (de l'imprimer, notamment).
- La plupart des gestionnaires de tâches permettent de mettre en œuvre assez facilement notre méthode.

Les obstacles à l'organisation

- Il est plus facile et rapide de trouver un stylo qui marche que de recharger, ou pire, de réparer un appareil électronique... L'appareil en question réclame donc une maintenance minutieuse pour être fiable.

- Avoir toute sa vie dans une machine, c'est risquer de tout perdre le jour où on perd ou les données ou la machine. Les sauvegardes sont obligatoires.
- Pour un système facilement transportable, l'électronique est moins « lisible » que le papier. L'écran des PDA et smartphones est petit, et n'offre pas toujours le recul (à la fois visuel et intellectuel) nécessaire à une bonne gestion de sa vie et de son emploi du temps.
- Le numérique a ses failles : entre les organiseurs électroniques, les smartphones et les ordinateurs, les compatibilités de logiciels ne sont pas toujours évidentes. Elles sont pourtant nécessaires quand vous passez constamment des informations d'un système à l'autre pour tout synchroniser.

Les outils favoris

L'ordinateur personnel

Homère a un portable, avec une station d'accueil au bureau en plus de celui qu'il n'hésitera pas à consulter chez des amis. Presque toute sa vie est dedans, à part quelques documents originaux que la loi l'oblige à conserver, et quelques courriers que des gens qui le connaissent mal continuent de lui envoyer par la poste. Cela nécessite une organisation très réfléchie de ses fichiers et répertoires (voir *Organiser son ordinateur*, partie IV).

Utiliser les services en ligne

Évidemment, l'ordinateur d'Homère est relié à Internet grâce à un forfait illimité. Il a de ce fait accès à un nombre important de services en ligne qui lui font gagner du temps : il commande beaucoup d'objets en ligne, il y télécharge de la musique, y recherche des informations, pose des questions sur des forums dès qu'il prévoit un déplacement (et surtout pour se tenir informé des dernières nouveautés *high-tech* lancées aux États-Unis).

Le logiciel agenda – gestion de tâches

Choisi avec soin, ce logiciel fait merveille pour répertorier tous ses projets et les Plus Petites Prochaines Actions (3PA) associées. Il peut pour chaque tâche fixer une date, ou une période, pour que cette tâche lui soit rappelée le jour dit. Il peut même se faire avertir par une sonnerie ou une vibration de l'heure d'un rendez-vous. Il lui est possible de lier une 3PA à un e-mail ou un message téléphonique. Ce logiciel est installé à la fois sur ses ordinateurs personnels et sur son organiseur de poche, de manière à être accessible partout...

Gérer ses tâches en ligne

Homère a des amis qui ont trouvé des systèmes de gestion de tâches en ligne. Dans la mesure où la plupart de ces systèmes sont compatibles avec les logiciels de gestion de tâches des organiseurs de poche, c'est tout à fait intéressant, d'autant que c'est le plus souvent gratuit.

L'organiseur de poche

Associé à un téléphone portable, l'agenda électronique d'Homère est évidemment l'un des derniers sortis.

- Il y reçoit ses messages vocaux, SMS, e-mails, y répertorie tous ses contacts (avec les numéros de téléphone, adresses électroniques et postales). Il peut aussi transporter, et souvent même consulter, certains fichiers sous forme de textes, tableaux, listes, photos.
- En quelques pointages de stylet ou frappes au clavier, il voit sa journée apparaître sur son écran.
- Il se sert de son organiseur de poche comme moyen de recueillir tout ce qui lui passe par la tête, sous quelque forme que ce soit : une petite note pense-bêtes prise dans l'ascenseur sur son dictaphone (« *Acheter du pain* »), la photo de sa chemise à laquelle il manque un bouton (qui signifie « *Demander à Maman de raccommoder mon bouton* »), une petite note pendant un coup de fil (« *Tél Yvon 06 80 80 80 80* »).
- En réunion, il se connecte aux PDA de ses collègues pour échanger des cartes de visite numériques, entre autres. C'est facile et rapide.

Conseils pratiques

Deux fondamentaux pour les inconditionnels du PDA :

- bien penser à synchroniser son appareil avec son ordinateur, faire ainsi des sauvegardes régulières, et mettre son appareil en charge aussi souvent que nécessaire ;

- ne pas le laisser traîner trop souvent à la vue de tous, ces appareils font des envieux et il pourrait bien voir disparaître en quelques minutes toutes ses données personnelles aux mains d'un illustre inconnu qui rêvait d'un Startberry 6800.

Les projets

■ Assurer la maintenance de ses appareils informatiques

Homère a profité de son système de gestion de temps pour y rentrer toutes les tâches correspondant à l'entretien et la sécurité de ses machines.

D'abord, il a consulté des sites et forums pour faire la liste des tâches indispensables au bon fonctionnement de tous ses appareils, ainsi que leur fréquence souhaitable.

Maintenance des appareils informatiques

Pour les appareils sous Windows	Pour les autres	Fréquence	Automatique ?	Jour
Mettre à jour l'antivirus, renouveler l'abonnement		Annonce mise à jour ou fin d'abonnement	Possible	
Mettre à jour le *firewall*		À l'annonce d'une nouvelle mise à jour	Possible	
Mettre à jour l'anti-espions (*antispyware*)		À l'annonce d'une nouvelle mise à jour	Possible	
Sauvegarder mes fichiers		Tous les jours	Possible	
Recharger ordinateur portable		Tous les jours		En rentrant du bureau
Recharger et synchroniser smartphone		Tous les jours	Certains téléphones sont munis d'un avertisseur de rechargement	En rentrant du bureau

.../...

.../...

Lancer Windows Update	M'informer sur les mises à jour existantes	Chaque semaine		Vendredi soir
Supprimer les fichiers du répertoire temporaire		Chaque semaine		Vendredi soir
Supprimer les fichiers .tmp de tout le disque, sauf fichiers du jour		Chaque semaine		Vendredi soir
Supprimer les fichiers .tif Supprimer tout le contenu hors connexion		Chaque semaine		Vendredi soir
Effacer l'historique Internet		Chaque semaine		Vendredi soir
Supprimer les *cookies* inutiles		Chaque semaine		Vendredi soir
Effacer les fichiers programmes téléchargés logés		Chaque semaine		Vendredi soir
Supprimer les messages inutiles de la boîte de messagerie, puis vider la corbeille spécifique		Chaque semaine		Vendredi soir
Vérifier les options et la bonne mise à jour des définitions de virus. Vérifier la programmation des mises à jour et de l'analyse du disque		Chaque semaine		Vendredi soir
Vider la corbeille		Chaque semaine		Vendredi soir
Faire tourner application de nettoyage		Chaque semaine		Samedi matin
Sauvegarder la base de registre et autres fichiers techniques		Chaque semaine		Samedi matin
Lancer l'optimisation-réparation de la base de registre		Chaque semaine		Samedi matin
Lancer une analyse de disque standard		Chaque semaine		Samedi matin
Défragmenter le disque dur		Chaque semaine		Samedi matin
Nettoyer l'ordinateur (clavier, écran, UC) et le portable		Chaque mois		Premier samedi du mois

.../...

.../...

Pour les appareils sous Windows	Pour les autres	Fréquence	Automatique ?	Jour
Nettoyer le smartphone		Chaque semaine		Samedi matin
« Grand ménage » (voir check-list)		Chaque trimestre		Premier samedi de chaque saison

Ensuite, il a choisi le moment idéal pour chaque tâche, en réunissant certaines tâches courtes qui peuvent se faire rapidement à la suite ou même simultanément. Il a ainsi créé trois check-lists :

- une check-list *Maintenance vendredi soir* (pour les opérations et traitements qui prennent du temps) ;
- une autre *Maintenance samedi matin* ;
- une dernière *Maintenance grand ménage.*

Dans son agenda électronique, il a programmé en tâches récurrentes « *Maintenance vendredi soir* », « *Maintenance samedi matin* », « *Maintenance grand ménage* » ainsi que les autres petites tâches qui ne sont pas quotidiennes (« *Nettoyer l'ordinateur* »).

Les tâches quotidiennes, elles, sont intégrées à ses routines quotidiennes. Au bout de trois semaines d'entraînement, où il préférait les garder inscrites sur sa liste 3PA, elles sont devenues naturelles, automatiques.

Créer et alimenter un blog

Témoignage

« Ça a d'abord été un dossier en réserve, en fait un répertoire de liens dans les favoris de mon navigateur. Je rêvais depuis longtemps de créer un site Internet, mais quoi, autant j'adore raconter des choses et échanger avec les autres grâce à mon ordinateur, autant le graphisme du site... Alors quand j'ai découvert que certaines plates-formes s'occupaient de la mise en page, du sommaire, etc., j'ai collectionné toutes les informations sur le sujet. J'ai noté ça dans ma liste Réserve, *et c'est là que mon ami Théodore m'a parlé de son blog... Je l'ai interrogé, en me disant :* "Si c'est si facile, ça doit vraiment pas donner quelque chose de terrible... ou bien alors, c'est très cher.", *mais tout m'allait. Restait à mettre tout cela en place.*

D'abord, j'ai déterminé un objectif : "J'utilise un blog pour raconter ma contribution à la protection de l'environnement au quotidien, en y publiant un ou deux articles par semaine". *J'ai créé un petit cahier des charges de la plate-forme idéale (facilité d'utilisation, liste des fonctionnalités nécessaires, coût éventuel, possibilité de gagner de l'argent). J'ai commencé par choisir la plate-forme, en tenant compte de ses critères, et j'ai enfin créé mon blog. »*

Pour que tout rentre bien dans son système d'organisation :

- il a créé une nouvelle adresse e-mail et dirigé tous les e-mails à cette adresse vers sa boîte de réception ;
- il a donné cette adresse à la plate-forme de blog, et l'a mise sur son blog au moment de la création ;
- il a donné aussi cette adresse aux partenaires vers qui il a choisi de renvoyer ses lecteurs lorsqu'il recommande un bon livre ou un DVD ;
- malin comme un singe, il envoie aussi à cette adresse, depuis son assistant numérique ou son ordinateur lui-même, toutes ses idées d'articles, ses liens à faire avec d'autres blogs et ses 3PA à boucler…

Beaucoup d'informations à traiter

Pour traiter toutes ces informations, Homère a bloqué deux moments par jour (en fait, avec le reste de ses « ampoules »). En lien constant avec la « sphère Internet » et surtout la « blogosphère », il est conscient que s'il consulte sa boîte toutes les heures, il y passera sa journée… Donc il consulte sa boîte de réception chaque matin et en fin d'après-midi. Il traite chaque ampoule comme il se doit.

À ne pas laisser traîner

L'un des contextes d'Homère s'appelle *Articles blog*, ce qui désigne les 3PA correspondant à la rédaction d'un article. Les commentaires de lecteurs, il y répond tout de suite (c'est rapide) ou pas du tout, et élimine immédiatement les notifications de sa boîte e-mail. Mot d'ordre : ne pas les laisser s'empiler, au risque d'en faire un pensum pour jour pluvieux. Il en fait autant pour les e-mails de lecteurs, les publicités, et les e-mails de ses confrères blogueurs. De toutes les manières, tout doit aller vite sur le Net, sinon on loupe des occasions, alors autant ne pas laisser traîner.

Homère répartit ses informations en plusieurs systèmes :

- des listes de 3PA, par contexte ou codées ;
- d'autres répertoires. Des informations vont dans le répertoire *En attente de*, notamment quand il attend la réponse d'un confrère blogueur pour une opération commune ; d'autres vont dans le répertoire *Réserve*, quand il s'agit d'une idée lumineuse qui ne lui paraît pas immédiatement prioritaire, mais vaut la peine d'être retenue (comme trouver un *sponsor* pour son blog, participer à un « carnaval » thématique, etc.)
- un classement regroupant notamment des informations importantes sur son blog, son hébergeur, ses codes d'accès, etc. Pour pouvoir travailler facilement à distance, il a stocké ces informations en ligne, sur des sites spécialisés. Il y a ainsi accès de n'importe où grâce à son portable et peut rédiger un nouvel article pour son blog, de son lieu de vacances ou pendant un déplacement professionnel.

Ensuite, il lui faut absolument passer à l'action. Son objectif n'est pas d'avoir la plus jolie organisation pour créer son blog, mais de faire lire ses articles à d'autres internautes... Pour ce faire, il a adapté notre méthode à son blog.

Une méthode adaptée

Chaque nouvel article est considéré comme un mini-projet comprenant des recherches, de la rédaction, des liens, des recherches d'illustrations, etc. Il commence par définir, pour ce projet, le résultat attendu, avec précision. En général, en écrivant le titre et une brève introduction, il a ce qu'il faut. Ensuite, il définit la première 3PA. Puis il se concentre sur chaque tâche successivement.

Lors de ses points hebdomadaires, Homère a ajouté à sa check-list de « *point hebdomadaire* » qu'il devait :

- vider sa boîte de réception e-mail, bien sûr ;
- vérifier son agenda pour d'éventuels événements auxquels il souhaiterait participer prochainement en écrivant un article dans son blog – dans le domaine de l'environnement, il existe des journées où tous les blogueurs sont

invités à s'exprimer sur un thème particulier –, à moins qu'il choisisse d'annoncer une « Journée nationale de la protection des espèces menacées »...

- vider sa tête des idées concernant des articles, des choses à mettre en place sur le blog, des sites à visiter, etc.

■ Bilan de la semaine

Quand il réussira à écrire six articles par semaine sur son blog, Homère profitera de son point hebdomadaire pour publier rapidement un article *Bilan de la semaine*, notamment pour parler des meilleurs commentaires de ses lecteurs.

Les bons plans du fou d'électronique

■ Maître de son matériel

Choisir le bon logiciel peut prendre du temps. C'est d'autant plus délicat que les passionnés de ce domaine changent régulièrement de matériel, et que les compatibilités évoluent. Donc, il est souvent recommandé de se diriger vers l'outil (logiciel, système en ligne) le plus simple et le plus facilement adaptable.

Conseils pratiques

Commencez par essayer d'adapter le logiciel fourni avec votre machine ou par trouver des logiciels gratuits déjà sûrs et efficaces. Laissez les autres essuyer les plâtres des versions bêta : vous allez mettre votre vie entre les bits d'un logiciel !

Les amateurs d'informatique et de cartes heuristiques peuvent allier leurs deux passions à travers des logiciels spécialisés.

■ Maître de son temps

Devant un ordinateur, on passe des heures à se perdre entre Internet, ses e-mails, d'anciens fichiers passionnants... Il est très facile de passer d'une chose à l'autre et de reporter des dizaines de tâches importantes ou urgentes.

Conseils pratiques

Soyez féroce avec vous-même : limitez les distractions sur votre « bureau » virtuel et, si besoin, installez-y un chronomètre-minuteur qui vous permettra de vous rappeler bruyamment l'heure de vous mettre au travail ou de terminer une tâche.

Maître de son environnement

Vos favoris Internet sont une mine quand vous recherchez une information. Alors pourquoi ne vous en servez-vous pas plus souvent ?

- D'abord parce qu'ils sont le plus souvent « en vrac ». Pensez à les organiser comme le reste de vos informations. Traitez-les comme des brochures que vous classez, logiquement, selon votre propre système. Renommez les pages dont le titre est abscons.
- Ensuite parce que, comme ça ne prend pas de place, vous gardez tout ! Alors commencez par ne pas conserver un lien dans vos favoris si vous n'en avez pas l'utilité, et surtout faites régulièrement le tri. Au bout d'un an, la plupart des liens deviennent obsolètes, quand vous vous rappelez pourquoi vous vouliez les utiliser…

Conseils pratiques

Si vous utilisez plusieurs ordinateurs alternativement, apprenez à utiliser le « porte-documents ». Disponible sur les plus grands systèmes d'exploitation, il vous permet de transporter des documents d'un ordinateur à un autre (notamment avec une clé USB) et de les synchroniser automatiquement d'un ordinateur à l'autre.

Maître de ses données

La grosse différence entre un système d'organisation numérique et un système « papier », c'est l'archivage. Quand vous notez sur un agenda un numéro de téléphone pour le rendez-vous du 14 avril à 18 heures, vous pourrez le retrouver facilement, même le 14 avril largement passé, si vous n'avez pas jeté cette page d'agenda. Dans votre agenda numérique, *a contrario*, les anciennes pages s'effacent automatiquement et, en cochant vos tâches, vous effacez toutes les informations qui y étaient associées.

Conseils pratiques

Pour archiver le contenu de votre agenda numérique, recherchez des systèmes intelligents, soit pour sauvegarder régulièrement les données qui seront effacées à un moment donné, soit pour stocker dans un endroit plus sûr les informations qui pourraient être utiles une nouvelle fois. Par exemple, si vous voulez vous rappeler tous les rendez-vous que vous avez eus avec Cédric, il faudra vraisemblablement reporter leurs dates dans un fichier projet *Cédric*, pour information ultérieure.

Chapitre 15

Vous êtes à la retraite

« Ahhh, quand j'aurai pris ma retraite, je pourrai faire plus de sport, apprendre à cuisiner et à jouer du didgeridoo, découvrir l'Égypte, le Connemara et le lac de Saint-Cassien, emmener mes petits-enfants au cinéma et trier tout le contenu de mon grenier. » Le retraité, vu de la vie active, est un sacré chanceux. Mais de nos jours, comme il est encore souvent en pleine santé, il est aussi baby-sitter, secrétaire d'association, organisateur de festivités familiales et utilisateur acharné du téléphone (« *Les e-mails ? Je préfère quand même lui parler en direct, je ne voudrais pas qu'un pirate espionne mes messages… et en plus, sur Viabook, tout est en anglais !* ») Il a aussi besoin de s'organiser. Roger, Huguette et Geneviève savent le faire…

Les avantages de la situation

- Le temps lui appartient, il en décide comme il l'entend.
- Il est disponible pour ses enfants et petits-enfants, ce qui n'était pas le cas lorsqu'il travaillait.
- La possibilité de s'adonner à des hobbies gourmands en temps, de se cultiver, de se promener…
- Redécouvrir l'autre membre du couple et faire des activités communes.

Les obstacles à l'organisation

- Une vie qui n'est plus rythmée par les horaires de travail.
- La nécessité de mettre en place des routines pour structurer sa journée.

- Des capacités physiques et une énergie moins fiables qu'auparavant.

Les outils favoris

Le calendrier

Roger et son épouse Huguette utilisent un calendrier mural, dans la cuisine. Il leur permet de noter les dates des vacances scolaires, les visites de leurs petits-enfants et les rendez-vous chez le médecin, par exemple.

Les fiches

Roger ne s'embarrasse pas des manuels d'utilisation multilingues fournis avec les appareils audiovisuels. Il a écrit ses propres fiches, des versions synthétiques et prêtes à l'emploi qui lui conviennent mieux à l'usage.

Mode d'emploi du magnétoscope

TRANSFERER
MAGNÉTOSCOPE ⟶ DVD

1- mettre magnétoscope sur ARRÊT à l'endroit où on veut démarrer l'enregistrement

2- Sélectionner HDD avec le bouton DRIVE SELECT

3- Afficher A2 avec le bouton IN/OUT SELECT

4- mettre le magnétoscope en LECTURE

5- Appuyer sur "REC MODE"
Puis sur PLAY pour visionner l'enregistrement

6- pour arrêter STOP 2 fois

Le téléphone

Son téléphone fixe lui permet de mémoriser les numéros de téléphone les plus courants, ceux de ses proches. Chacun de ses enfants correspond donc à un numéro (par ordre de naissance, évidemment).

Il s'est acheté un téléphone portable, avec lequel il appelle Huguette lorsqu'il est de sortie et qu'elle ne l'a pas accompagné. Cela les rassure tous les deux.

Internet

Friand de nouvelles technologies, il se sert d'une webcam pour regarder les grimaces de ses petits-enfants et consulte la météo sur Internet avant une randonnée. Internet lui sert aussi à compléter ses informations généalogiques.

Un système de classement

Roger ouvre son courrier tous les jours, pour s'assurer qu'il n'y a pas d'urgence, et le traite deux fois par semaine.

Pour son classement, il utilise différents contenants.

1. Dans des chemises à épaisseur réglable (avec sangles) ;
   - les factures de moins de cinq ans (« *Je les conserve pour pouvoir m'y référer en cas de comparaison de prix, par exemple. Au-delà de cinq ans, je considère qu'elles n'ont plus de valeur "pratique".* ») ;
   - les modes d'emploi des appareils électroménagers et audio-vidéo ;
   - ce qui concerne sa carrière et celle de sa femme ;
   - les diplômes ;
   - les factures de plus de cinq ans pour les biens de valeur ;
   - les actes notariés ;
   - les documents papiers hérités de ses parents, qui lui servent pour sa généalogie.

2. Dans des albums :
   - vingt grands albums photos (« *Je n'ai pas gardé les négatifs puisqu'on peut les reproduire à volonté en les scannant.* ») ;
   - ses albums de timbres, classés avec le catalogue mondial de cotation.
3. Dans des boîtes à chaussures :
   - les cartes postales, pas triées.
4. Dans des boîtes métalliques avec intercalaires :
   - les diapositives (« *J'ai un index, un petit classeur à fiches perforées qui répertorie le classement des diapos* »). Voir ci-dessous.

Le classement des diapos, en un coup d'œil

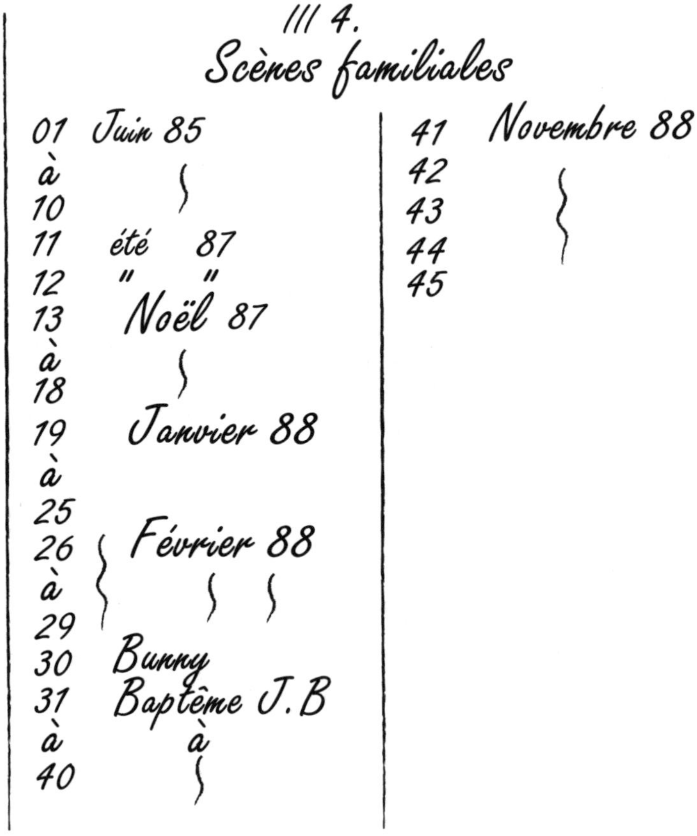
III 4.
Scènes familiales

01 Juin 85
à
10
11 été 87
12 " "
13 Noël 87
à
18
19 Janvier 88
à
25
26 Février 88
à
29
30 Bunny
31 Baptême J.B
à
40

41 Novembre 88
42
43
44
45

Vie professionnelle, retraite : que garder, que jeter ?

- Contrat de travail, bulletins de salaire, certificats de travail, relevés de points de retraite complémentaire

  À conserver au moins jusqu'à ce que vous fassiez liquider vos retraites. Par précaution, vous pouvez les garder à vie.

- Chômage

  Les avis de paiement des allocations doivent être conservés jusqu'à ce que vous fassiez liquider votre retraite et au moins trois ans après leur versement. Pendant ce délai, des sommes indûment versées peuvent vous être réclamées (dix ans en cas de fraude).

- Indemnités journalières suite à un arrêt de travail

  Les justificatifs de paiement sont à garder jusqu'à la retraite et au moins pendant deux ans après leur versement.

- Notification de la retraite ou titre de pension

  À vie car ce document justifie votre statut de retraité.

- Avis annuel

  Ce document est envoyé, par exemple, une fois par an aux retraités du régime général (anciens salariés) pour la déclaration fiscale des revenus. À conserver aussi longtemps que vos déclarations d'impôts, c'est-à-dire trois ans.

Les listes

Huguette a toujours fait des listes : ainsi, elle possède une liste des choses à emporter pour partir en vacances, qui lui sert pour les vacances d'été (en camping) et les vacances d'hiver à la montagne.

Elle a créé des colonnes, une par vacances. C'est pourquoi elle utilise la même liste depuis des années.

Dans son répertoire, sous le nom des gens, sont notés le prénom et les dates de naissance des enfants. Ce qui lui permet de prendre des nouvelles de chacun, sans devoir chercher, embarrassée, prénoms et âges.

La gestion de projet

■ Développer un nouveau hobby

Comment Roger a-t-il démarré son projet de généalogie ?

« Cette idée m'est venue d'un document laissé par mes parents à leur décès : il s'agissait d'un début de reconstitution de notre arbre généalogique.

J'ai retrouvé également un arbre généalogique de mes grands-parents paternels, constitué par un généalogiste professionnel et cousin éloigné.

J'ai commencé par vouloir me renseigner sur les méthodes et les outils dont j'aurais besoin pour mener à bien cette recherche. Pour ce faire, j'ai acheté une revue de généalogie et commencé à rechercher un logiciel de généalogie sur Internet.

J'ai acheté le logiciel qui me semblait le plus approprié et me suis servi des documents officiels conservés par mes parents (livrets de famille, par exemple) pour définir les organismes auprès desquels je devais m'adresser pour approfondir mes recherches.

Je mets aussi en rapport les cartes postales, les carnets d'adresses, les photos (lorsqu'elles sont identifiées) pour retrouver les noms et les visages des membres de ma famille.

À partir de là, je scanne les photos des vieux albums pour égayer l'arbre généalogique que je constitue progressivement. »

■ Astuce : conserver les vieilles photos

C'est inévitable, les vieilles photos pâlissent, jaunissent, se dégradent... Il existe des laboratoires qui peuvent vous en faire des copies mais le plus intéressant est encore, si vous le pouvez, de les scanner vous-même. Ainsi, leur conservation et leur reproduction sont assurées. Vous pourrez aussi les retoucher (ne corrigez pas le nez crochu de Tante Agathe, c'est sa « marque de fabrique » !), les recadrer... et les classer dans l'ordre qui vous arrange.

Vous rêvez, vous aussi, de vous lancer dans un nouveau hobby ? Voici comment vous y prendre :

- passez en revue vos envies, selon vos centres d'intérêt. Pourquoi votre retraite ne serait-elle pas une occasion d'apprendre, de découvrir, de progresser ? Dans un premier temps, n'éliminez aucune envie ou idée ;

- puis, faites le tri, avec votre conjoint – pourquoi pas ? – ou tout(e) seul(e). Prenez en compte votre budget et votre santé. Choisissez ce qui vous fait le plus envie et décidez d'en faire votre passion pendant les mois à venir. Vous pourrez toujours en changer par la suite ;
- n'oubliez pas qu'il s'agit sans doute de quelque chose de plus qu'un simple « passe-temps » entre deux semaines de dur labeur. Dès lors, ce serait une bonne idée que de vous fixer des objectifs à atteindre : sans cela, vous courez le risque de « remplir le temps », pas de progresser vers la réalisation de vos rêves ;
- mettez de côté certains préjugés comme : « *Je suis trop vieux pour faire ça* », « *Personne n'a besoin de moi* », « *Je n'y arriverai pas* »... Vous n'êtes pas à la retraite pour vous sous-estimer. Mais pour en profiter. Et puis, comme disent certaines mutines que nous connaissons : « *Maintenant, je peux oser, j'ai des cheveux blancs et le privilège de l'âge !* »
- recensez toutes les sources d'informations existantes traitant de votre passion et passez-les en revue ;
- procurez-vous, si besoin, le matériel nécessaire. Faites une étude de marché : pourquoi ne pas emprunter ou louer pour tester ? Voyez si du matériel d'occasion ne ferait pas l'affaire. Ou bien, faites-vous plaisir : si vous êtes sûr de votre coup et avez les moyens, offrez-vous donc ce qui existe de mieux !
- et n'oubliez pas de noter vos 3PA, ou Plus Petites Prochaines Actions (voir partie I de ce guide).

Préparer ses dernières années

Pour épargner à ses enfants et leurs conjoints des dilemmes en cas de difficulté, Geneviève a mis sur papier les résultats de ses réflexions et de ses recherches quant à l'éventualité d'une dépendance ou d'un décès. Elle en a fait part à ses proches, ou plutôt leur a dit où se trouvent les documents qui abordent le sujet, le « dossier ».

Le « dossier » de Geneviève

Geneviève a mis dans son « dossier » :

- ses projets pour elle-même en cas de dépendance physique ou maladie mentale (installation en maison de retraite, hospitalisation à domicile), accompagnés d'une éventuelle documentation sur les lieux où elle aimerait vivre ses dernières années ;
- ses volontés quant à la gestion de ses biens en cas de dépendance (désignation d'un tuteur parmi les proches) ;
- ses volontés en cas de grave maladie (don d'organes, acharnement thérapeutique...) ;
- des documents permettant de mettre en œuvre d'éventuels contrats d'assurance-vie ou de prévoyance obsèques ;
- un index permettant de localiser facilement les informations et documents importants ;
- ses volontés en cas de décès (obsèques) ;
- un éventuel testament ou le nom du notaire où il a été déposé.

Ce dossier, placé « *En réserve* », sera bouclé par quelques 3PA lorsque Geneviève s'y replongera : se renseigner sur une éventuelle assurance obsèques, visiter quelques maisons de retraite, s'informer sur Internet des différentes manières de disposer d'un corps, créer un index et rédiger un document reprenant ces informations pour plus de clarté. Ils sont revus lors d'un point annuel pour une rapide relecture et mise à jour.

Les bons plans du retraité

▪ Trier ses possessions

C'est à la retraite qu'il faut profiter de son nouveau temps libre pour trier ses possessions. On évitera ainsi aux enfants de s'en occuper, ils ne le feraient peut-être pas correctement… Ainsi, les vêtements ou chaussures qui ne vont plus sont d'abord proposés aux enfants puis, en cas de refus (poli) de leur part, apportés à une association caritative.

Cela permet parfois de faciliter un déménagement vers un autre logement (plus petit, plus près des proches, plus « encadré »), et d'éviter de gâcher de l'espace et de la mobilité. Se débarrasser d'un objet devenu inutile, surtout s'il peut servir à quelqu'un, c'est le contraire du gâchis. C'est une bonne décision.

Nombreux sont les retraités dont la cave, le grenier et les chambres d'amis débordent d'objets dont ils sont les seuls (et encore) à connaître l'histoire. Lorsqu'ils décèdent ou partent en maison de retraite, les enfants se retrouvent avec des centaines d'objets inconnus, sans valeur apparente, à devoir identifier et évacuer.

Certains sont abîmés, voire inutilisables, faute d'avoir été conservés dans de bonnes conditions et correctement entretenus. D'autres sont obsolètes : qui utilisera cette ravissante cafetière Cona® (à lampe à alcool) remplacée depuis cinquante ans par des appareils électriques ? Un collectionneur peut-être... mais pas leurs enfants, c'est sûr !

Autant faire plaisir de son vivant à ses proches que de s'accrocher à tous ces objets.

En l'absence de testament, certaines personnes notent derrière quelques tableaux le nom de la personne à qui elles le destinent, et en préviennent ledit destinataire.

▪ **Qu'est-ce qu'un souvenir ? Et qu'en faire ?**

« C'est un objet qui n'a pas d'utilité immédiate, quotidienne, mais qu'on éprouve de la satisfaction à retrouver et à manipuler ou regarder.

Certains objets que j'ai récupérés de mes parents, s'ils avaient un intérêt utilitaire, se sont retrouvés mélangés aux autres objets du quotidien que nous possédions déjà. C'est le cas de quelques livres, un coupe-papier, une petite table, une boussole... »

Roger, 80 ans

Pour qu'on retrouve facilement les documents importants

Il est utile de créer un index général pour tous les documents importants, afin que les proches s'y retrouvent en cas de problème. Il donne, par ordre alphabétique, les emplacements et les repères pour retrouver tous les papiers utiles. Les plus importants gagneront à être classés dans une boîte ou un classeur résistant à l'eau et au feu, qu'il sera possible d'attraper rapidement en cas d'urgence.

Le « ouescedonc » de Roger permettra à ses proches de retrouver facilement tous ses documents importants.

	intitulé	emplacement	repére
A	Actes notariés		
	En cours :	Bibliothèque	A
	Titre de propriété		
	Donation entre époux		
	Anciens :	Archives	4
	Allocations familiales	Archives	1
	Assurances :	Classeur métallique	
	Responsabilité		
	Vie Huguette-Roger		
	Voiture		
B	Banque	Bibliothèque	B
	Anciens relevés bancaires		
	Relevés année en cours		
	Cartes bleues		
	Livret A Caisse d'épargne		
	CODEVI		
	Plan d'épargne logement		
	Emprunt Caisse d'épargne		
	Livret A Poste		
	Compte chèques postaux		
C	Cimetières-concessions	Bibliothèque	A
	Carrière	Archives	1

.../...

.../...

	Caisses de retraite :	Bibliothèque	C
	cnav Huguette		
	cnav Roger		
	IREC		
	AGRR (UGRR)		
	CRI/UNIRS		
	AVIVA		
	IRRAPRI		
	Canal Plus	Classeur métallique	

Le rangement des objets quotidiens

Les accidents domestiques sont très nombreux chez les personnes âgées qui vivent chez elles, et ils ont parfois de graves conséquences. C'est pourquoi cet âge est le moment idéal pour apprendre à ranger un objet courant de manière à ce qu'il soit facile d'accès.

Conseils pratiques

Vous limiterez les risques d'accident en pensant à :

- conserver les objets d'usage pluriquotidien à une hauteur comprise entre vos genoux et vos épaules ;
- éviter d'avoir à déplacer un objet lourd pour accéder à un autre ;
- ranger les objets couramment utilisés dans les pièces auxquelles on accède sans escalier ;
- créer des « stations » pour réunir au même endroit les objets ayant le même usage (par exemple, une station *Lingerie* dans le placard de la chambre du bas, qui regroupe le matériel de repassage et de couture).

Partie IV

Les fiches pratiques

Fiche 1

Vous avez besoin d'un coup de pouce ?

Vous avez lu notre méthode, vous êtes retrouvé dans l'un des profils proposés (peut-être même dans plusieurs). Vous avez commencé à la mettre en œuvre, et là, quelques doutes vous étreignent. Ce module de dépannage est fait pour vous : que vous soyez sprinter, perfectionniste, créatif ou rebelle, voici nos réponses aux questions que vous vous posez.

Je suis un sprinter

Je n'arrive pas à maintenir la méthode en continu

En fait, le système est basé sur quelques habitudes basiques, qui sont simples à mettre en œuvre si vous avez le matériel à disposition :

- *noter* toutes les choses à faire qui nous passent par la tête, immédiatement (à condition de posséder un système efficace pour prendre des notes quand on se déplace : carnet-crayon, smartphone, cahier-stylo) ;
- *déposer* systématiquement les documents entrants dans sa « boîte à ampoules » (à condition de l'avoir installée dans un endroit logique et facile d'accès) ;
- *vider* sa boîte à ampoules au moins trois fois par semaine (à condition de réserver un moment pour le faire) ;

- *définir* la prochaine action de chaque projet ;
- *décider* ce qu'on va faire d'un document dès qu'on le traite pour la première fois ;
- *consulter* sa liste de 3PA et son agenda au minimum une fois par jour, pour définir son travail de la journée ;
- *faire régulièrement un point* sur le fonctionnement de son système, idéalement une fois par semaine.

Petit à petit

Chacune de ces habitudes, même prise individuellement, peut améliorer sensiblement votre organisation. À vous de décider si vous arriverez à les prendre toutes en même temps, ou si vous les mettrez en œuvre peu à peu, l'une après l'autre.

Au moment d'agir, j'ai comme un blocage

Notre système vous laisse le choix de l'action à mener par rapport au contexte et au temps dont vous disposez. Dans notre chapitre sur la procrastination, nous vous indiquons des méthodes qui vous permettront de dépasser de nombreux blocages dus à la peur de l'échec ou au manque de motivation, par exemple.

Je trouve cette méthode un peu compliquée

Vous avez peut-être la chance d'avoir une mémoire d'éléphant associée à une grande aisance dans la manipulation des documents, une assistante hors pair au travail, un métier sans à-coups et une femme de ménage. Dans ce cas, vous pourriez trouver que notre méthode est... comment dire, superflue. Cependant, si elle vous intéresse tout de même, sachez qu'elle est un enchaînement logique de règles de simple bon sens, rien de plus. Si vous reprenez chacune des étapes, vous verrez que l'une découle naturellement de l'autre, intellectuellement mais aussi physiquement. Tout a été pensé pour être logique, tout en laissant place à votre côté humain et à votre intuition.

L'organisation n'est qu'une façon de tirer le meilleur parti de nos ressources limitées : temps, espace, énergie, voire argent. Instaurer un système demande un effort au démarrage. C'est en voyant les premiers bénéfices (tranquillité d'esprit, gain de temps, diminution du stress...) que vous aurez envie de continuer.

Démarrer en douceur

Si vous n'êtes pas convaincu, commencez par mettre en œuvre une habitude seulement, et vous verrez déjà la différence.

Je suis perfectionniste

J'ai l'impression que tout s'écroulera quand je négligerai la méthode pendant deux jours

Rassurez-vous, une maison que vous construisez sur des fondations solides ne s'écroule pas comme la cabane en foin des petits cochons. Au bout de deux jours, il faudra bien sûr un peu de ménage. Au bout de deux semaines, il faudra consacrer quelques heures à tout rattraper, mais ce sera beaucoup plus facile dans ces conditions, avec une structure, que sans méthode du tout. Rappelez-vous... avant d'appliquer cette méthode, ce n'était pas mieux !

J'ai peur de noter dans mes listes plus de tâches que je ne peux en effectuer

Vous aurez constamment devant vous votre liste de choses à faire, et vous aurez le choix de commencer par telle ou telle tâche, en tenant compte de règles de bon sens. Vous allez procéder à un point régulier pour estimer par vous-même l'importance de rééquilibrer votre emploi du temps.

Garder le contrôle

Vous avez prévu trop de choses à faire ? Au moment de votre point quotidien, vous pourrez anticiper une solution : déléguer, supprimer, refuser certaines tâches. C'est vous qui contrôlerez la situation. Pas la bonne marche de votre mémoire. Pas une série de statistiques non plus. Vous. Et c'est vous qui déciderez d'ajouter ou non une tâche à votre liste...

Je suis créatif

J'ai besoin de spontanéité dans ma vie, je ne peux pas tout programmer...

En maîtrisant la plupart des contraintes et des obligations de votre vie, vous êtes plus disponible et plus libre pour accueillir toutes les surprises de l'existence. Vous pouvez enfin être créatif avec la « conscience tranquille ».

Vous pourrez d'ailleurs utiliser cette méthode d'organisation pendant vos vacances, si vous souhaitez avoir l'esprit libre. Cependant, vous vous rendrez compte par vous-même qu'elle sera très allégée. En général, regarder votre agenda et votre liste 3PA tous les soirs et tous les matins devrait suffire à vous tranquilliser l'esprit, et vous traiterez vos documents dès que vous en aurez trop. Si vous avez une résidence secondaire, vous utiliserez cette méthode pour simplifier votre système de rangement. Mais dès qu'un problème apparaîtra, souvenez-vous : trouvez la 3PA.

Quand vais-je réaliser mes rêves si je passe mes journées à trier des papiers et feuilleter mon agenda ?

Vous avez raison. Trier cette pile pour la cinquième fois pour y trouver encore votre avis d'imposition ou votre planning de congés. Téléphoner en catastrophe à votre collègue pour trouver un créneau pour votre réunion de travail (rapport à remettre demain !). Ranger tout le salon pour retrouver la fichue commande de photos de classe. Faire en quatrième vitesse cette lettre qu'on vous a demandée à une réunion le trimestre dernier.

Nous sommes d'accord, travailler dans ces conditions représente beaucoup de temps perdu. Alors qu'en anticipant, en incluant vos tâches de routines dans un système organisé, en créant un système de rangement simple mais efficace, en ne vous laissant pas déborder par l'urgence, vous allez trouver le temps de fixer des objectifs et de les réaliser.

Passer des envies à la réalité

Il faut d'abord installer le système, le faire marcher avec des « petites tâches », pour ensuite y intégrer les « grandes tâches » qui découlent de vos objectifs. Car faire des projets, avoir des envies, c'est bien joli mais réaliser ses objectifs, c'est mieux.

Je ne sais pas estimer le temps que me prendra une tâche

Pour les tâches les plus habituelles de votre vie, nous vous conseillons, sans sourire, le chronomètre. Chronométrez le temps dont vous avez besoin pour passer l'aspirateur dans tout l'appartement, pour lire dix pages d'un guide pratique, pour écrire un feuillet de votre roman, pour aller chercher les enfants à l'école, etc.

Pour les autres tâches, vous pouvez vous renseigner auprès de personnes qui les ont déjà accomplies, dans votre entourage ou sur un forum Internet.

Se baser sur l'expérience

Demandez à votre copain le temps que lui prend le reformatage de son disque dur, ou à votre mère le temps qu'il faut pour réaliser son exceptionnelle tarte Tatin. Vous pouvez aussi faire confiance à votre expérience et rapprocher votre tâche d'une autre tâche connue, tout en prévoyant une marge.

Je suis rebelle

Ma liste de 3PA est énorme, je passe ma journée à l'éplucher

Si votre liste 3PA est énorme, c'est que :

- *vous n'avez pas limité* votre liste aux actions auxquelles vous vous êtes engagé et qui sont à faire le plus tôt possible. Retirez-en les vœux pieux, les projets pour les vacances de l'an prochain, les idées en l'air ;

- *vous n'avez pas partagé* ou codé votre liste par contextes. Ajoutez des codes pour les tâches ne pouvant être accomplies que dans certaines situations, ou pour celles correspondant à une réelle urgence ;
- *vous n'avez pas déterminé* correctement la Plus Petite Prochaine Action (3PA). Si vous vous sentez débordé, reprenez chaque 3PA et découpez-la en tâches qui ne prennent pas plus d'une heure à accomplir. Ainsi elle disparaîtra plus rapidement de votre liste.

Isoler quelques tâches

Si décidément vous avez tout fait correctement et que vous êtes terriblement occupé, autorisez-vous à choisir et lister chaque jour entre une et trois tâches absolument indispensables ce jour-là, à condition de jeter la liste le soir même. Si vous pouvez la recopier pour le lendemain, c'est qu'il ne s'agit pas de tâches extrêmement urgentes...

Cette méthode ne correspond pas à mon caractère

En tant que spécialistes à la fois de l'organisation et de la désorganisation, nous pouvons affirmer que cette méthode a été testée par des personnes ayant des caractères très différents. Certains très perfectionnistes, d'autres très brouillons, certains placides, d'autres coléreux ou enthousiastes, certains bavards, d'autres timides... À certains moments, ils ont pu être découragés par le chemin à parcourir, et pourtant, à chaque pas, ils ont trouvé le paysage plus joli.

Bien sûr, comme toute méthode réaliste, celle-ci n'est pas imparable. Si vous n'y mettez pas de la bonne volonté, les débuts seront peut-être difficiles. Mais non, cette méthode n'est pas un système pour professionnel de haut niveau seulement, elle ne cible pas spécialement les hommes, ni les jeunes ou les célibataires, ni même les actifs. Elle est appliquée par des personnes qui ne rêvent, comme chacun, que de trouver un peu de temps en plus pour eux et leurs proches.

Une méthode personnalisable

Si vous êtes contre les méthodes rigides, sachez que vous pourrez adapter celle-ci, justement, à votre cas. Rien n'y est gravé dans le marbre...

Fiche 2

Vous déménagez

Un déménagement est un vrai défi. Seul moyen d'éviter la crise : *an-ti-ci-per*. Nous vous donnons un ordre d'idées concernant les délais, que vous adapterez évidemment à votre situation. Déménager vos papiers et votre ordinateur à l'autre bout du couloir de l'entreprise représente un défi bien différent (mais qui compte aussi son lot de risques) de l'expatriation d'une famille nombreuse !

Comme nous vous le proposons souvent dans ce guide, la première étape de l'organisation de votre déménagement, c'est de réunir tout le matériel et les documents dont vous aurez besoin.

Le matériel à réunir

Pour déménager, vous devez d'abord déterminer une date, ou étaler, si la situation s'y prête, votre déménagement sur plusieurs jours. Nous vous encourageons à ne pas dépasser une semaine : les périodes de transition sont très stressantes, inutile de les prolonger.

Ensuite, selon les cas, vous devrez aussi réunir :

- *des informations sur d'éventuels travaux à faire* avant votre arrivée dans vos nouveaux murs (réfection des sols, des peintures, des serrures, installation de placards, révision du réseau électrique, installation d'étagères dans les zones de stockage, notamment) ;

- *des informations sur les démarches à effectuer* pour quitter votre actuel logement et pour emménager dans le nouveau : installation du téléphone, de l'électricité, du gaz, etc ;
- *un système d'enregistrement du contenu de vos cartons*, dès lors que vous en aurez plus d'une dizaine. Ouvrez un cahier où vous prévoirez une page par carton, numérotez la page comme le carton, et marquez sur cette page tout ce qui se trouve dans le carton. Vous n'aurez qu'à indiquer sur le carton sa pièce de destination dans la nouvelle maison. Gardez bien ce cahier à tout moment près de vous ;
- *une liste de ce dont vous avez absolument besoin* pour vivre au quotidien pendant une période de transition... Ce que vous ne pouvez pas emballer, c'est exactement ce dont vous ne pouvez pas vous passer quand vous partez en vacances. Pas besoin d'anorak quand on part à la mer, ni de quatre postes radio et d'un stock de douze flacons de shampoing. Et l'appareil à raclettes ? Non plus. Alors, emballez tout ça ;
- *une liste de tous les objets de valeur et documents importants* (livret de famille, papiers d'identité, diplômes, bulletins de paie, coordonnées des compagnies d'électricité, gaz, téléphone, répertoire téléphonique, actes d'achat et de vente, plans, etc.) que vous souhaitez garder avec vous pendant le déplacement ;
- *les documents qui passeront entre vos mains et que vous ne voulez pas perdre* : le numéro de la nouvelle voisine, les échantillons de papier peint, les coordonnées de l'agent immobilier, le contrat du déménageur, etc. ;
- *du matériel* : beaucoup de cartons (voyez large), des boîtes, du scotch d'emballage (plusieurs rouleaux et, si possible, plusieurs dévideurs : vous aurez sûrement de l'aide), du papier journal ou à bulles pour emballer les objets fragiles, des sacs poubelle, des gros feutres. Pour la semaine précédant et la semaine suivant le déménagement, louer ou emprunter un diable.

Un point central

Pour ranger tout ce matériel, nous vous conseillons de procéder comme suit : déterminez un endroit (une étagère, un tiroir, une caisse) où vous rangerez *tout* ce qui a trait à votre déménagement. À partir de ce jour, *tout* ce qui a trait au déménagement doit être rangé à cet endroit, et pas ailleurs.

Réfléchir à l'organisation des événements

Créez une liste de choses à faire, que nous allons vous aider à compléter au fur et à mesure. Cette liste comprendra beaucoup de tâches qui ne devront pas être oubliées, mais ne pourront cependant être commencées qu'à un moment donné, souvent après une autre tâche…

Présentez donc cette liste sous forme de carte heuristique, si vous en êtes un adepte, ou bien sous forme de rétroplanning. Vous n'aurez ainsi qu'à la consulter une fois par semaine pour ajouter à votre liste de 3PA les tâches que vous pouvez commencer à faire. Surtout, dès que vous pensez à quelque chose, notez-le : cette période est très souvent propice aux oublis. Il y en aura, mais limitez-les !

Pour ce qui est des changements d'adresse administratifs, La Poste pourra faire suivre le courrier à votre nouvelle adresse pendant six mois au moins. Le plus urgent est de régler l'installation sur place, c'est-à-dire le déménagement et les diverses inscriptions (école, crèche), ainsi que l'électricité, le téléphone et l'eau pour que vous puissiez reprendre une vie normale rapidement.

Organiser le travail et les biens

Les premiers préparatifs

- Avant de faire vos paquets, triez autant que vous le pouvez, en utilisant la méthode *Trois cartons, un sac*. Voyez si vous voulez organiser la vente des objets que vous n'emporterez pas.
- Ensuite, emballez vos affaires dès que possible, en commençant, évidemment, par les objets que vous utilisez le moins souvent (objets décoratifs, vêtements hors saison, vaisselle festive, livres, albums photos). Le premier carton sera numéroté 1, et vous avancerez progressivement en nombre, sachant que les nombres les plus élevés seront donc à déballer en premier. Soyez assez précis quand vous notez le contenu de chacun sur votre carnet.

Les derniers seront les premiers

Prévoyez une série de cartons ou de sacs qui seront utilisés les premiers jours de votre installation.

- Chaque membre de la famille peut, par exemple, en remplir un avec une paire de draps, un oreiller, une lampe de chevet, un réveil, sa trousse de toilette, une paire de serviettes, quelques rallonges électriques, de quoi écrire, des mouchoirs en papier, etc.
- N'oubliez pas, évidemment, la cafetière ou la bouilloire, les céréales des enfants, le café, le sucre et les tasses du petit déjeuner, une poêle, une casserole, un couteau aiguisé, des couverts, du produit vaisselle, des torchons, des assiettes en carton, des serviettes en papier, des verres, le papier toilette, deux séries de vêtements de rechange par personne.
- Prévoyez également tout votre matériel de déménagement, notamment des sacs poubelle, et des panneaux pour indiquer sur les portes les noms des pièces.
- Parmi les cartons à mettre en dernier dans le camion, comptez également le téléviseur et les lecteurs vidéo avec les DVD pour occuper les petits pendant que vous serez en train de meubler leur nouvelle chambre.

Visez un rythme de cinq cartons par jour, un peu plus le week-end.

Prévoyez-en un pour les produits d'entretien, vous ne le fermerez qu'au dernier moment. Préparez aussi un contenant pour les objets précieux, qui voyageront avec vous.

- Nettoyez un maximum de choses avant le jour J (comme le dessus des meubles de cuisine). Ne gardez pour le dernier moment que le nettoyage à faire après le départ des meubles et cartons.
- Demandez de l'aide si vous le pouvez. Insistez pour qu'on vienne vous prêter main-forte dans les derniers jours, c'est là que ce sera le plus difficile.

Astuce

Une heure de baby-sitter coûte moins cher qu'une heure de déménageurs : peut-être pouvez-vous prévoir d'y avoir recours le jour du déménagement ?

Juste avant de partir

Deux choses fondamentales à vérifier avant de quitter votre ancienne maison :

- le téléphone, l'électricité et l'eau doivent fonctionner dans votre nouveau domicile ;

- vous avez de quoi nettoyer votre ancienne maison, ou vous avez demandé les services d'une entreprise spécialisée.

Faire des points réguliers

Imposez-vous de reprendre vos documents *Déménagement* une fois par semaine au minimum pour suivre ce que vous avez à faire. Plus le déménagement approche, et plus le travail s'intensifie. Prévoyez des pauses régulières et demandez de l'aide autour de vous.

Par contre, évitez tout ce qui vous donnera plus de travail : ce n'est pas le moment d'organiser une fête, à moins que le but ne soit que tout le monde vienne choisir quelque chose chez vous pour l'emporter chez lui !

Ne pas attendre pour agir

Un peu chaque jour

N'attendez surtout pas le dernier moment pour faire vos cartons ou préparer votre arrivée dans votre nouveau logement. Un déménagement doit vraiment se dérouler dans la proactivité : chaque semaine, réfléchissez aux actions, souvent toutes simples, qui vous permettront d'accélérer le processus, surtout à la fin. Tâchez donc d'en faire un petit peu tous les jours, pour éviter le stress.

Exemple de liste de 3PA sous forme de rétroplanning pour un projet *Déménagement*

Deux mois avant

- Créer un dossier et une caisse *Déménagement*.
- Obtenir des devis d'entreprises de déménagement et d'entreprises de location d'utilitaires, puis choisir une solution et une entreprise.
- Faire un plan de placement des meubles.
- Organiser, si nécessaire, des travaux dans le logement de destination.
- Commencer à trier.

- Commencer à faire les cartons.
- Appeler la compagnie d'électricité pour indiquer le jour du déménagement, se munir du nom de l'ancien locataire.
- Se renseigner pour les inscriptions à l'école, en crèche et en halte-garderie.
- Se coordonner avec l'agence immobilière.
- Trouver du matériel d'emballage.
- Commencer une liste de ce qui ne voyagera pas avec les déménageurs si on part en avance avec les enfants, fixer la date définitive.
- Faire les réservations nécessaires pour les transports.
- Demander à son employeur le jour de congé légal accordé pour le déménagement.
- Demander à la banque de faire un transfert de compte et d'indiquer une nouvelle agence.
- Organiser le voyage de la famille.
- Au moment de trier les documents familiaux, se demander à chaque dossier s'il faut informer un interlocuteur de la nouvelle adresse, résilier un abonnement, etc.

Six semaines avant

- Aller à la poste demander un ordre de réexpédition définitif.
- Demander au médecin des recommandations pour d'autres médecins dans la nouvelle ville.
- Réunir les objets de grande valeur et les documents importants : ils ne doivent pas voyager dans le camion des déménageurs.
- Faire le changement d'adresse pour les abonnements.
- Envoyer la nouvelle adresse aux amis et parents.
- Contacter la compagnie d'électricité pour résilier le contrat d'abonnement.
- Contacter la compagnie du téléphone pour résilier l'abonnement : donner n° de téléphone, date du départ, montant exact de la dernière facture, nouvelle adresse.

Quatre semaines avant

- Prévoir un plan d'accès au nouvel appartement pour les déménageurs.
- Prévoir les repas pour vider le frigo et le congélateur.
- Informer les voisins et le gardien : bruit du déménagement, utilisation intensive de l'ascenseur, stationnement du camion.
- Faire réviser la voiture.
- Rendre les objets empruntés, récupérer les objets prêtés.
- Se débarrasser à la déchetterie de tous les produits inflammables et autres encombrants « non autorisés ».
- Contacter compagnie du téléphone pour rétablir la ligne : donner nom de l'ancien locataire (et son n°), bail ou copie, pièce d'identité.
- Faire les valises qui restent avec soi.
- Organiser la garde des enfants.

Deux semaines avant

- Régler toutes les factures.
- Noter sur les meubles leur destination.
- Faire les valises et confirmer le voyage (vols...).

- Préparer une collation et des boissons, sans oublier l'équipe de déménageurs.
- Retirer les objets décoratifs fixés à emporter.
- Prendre rendez-vous avec les encombrants pour le ramassage de ce qui part à la poubelle, et avec Emmaüs pour les meubles dont on se sépare.
- Prendre de l'argent liquide pour le déménagement.

Une semaine avant

- Dégivrer frigo et congélateur (environ trois jours avant le départ).
- Récupérer le linge au pressing.
- Faire les sauvegardes informatiques.
- Isoler les paquets à ne pas déménager.
- Acheter tout le nécessaire pour le voyage et la transition.
- Finir les valises.
- Vidanger le lave-linge.
- Fermer les portes d'armoires et les tiroirs vides avec du scotch ou les bloquer fermement avec du carton ; enlever les clés et les étiqueter.

Une fois arrivé à destination

Quand les camions arrivent, le principe est d'attendre que les meubles de rangement (armoire, bureau…) soient là pour y remettre leur contenu. N'ouvrez pas les cartons avant d'être sûr de pouvoir les vider entièrement. Dites-le bien aux enfants (qui sont pressés de retrouver leurs jouets et d'en mettre partout par terre). Donnez la priorité aux cartons de la cuisine.

Astuce

Pour le premier jour, prévoyez un repas simple et peut-être même, plutôt, un repas à l'extérieur.

Le lendemain de votre arrivée, n'oubliez pas votre point quotidien. Et ajoutez à votre liste 3PA les urgences suivantes :

- brancher le lave-linge (et le sèche-linge) ;
- brancher le lave-vaisselle ;
- réfléchir aux menus du jour ;
- faire la liste de courses, puis les courses.

Ensuite, ne voyez pas trop grand, essayez de vider seulement cinq cartons à la fois et de faire des pauses régulières. Si vous voyez des choses que vous auriez dû jeter avant de partir, il est encore temps de le faire.

Fiche 3

Vous rangez

La méthode *Trois cartons, un sac*

Application : en tout lieu, partout où le besoin s'en fait sentir.

Moment idéal : n'importe quand.

Matériel : trois cartons (ou caisses ou grands sacs), et un rouleau de sacs poubelle robustes de cinquante litres.

État d'esprit : prêt à prendre des décisions et à oublier pour quelques instants son perfectionnisme.

Les principales étapes

1. Préparer les contenants

Préparez quatre contenants :

- Carton *Ici* (à ranger dans cette pièce). Ce qu'il contient devra rester dans la pièce où vous vous trouvez, mais pas forcément à l'endroit où vous l'avez trouvé.
- Carton *Ailleurs* (à ranger dans une autre pièce). Vous l'utiliserez pour les objets destinés à aller dans une autre pièce.

- Carton *Donner* (à donner ou à vendre). Il est destiné aux objets encore utilisables mais que vous ne souhaitez pas garder, si vous savez à qui ou à quel organisme vendre ou donner ces objets.
- Sac poubelle de 50 l (à jeter). Il servira pour tout ce dont vous voulez vous séparer mais que vous n'allez ni donner ni vendre.

2. Choisir un lieu

Choisissez une pièce ou, mieux, une zone de la pièce, bien définie mais pas trop ambitieuse. Cela pourra être, par exemple, une étagère, l'équivalent de la surface d'une feuille de papier A4 sur votre bureau, la moitié de la salle de jeux, le haut du placard de l'entrée, etc.

Oui, c'est une petite zone et bien sûr que vous êtes capable d'en faire beaucoup plus. Souvenez-vous à ce stade que le désordre que vous voyez n'est pas arrivé en deux heures, ni même en deux jours. Plus certainement en semaines, en mois, voire en années.

3. Vider et trier

Passez les téléphones sur répondeur, pour être tranquille (et moins tenté de louvoyer…), et installez-vous confortablement.

Commencez par vider complètement un élément : tiroir, étagère, boîte… Pour chaque objet que vous croisez, choisissez l'un des cartons ou le sac poubelle, selon que vous décidez de le ranger dans cette même pièce, de le ranger ailleurs, de le donner (ou le vendre), ou de le jeter.

Attention

Évitez de passer d'une pièce à l'autre. Vous déplacer entraînerait inévitablement de la distraction. Vous vous mettriez à ranger un peu de ci, un peu de ça, *« tant que j'y suis »*, *« tant que j'y pense »*, ce qui vous ferait perdre l'objectif de vue et vous épuiserait à coup sûr.

Procédez ainsi pendant trente minutes maximum (pensez au minuteur). Puis faites une pause car le tri est une activité fatigante et parfois émotionnellement difficile (photos, lettres…).

4. Répartir les contenants

Une fois les trente minutes écoulées :

- transportez le carton *Ailleurs* hors de la pièce et parcourez chaque endroit de destination dans le but de vider ce carton. Ne cherchez pas à « ranger idéalement » maintenant ces objets-là : vous vous occuperez de ces pièces plus tard. Pour l'instant, contentez-vous de les poser dans leur pièce de destination ;
- fermez et stockez le carton *Donner* plus loin de vous en attendant que vous procédiez au don ou à la vente de ce qu'il contient. Inscrivez dessus de quoi il s'agit pour ne pas devoir l'ouvrir de nouveau. Fixez tout de suite une date sur votre agenda pour organiser la vente ou la remise des objets ;
- fermez et jetez le sac poubelle (ne fouillez pas dedans, sinon vous seriez tenté de tout récupérer !).

Le résultat

À l'issue de la séance de tri, il vous reste un, voire plusieurs cartons *Ici* (si votre séance de tri a été intense) remplis d'objets que vous souhaitez conserver et ranger dans cette pièce. Ce n'est qu'à ce moment que vous pouvez vraiment commencer à attribuer une place à chacun de ces objets, car ils répondent à vos critères :

- vous souhaitez les garder ;
- ils « habiteront » dans cette pièce parce que c'est ici que vous vous en servez.

Parmi les objets restants se trouvent des ampoules qui rejoindront votre boîte à ampoules.

Conseils pratiques

Vous pourrez reprendre la séance de tri là où vous en étiez, lorsque vous le souhaitez, mais toujours par tranches de trente minutes maximum.

Fiche 4

Vous listez vos courses

Les listes de courses sont typiquement ce qu'on appelle des listes contextuelles. En effet, acheter un objet particulier est une action qui ne peut avoir lieu qu'à un moment et en un lieu donnés, dans une situation particulière. Essayez par exemple d'acheter une robe de soirée sur une plage bretonne à 7 h 30 du matin, et vous verrez que les achats sont réellement des actions à « contextualiser ».

Bref, il existe différentes listes de courses, et vous pouvez vous organiser selon le type de courses que vous souhaitez enregistrer dans votre système. Prenons quelques exemples.

La liste de courses à faire en plusieurs lieux différents

Vous êtes assistante du directeur d'une toute petite entreprise, et vous avez indiqué à tous vos collègues que vous assuriez les achats une fois par semaine, le vendredi après-midi. Vous ouvrez donc un cahier, où chacun peut mentionner les fournitures dont il a besoin, mais aussi la nécessité d'amener tel ou tel appareil à réparer chez un artisan du quartier, l'approvisionnement en bouteilles pour le prochain pot « galette des rois », et les cartouches d'encre recyclables à porter au conteneur.

Évidemment, cette liste se présente sous la forme d'un tableau à remplir. Le vendredi matin, vous n'avez plus qu'à reprendre la liste, organiser votre après-midi, préparer tout ce qui devra être transporté, éventuellement trouver un coup de main pour transporter certains objets, et voilà !

Conseils pratiques

Ce type de liste peut aussi être mis en place dans une famille, ou dans votre agenda personnel.

La liste de courses pour votre magasin favori

En entreprise comme dans la vie personnelle, il y a des endroits où on retourne souvent, par nécessité, ou pour le plaisir. Par exemple, vous, passionné de décoration, vous rendez régulièrement chez Bricotruc en rentrant du bureau. Alors, malin que vous êtes, vous avez créé dans votre agenda une page spécifique « *Bricotruc* », où vous notez au fur et à mesure les éléments que vous devez y acheter, avec toutes les références et mesures nécessaires à votre achat.

Conseils pratiques

Inutile de vous dire que vous pourriez en faire autant si vous étiez un rat de bibliothèque, un inconditionnel de jeux vidéo ou un adepte des courses au marché.

La liste de courses récurrentes

Vous avez dit « *consommable* » ? Du lait, du papier, des timbres, de l'encre, des céréales de petit déjeuner, des chaussettes... le point commun entre tous ces objets, c'est qu'ils disparaissent presque aussi vite qu'on les achète. N'empêche que, lorsque vous, père ou mère de famille, vous allez faire les courses au supermarché, vous êtes bien capable de vous rappeler d'acheter de la sauce d'huître mais d'oublier les œufs.

Exemple de check-list de courses

LISTE DE COURSE (par rayon d'un hypermarché)

- Papeterie
- Produits spéciaux
- Eau déminéralisée
- Alimentation animal
- Litière
- Brosse à dents
- Dentifrice
- Savon
- Gel dauche
- Mousse à raser
- Lames de rechange
- Mouchoirs
- Protection hygiénique
- Coton
- Coton-tige
- Shampooing
- Après-shampooing
- Pain
- Viennoiserie
- Poisson
- Fruit de mer
- Fromage blanc
- Yaourts
- Jus de fruits frais
- Fromage
- Beurre
- Œufs
- Lait
- Crème

- Surgelés
- Charcuterie
- Jambon
- Plats cuisinés
- Huile
- Vinaigre
- Épices
- Sucre
- Farine
- Fruits en boîte
- Compotes
- Riz
- Couscous
- Blé
- Lentilles
- Produits équitables
- Thé
- Levure
- Pépites chocolat
- Pâtes
- Sauce tomate
- Conserve de poisson

- Galettes de riz
- Sauce soja
- Conserves de légumes
- Produit lave-vaisselle
- Liquide vaisselle
- Papier toillette
- Essuie-tout
- Sacs poubelle
- Éponge
- Lessive
- Jus de fruits
- Eau gazeuse
- Vin
- Alcool
- Biscuits apéritifs
- Viande
- Abats
- Biscuits
- Pain de mie
- Pain spécial
- Céréales
- Chocolat dessert
- Chocolat noir
- Chocolat au lait
- Café moulu
- Confiture
- Miel
- Café soluble

- Thé
- Poulet
- Lapin
- Dinde
- Noisettes
- Amandes
- Cacahuètes
- Herbes
- Fruits
- Légumes

La solution, c'est la check-list de courses. Sur le modèle du document ci-dessus, vous pouvez créer votre propre liste, l'accrocher dans votre cuisine, laisser les membres de votre famille la cocher, puis l'empoigner, après une vérification rapide des ingrédients fondamentaux, au moment de partir faire vos courses au supermarché. On peut même aménager des espaces pour rajouter de nouvelles choses… et classer les rayons dans leur ordre d'apparition dans votre hypermarché favori.

Conseils pratiques

La check-list de courses peut être adaptée à l'achat des fournitures d'une petite entreprise, ou même à votre série de petites courses à faire chaque semaine pour la maison :

- aller poster les lettres à la poste ;
- chercher vêtements au pressing ;
- déposer les chèques à la banque ;
- m'acheter un bouquet de fleurs ;
- prendre le magazine télé ;
- etc.

Vous noterez au passage que cette idée maligne a été reprise par la plupart des sites de courses alimentaires en ligne : ils vous permettent d'enregistrer votre liste de courses de base, que vous mettez à jour selon vos besoins.

Dernière possibilité, pour les personnes qui ont peu de courses à faire : les noter dans votre liste 3PA avec un code particulier pour montrer que cette action implique de se déplacer ou de sortir son portefeuille.

Fiche 5

Vous partez en déplacement professionnel

Organiser votre départ

L'organisation d'un déplacement professionnel est une circonstance tout à fait adaptée pour appliquer notre méthode.

- Récoltez tout ce à quoi vous pensez au sujet de votre déplacement et notez-le sur une liste (informatique ou papier). Récoltez également le résultat de vos expériences et de celles des autres.

- Réfléchissez à toutes ces ampoules et, si une action de votre part est requise, cherchez les 3PA pour chacune.

- Organisez les résultats de vos réflexions pour pouvoir les retrouver au bon moment.

Par exemple : « *Mon billet d'avion et ma "feuille de route" dans mon classeur d'instance, ma check-list de départ dans mon répertoire Documents de référence – déplacement.* »

▬ Faites le point régulièrement. Par exemple : *« J'avais demandé à mon assistante de me trouver un hôtel, je n'ai pas de nouvelles : où en est-elle ? »*

▬ Et agissez dès que possible : n'attendez pas le dernier moment pour toutes les actions qui impliquent d'autres personnes. Pensez qu'elles n'attendent généralement pas les bras croisés que vous daigniez leur confier une mission !

Nous avons fait une partie du travail pour vous. Inspirez-vous de notre check-list ci-dessous pour créer la vôtre.

Check-list de déplacement

À faire dès que je sais que je vais partir

☐ Contrôler mon stock de cartes de visite, de documentations. En demander ou commander si nécessaire.

☐ Réserver l'hébergement (s'il s'agit d'un salon professionnel, les hôtels à proximité seront pris d'assaut).

☐ Réserver le trajet (pour les mêmes raisons).

☐ Informer les collègues et les proches de mes dates de déplacement.

☐ Vérifier que la date d'expiration de ma carte bancaire ou de ma carte professionnelle ne tombera pas pendant mon déplacement.

☐ Décaler les rendez-vous qui étaient prévus ces jours-là.

☐ Planifier les tâches que je pensais faire ces jours-là pour les intégrer dans ma liste 3PA avant mon départ.

☐ Déléguer en conséquence si je crains qu'une date limite ne puisse être tenue suite à mon absence.

☐ Informer mes collègues ou collaborateurs de l'endroit où sont les informations en cours, si mon classement est vraiment très personnel.

☐ Me procurer le matériel/l'équipement/les tenues nécessaires à un déplacement réussi, car je sais que je n'aurai pas le temps de faire des achats/convaincre le service informatique la semaine précédant mon départ.

À faire, en plus, lors de déplacements à l'étranger

☐ Vérifier que mon passeport ou visa est valide car l'obtention peut être longue (selon les pays de destination) puis planifier la démarche au besoin.

☐ Vérifier que mes vaccins sont à jour, particulièrement si le déplacement a lieu en Asie ou en Afrique, puis planifier la démarche au besoin.

☐ Planifier la remise de chèques de voyage, s'il y a lieu.

☐ Me renseigner sur les conditions d'extension de forfait pour mon téléphone mobile.

☐ Me renseigner sur les coutumes de relations d'affaire (cadeaux, tenues, comportement...).

À faire la veille de mon départ

- ☐ Transférer ma messagerie électronique ou mettre un message d'absence.
- ☐ Transférer mon téléphone ou mettre un message d'absence sur ma boîte vocale.
- ☐ Charger mon téléphone.
- ☐ Charger mon ordinateur portable.
- ☐ Charger mon PDA.
- ☐ Retirer de l'argent liquide (somme : ______).
- ☐ Récupérer les billets de train ou d'avion, confirmations d'hôtels, etc. placés dans mon classeur d'instance et les placer dans une chemise dans mon sac de voyage.

Faire les bagages

Récolter et réfléchir

- À partir des événements marquants de votre séjour, déterminez ce dont vous aurez besoin en termes de vêtements et d'accessoires. Jetez un œil sur la météo de l'endroit où vous allez.
- Vérifiez le contenu de votre armoire. La consultation de la météo locale et du contenu de votre armoire vous amène à vous rendre compte, par exemple, qu'une parka s'avère nécessaire.
- Notez les limites des compagnies aériennes en matière de taille de bagage et de sécurité (liquides, objets contondants…).
- Récupérez plans et itinéraires pour penser à les emporter.
- Vous remarquez une pile de magazines professionnels sur le coin de votre étagère. Notez d'en prendre quelques-uns que vous lirez pendant vos temps d'attente.
- Démarrez une liste d'objets à acheter dans les prochains jours.
- Les compagnies aériennes refusent les flacons de plus de cent millilitres en cabine. Vous devrez donc acquérir un flacon plus petit pour transvaser votre liquide à lentilles. À noter sur la même liste.
- Prévoyez un aller-retour chez le teinturier pour vos chemises : elles seront bien pliées, vous n'aurez plus qu'à les mettre telles quelles dans la valise.
- Planifiez vos achats de façon à limiter vos déplacements.

S'organiser

- Au fur et à mesure de vos récoltes, constituez progressivement des tas de « choses à emporter », chez vous et au bureau : vos vêtements, vos accessoires, votre matériel professionnel...

Astuce
Les plans et itinéraires seront à placer dans votre agenda ou dossier *Déplacement prévu*, à la veille de votre départ.

- Choisissez vos bagages : pour y loger les produits et d'éventuels souvenirs, prévoyez une valise un peu plus grande. Vos magazines professionnels seront répartis entre votre bagage à main et votre valise.
- Achetez : ressortez votre liste et allez acheter ce qui vous manque à la date que vous avez prévue.
- La veille de votre départ, recensez tout ce que vous emportez et vérifiez qu'il ne vous manque rien. Vous pouvez vous aider de la liste ci-contre.

Bien faire sa valise

Pensez à porter sur vous les chaussures encombrantes et les tenues les plus lourdes (manteau ou parka) : vous les ôterez pendant le transport s'il fait chaud et n'aurez pas à les porter dans vos bagages. Pour les autres :

Après avoir placé dans votre valise les revues professionnelles que vous destinez à vos soirées studieuses à l'hôtel, entre deux événements animés, remplissez-la en commençant par les pantalons, à disposer en les centrant, au fond, dépassant des deux côtés.

Puis pliez chaque veste ainsi : commencez par vider les poches. Tenez la veste face à vous en plaçant vos mains à l'intérieur des épaules. Tournez l'épaule gauche (mais pas la manche) à l'envers. Insérez l'épaule droite à l'intérieur de l'épaule gauche. La doublure est maintenant vers l'extérieur et les manches à l'intérieur du pli ainsi formé. Pliez la veste en deux et placez-la dans la valise.

Les chaussures sont dans un sac (celui fourni lors de leur achat, ou un sac plastique).

Elles se placent vers une partie dure de la valise. Avant de les mettre dans leur sac, glissez-y les petits objets (appareil photo numérique, réveil, etc.), éventuellement calés par les chaussettes.

Pliez les cravates en deux, emballez-les dans un plastique de teinturier ou du papier de soie et maintenez-les souplement avec un élastique.

Les chemises, toutes boutonnées, sont pliées.

Repliez par-dessus le tout les deux parties de vos pantalons qui étaient restés à l'extérieur de la valise. C'est terminé.

Formulaire de déplacement

Documents à emporter

□ Billet d'avion/train (+ photocopie)

□ Dossiers

____

____

□ Feuille de note de frais

□ Plans et itinénaires

□____________________

□____________________

Fournitures

□ papier

□ écriture (stylos, crayons, gomme, etc.)

□ cartes de visite

□ ordinateur portable + chargeur

□ chargeur téléphone portable

□ PDA

□ Documentations

□____________________

Tenues à prévoir

□ Se renseigner sur la météo sur place

__ tenues de travail

__ tenues habillées (besoin d'un fer à repasser sur place ?)

__ tenues décontractées

__ tenues spéciales : maillot de bain, tenue de ski, etc.

Matériel

□ Adaptateur éléctrique

□ Extension de forfait de téléphone portable

Transports

Réservations (date et heure) :

Ferme/à confirmer

Aéroport/gare

Transfert aéroport/gare

N° de place, de voiture

Repas réservé ?

Tickets reçus (oui/non)

Sur place

Adresse de l'hôtel : ____________________

Wifi □

Personne à contacter : ____________________

N° dossier : ____________________

Location de voiture

Se rendre à l'agence de la compagnie : ____________________

à__h__, dossier n°________

Adresse : ____________________

Rendez-vous

Date	*Heure*	*Personne*	*Lieu*	*Itinéaire imprimé*	*RV confirmé*

Notes

■ À faire au retour

Notre méthode s'applique évidemment à des bagages pleins, de retour de déplacement.

Pour chaque objet, vous devrez décider de son sort. Des plus triviaux (vêtements) aux plus sentimentaux (cadeaux). Pour les informations stratégiques aussi, les notes que vous avez prises par exemple. Sans parler des cartes de visite que vous n'aurez pas manqué de récupérer.

■ Soyez impitoyable

Si vous sentez que cette carte de visite, que vous n'avez prise que par courtoisie, ne vous sera d'aucune utilité, jetez-la. Les notes que vous avez gribouillées en conférence, plus pour focaliser votre attention que pour les relire, jetez-y un œil si vous y tenez puis jetez-les.

En revanche, il y a des 3PA précieuses dissimulées dans certaines de vos notes et dans les documentations que vous avez rapportées. Il y a aussi des contacts intéressants à conserver, des informations sur les concurrents, sur votre marché, etc. A vous de bien repérer ces informations et de les transformer selon notre méthode pour être sûr de ne pas passer à côté d'une occasion.

Fiche 6

Vous partez en vacances

Les vacances sont un bon exemple de projet qu'il vaut mieux organiser correctement pour qu'il soit réussi.

Choisir et réserver une destination

- Le plus tôt possible, créez un dossier *Vacances an prochain* à classer dans votre réserve. Vous y rangerez au fur et à mesure toutes sortes de documents : brochures de vacances, lettres d'un membre de la famille qui vous invite dans sa maison de campagne (ou de plage), promos du comité d'entreprise, dates des congés scolaires, plannings de toutes les personnes concernées, programmes des activités de la région.
- Dès que vous êtes sûr d'avoir une période disponible, inscrivez sur votre agenda : « *Faire la liste de choses à faire du projet* Vacances an prochain ».
- Définissez ensuite les critères de « bonnes vacances » pour cette année. En effet, préparer des vacances est un vrai projet, qui se compose d'une bonne collection de tâches, dont la première est de les définir, de les planifier, et si possible de les partager. Mais avant tout, il faut décider où partir. Pour cela, il convient de définir des vacances qui seront « bonnes » pour tout le groupe (amis, famille).

■ **Astuce**
Si vous avez plusieurs idées de « bonnes vacances », utilisez une carte heuristique (ou *mind-map*©).

- Vous vous rendrez compte alors qu'il y a des décisions préliminaires à prendre. Vous pouvez fixer une fourchette de budget : étant donné cette fourchette et la période où vous pouvez partir, la date exacte va importer, ainsi que la durée du séjour. Vous notez donc sur votre liste 3PA de vous informer en priorité auprès de chaque personne concernée (conjoint, ex-conjoint, chef de service) de ses contraintes pendant la période choisie.
- Programmez aussi sur votre agenda une mini-réunion à un moment où une bonne partie du groupe peut être réunie, pour réfléchir ensemble à la région qui serait la plus agréable pour tous.

Actions pour préparer les vacances

Prenons l'exemple de la carte heuristique *Vacances été 2008 août* de la page ci-contre. On note dès que possible sur sa liste 3PA :

- faire une rapide recherche sur Internet concernant les sites qui proposent des logements avec cuisine et club enfants ou garderie proche ;
- consulter le site de la mairie pour voir si les colonies de vacances sont annoncées, car, si on part quinze jours en août, il faudra bien caser les enfants le reste du mois ;
- contacter Jeannot pour savoir quand son appartement du Jura sera libre ;
- contacter le comité d'entreprise pour savoir quelle somme on aura cette année en chèques-vacances ;

Chaque mois, au moment de votre point mensuel, vous reprenez le projet pour vous assurer qu'une 3PA est *« en cours de traitement »*. Vous pouvez alors mettre à jour le dossier, en le complétant si besoin des nouvelles informations et en éliminant les documents inutiles.

Vacances été 2008 août

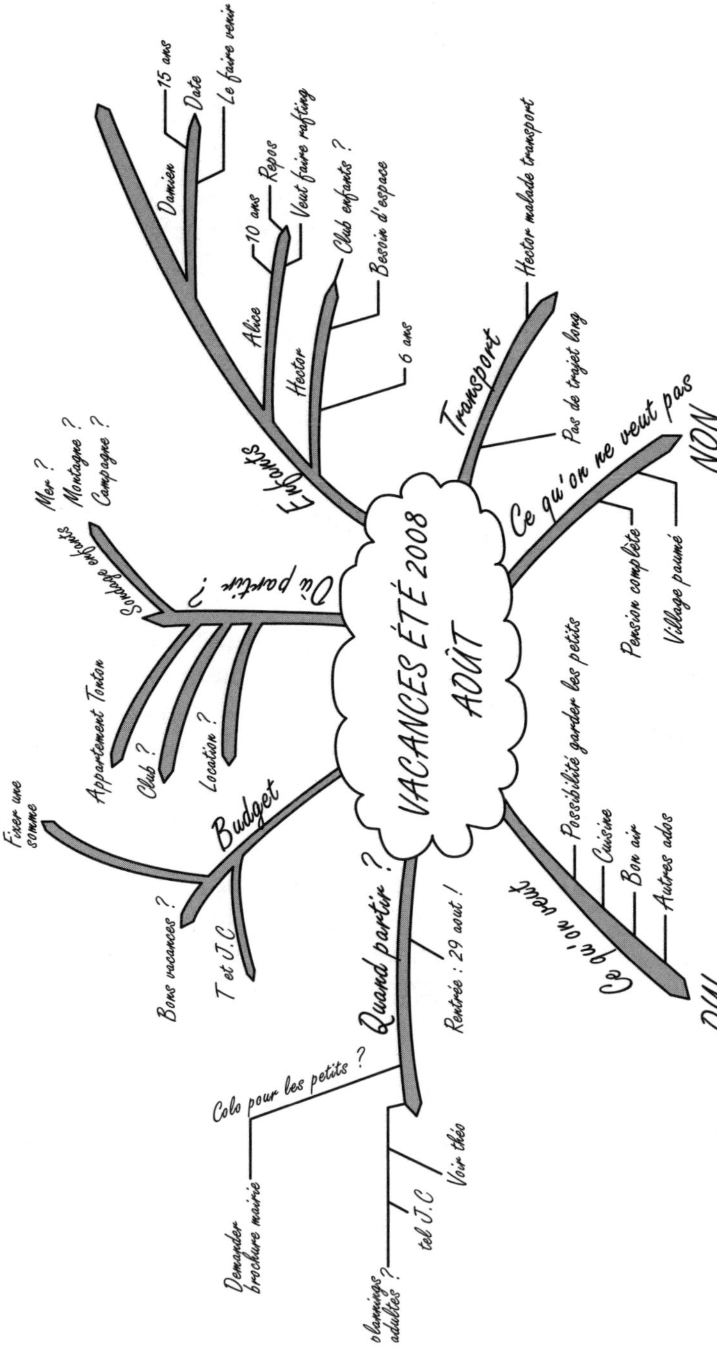

Une liste 3PA qui évolue

À l'issue du point mensuel, de nouvelles tâches s'ajoutent. Dans le cas de notre exemple :

- téléphoner à Jeannot pour savoir comment récupérer les clés de son appartement ;
- se rendre au comité d'entreprise pour récupérer les chèques-vacances ;
- téléphoner à Vacances-Formidables pour demander si les lits superposés sont sécurisés.

Vous prenez finalement votre décision muni de tous les éléments, et éventuellement aidé par les autres membres du groupe. Et vous réservez enfin !

Organiser les préparatifs du séjour

Le nez sur votre bulletin d'inscription au village club, vous savez que les préparatifs des vacances sont une condition *sine qua non* de leur réussite. Franchement, s'il faut passer deux jours à chercher la tenue idéale de *rafting*, Alice n'en fera pas beaucoup. S'il n'y a pas au moins quelques jeux dans l'appartement de Tonton, les soirées vont être longues… Et si, et si, et si…

- L'idéal est de commencer par créer une carte heuristique ou une check-list reprenant l'ensemble des préparatifs habituels (voir par exemple la carte *Préparatifs de vacances* ci-contre). On en fera une copie pour chaque période de vacances.

▪ **Astuce**

On peut avoir une carte, ou une liste, par type de vacances : camping, ski, week-end, etc.

- Après avoir repéré sur la carte ou sur la check-list les domaines qui nécessiteront rapidement une intervention, on définit les prochaines actions à faire dans chaque domaine.

Préparatifs de vacances

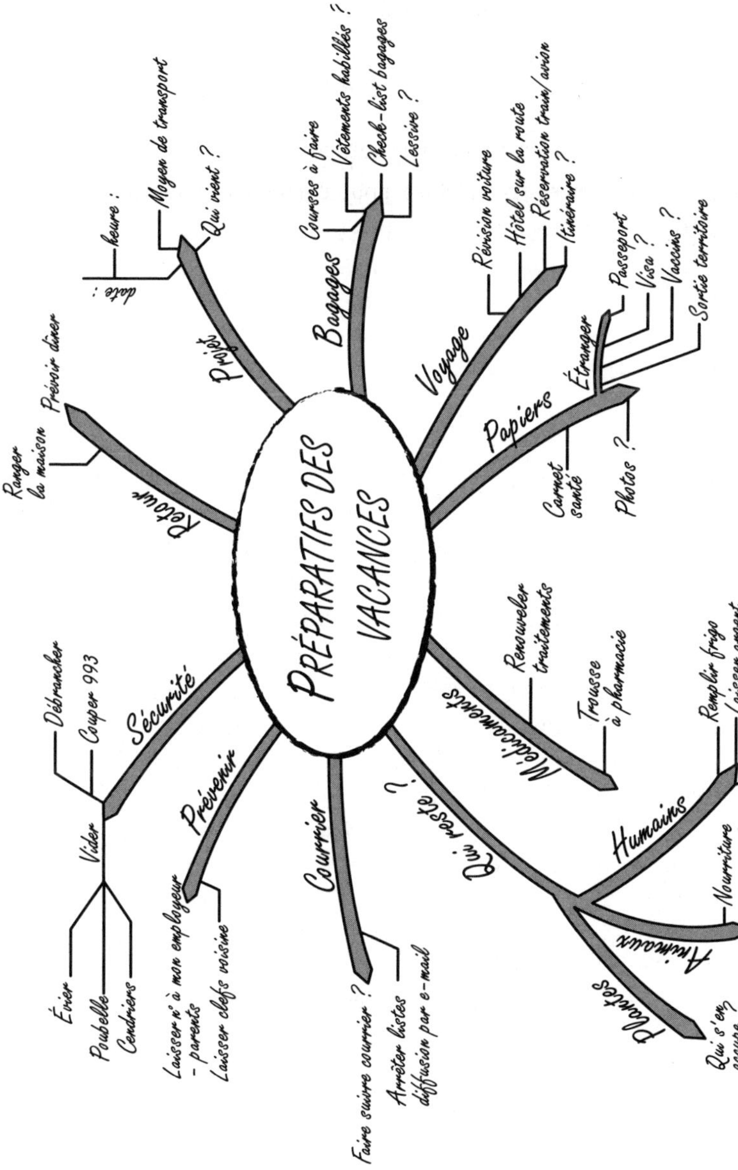

- On mentionne sur sa liste 3PA les actions à commencer dès maintenant (« *Réserver les billets de train de l'aîné* », « *Se renseigner sur la tenue idéale pour le rafting* »). D'autres doivent attendre quelque temps et sont inscrites tout de suite, à la date idéale, sur l'agenda (« *Prendre rendez-vous pour la révision de la voiture* », « *Laisser une clé à la voisine* », « *Faire des lessives pour pouvoir remplir les valises* »). Une partie de ces tâches peut éventuellement être déléguée à un conjoint, ou même à un enfant suffisamment grand...

- Et pour la dernière semaine, il est simple de faire une check-list sur ordinateur : il suffit de cocher les cases au fur et à mesure que chaque chose sera faite. Et la check-list resservira, elle aussi, pour les prochaines vacances : on la glisse dans le dossier *Vacances*, et on met un pense-bête dans l'agenda pour la ressortir en temps voulu.
- Pour les bagages, c'est pareil, autant choisir le principe de la check-list pour se faciliter la vie. Chaque membre de la famille a son tableau sur ordinateur, qu'on peut imprimer sur demande. On y liste tous les objets dont soi ou ses proches peuvent avoir besoin en vacances, et chacun fait une croix quand l'objet est dans la valise.
- Chaque mois, on jette un œil dans son dossier *Vacances été année dernière* pour faire le point. Dès le début du mois de ses vacances, on retrouve logiquement sa check-list... et on intègre cette liste dans sa liste 3PA (soit en la recopiant, soit en la collant dans son cahier, par exemple...). S'il y a des achats à faire, on les reporte sur sa liste de courses. Le jour venu, tout est prêt pour le départ !

Exemple d'outil bien pratique

Voici un formulaire issu de l'expérience d'une famille de quatre personnes, dont deux enfants.

Vacances de ______________ 20 ___

1) Réunir les disponibilités de vacances pour chacun

	Du	au		Du	au
Pascal			Nicolas		
Stéphanie			Jehanne		

Dates choisies : ______________________

2) Demandes catalogues

Organisme	Téléphone

3) Étude comparative des différentes possibilités

	Choix 1	Choix 2	Choix 3
Organisme			
Dates	Du… /… au …/…	Du… /… au …/…	Du… /… au …/…
Lieu			
Distance en km			
Voiture nécessaire			
Club enfants			
Linge			
Repas			
Ménage			
Tarifs			

4) Devis transports

	Choix 1	Choix 2	Choix 3
Mode			
Compagnie			
Date et heure départ			

…/…

	Choix 1	Choix 2	Choix 3
Lieu départ			
Date et heure retour			
Lieu retour			
Tarifs			

5) Choix définitifs (entourer les choix définitifs dans les tableaux)

Contact réservation logement :	Réservé le : N° dossier :
Contact sur place	
Envoi des arrhes	Date :
Envoi solde (programmer la date)	Date :
Contact réservation voiture	Réservé le : N° réservation :

6) Matériel nécessaire à se procurer :	7) Préparation du voyage :
____________________ ____________________ ____________________ ____________________ ____________________	Recherche itinéraire Liste de choses à faire avant de partir Liste de courses à faire Liste de bagages Recherche d'activités sur place
8) Choses à faire avant de partir :	**9) Choses à faire au retour :**
Vider le sac de linge sale Vider le sac de linge à repasser Ranger la maison Ranger les billets et réservation de transports Prévoir le trajet pour aller à la gare ou l'aéroport Revoir la trousse de premier secours Suspendre l'abonnement aux listes de diffusion ____________________ ____________________ ____________________ ____________________	Vider les sacs Mettre une machine en route Se réabonner aux listes de diffusion Trier le courrier ____________________ ____________________ ____________________ ____________________

Fiche 7

Vous organisez votre absence

Ça nous arrive à tous : un jour ou l'autre, pour des raisons légitimes (départ en vacances, maladie) ou un cas de force majeure, on doit s'absenter de ses fonctions habituelles, que ce soit pour une durée courte (une journée) ou longue (congé maternité, par exemple).

On rencontre en fait deux types de situation :

- la situation idéale : vous avez été prévenu, et vous avez prévenu votre entourage bien à l'avance ; vous avez pu organiser les détails, donner ses responsabilités à chacun, former ceux qu'il fallait pour reprendre certaines tâches récurrentes, boucler les dossiers importants ;
- la situation catastrophe : accident ou maladie grave, urgence personnelle, c'est à peine si vous avez pu les prévenir le jour même que vous ne seriez pas là, et ils devront se débrouiller avec votre organisation habituelle…

Parer aux situations catastrophes

Faites la liste des tâches quotidiennes importantes qui vous incombent, et assurez-vous que quelqu'un est formé pour les effectuer au débotté. Vous pouvez aussi créer une « bible » reprenant les démarches et procédures à suivre, et montrer à chacun où elle se trouve.

Si vous confiez régulièrement vos enfants, par exemple, à des personnes extérieures, vous pourrez les aider en préparant dans le classeur une fiche qui décrit certaines habitudes de la maison.

Exemple de fiche pour baby-sitter

Bonjour !

Vous voilà à la tête de la maison pour quelques heures. Je vous donne rapidement un petit mode d'emploi de la maison et de ses petits habitants.

Nicolas et Jehanne ont chacun leur chambre (ils vous la montreront). Jehanne dort alternativement – selon l'humeur – dans le lit à barreaux ou le grand lit, avec sa tétine et Nounours (l'ours dormeur jaune). Nicolas dort avec un doudou (une lange blanche) s'il y en a un sous la main.

Repas

Petit déjeuner :
Nicolas : lait + chocolat en poudre dans une tasse, biscotte + beurre et/ou Nutella ou céréales avec du lait, parfois jus de fruits
Jehanne : *idem* mais avec du lait de croissance

Goûter : *idem* petit-déjeuner sauf qu'on remplace les biscottes et autres par des biscuits.

Horaires :

École maternelle Nicolas à 8h50
Sortie école (mardi et jedi) à 11h50
Déjeuner vers 12h30
Raccompagner à l'école (mardi et jeudi) pour 13h20
Sortie école à 16h20
Goûter vers 19h30
Dîner vers 19h30
Coucher vers 20h30
Adresse de l'école : rue du Général-de-Gaulle

Hygiène :

Jehanne est propre mais peut avoir besoin qu'on lui rapelle d'aller faire pipi, Nicolas aussi, du reste.

Les deux enfants se lavent les dents après le dîner et ont chacun une histoire avant de s'endormir.

Distractions

Fonctionnement du téléviseur (pour vous ou les enfants) : télécommande noire, appuyer sur une chaîne pour allumer le téléviseur, télécommande noire et grise : choisir une chaîne (les enfants regardent la 121).
Les enfants ont des quantités de jeux dans leurs chambres. Ils aiment beaucoup jouer à Playkid avec un adulte.
Extérieur : on peut descendre jouer avec les enfants dans le jardin de la résidence (ballon dans le vestiaire du couloir, tout en haut) ou les emmener au square Duvoisin, plus loin sur l'avenue Jean-Jaurès, où ils retrouveront sûrement des petits copains.

Urgences

L'adresse où nous nous trouvons (ainsi que le numéro de téléphone) :

____

____

____

Nos numéros de portable :

____

____

Les différents numéros à joindre en cas d'urgence se trouvent dans le classeur vert, ainsi qu'un grand nombre d'informations sur la santé de chacun, en fin de classeur. Important : en cas de problème de santé grave, appeler d'abord le 15, puis nous prévenir.

Pour le reste, les enfants vous guideront à travers la maison et leur emploi du temps. Ce sont des enfants assez calmes.

Dans l'entreprise ou dans la famille

Pour une entreprise, cette bible prendra souvent la forme d'un document relié sous pochettes plastiques, avec un sommaire et des pages de check-lists simples. Pour une famille, on peut créer un classeur de maison, et y glisser, notamment, la liste des tâches ménagères à accomplir toutes les semaines, tous les jours, la liste des tâches de maintenance de tel ou tel appareil ménager ou électronique, ou le mode d'emploi simplifié pour enregistrer une émission grâce à l'enregistreur DVD. Voir en partie III, dans le chapitre *Vous êtes parent et travaillez à la maison*, une description plus complète du classeur de maison.

Habituez-vous à ranger toujours au même endroit les documents et outils importants, d'autant que vous aurez indiqué cet emplacement dans la bible ou le classeur créés ci-dessus.

Préparer un départ prévu

En plus des précautions précédentes, vous aurez le temps, dans le cas d'un départ prévu, de vous organiser pour « passer la main » pendant quelques jours.

- Selon la durée de l'absence, prévoyez une période de quelques heures à une semaine pendant laquelle vous ne serez pas trop dérangé pour avancer vos dossiers au maximum.
- Commencez par faire un point général. Revoyez votre liste de 3PA. Bouclez les actions qui sont faisables rapidement et faites la liste de celles qui doivent aboutir pendant votre absence.
- Profitez-en pour ranger votre bureau et les objets importants. Dans l'entreprise comme à la maison, les gens à qui vous avez délégué des tâches ont besoin de se repérer facilement, sans avoir à fouiller sous des piles de documents ou dans des tas d'objets.

À qui déléguer ?

Reprenez, si besoin, notre chapitre sur la délégation (partie II, chapitre 2), pour choisir correctement à qui confier les 3PA à effectuer pendant votre absence, et fournir à chacun un « ordre de mission » précis et clair. L'idéal ? Une liste de 3PA classées par dossier, avec quelques recommandations et la liste des principaux contacts.

- Prenez la peine de joindre tous vos interlocuteurs principaux pour les informer de votre départ, d'autant plus si vous transmettez leurs dossiers ou les tâches qui les concernent à une autre personne.
- En entreprise, créez un message d'absence pour vos e-mails et sur votre boîte vocale. Donnez sur ce message les coordonnées d'une autre personne à contacter en cas d'urgence.

■ Attention

Ne signalez surtout pas votre absence sur la boîte vocale de la maison : c'est la porte ouverte à la visite de cambrioleurs. L'idéal est de transférer vos appels sur une autre ligne ou de consulter votre répondeur régulièrement.

Pendant votre absence

Selon la durée de votre absence et l'importance de votre fonction, vous avez toujours plusieurs possibilités :

- **L'absence « *Ne pas déranger* »**

  Vous vous déclarez joignable uniquement en cas d'extrême urgence et laissez les autres se débrouiller avec ce que vous leur avez laissé. Pour une absence courte en entreprise (un congrès de quelques jours) ou quand vous laissez votre maison à la dame qui viendra nourrir les poissons et arroser les plantes pendant le week-end prolongé, c'est la plupart du temps suffisant.
- **L'absence « *On ne sait jamais* »**

  Vous passez un coup de fil une fois par semaine, ou la veille d'un événement important, pour vous assurer que tout se passe bien. C'est l'absence typique des personnes inquiètes… Si vous laissez une famille en activité ou un service en plein boom pendant plus d'une semaine, ça les rassurera.
- **L'absence « *Je surveille de loin pour ne pas être débordé en rentrant* »**

  Vous consultez vos e-mails et votre messagerie de portable professionnel plusieurs fois par semaine, en ne répondant qu'en cas d'urgence, mais cela vous permet de transférer à un collègue ou à FilleAînée une mission qui ne peut pas attendre votre retour.

- **L'absence « *sabbatique* »**

  Vous partez plusieurs semaines, voire parfois plusieurs mois, pour accomplir une mission très importante (suivre une formation, avoir un enfant, apprendre le chinois sur place). Dans ce cas-là, vous devez tout prévoir avant de partir et responsabiliser au maximum les personnes qui assumeront votre rôle. Souvent, vous aurez même un remplaçant. Laissez-le vous joindre pendant les premières semaines. Et, surtout en entreprise, rappelez-vous au bon souvenir de tous en téléphonant ou en envoyant une carte de temps en temps, voire en passant « dire bonjour ». Si vous pouvez participer au séminaire annuel ou à une réunion importante, c'est aussi bien.

À votre retour

Prévoyez un temps pour reprendre pied. Au bureau, on fait le tour des popotes pour savoir ce qui s'est passé, si les tâches prévues ont bien été accomplies et si de nouvelles contraintes sont apparues pour les semaines à venir. En famille, il est souvent bon de revenir un jour avant la reprise de l'école pour passer une journée à vider les sacs, faire quelques lessives, trier le courrier et préparer la semaine à venir.

Fiche 8

Vous classez vos documents

Créer un plan de classement n'est pas toujours un travail simple à exécuter, mais c'est cependant une entreprise très utile, y compris pour le classement des documents personnels. Le principe à retenir, c'est qu'il doit correspondre à la logique de ceux qui l'utilisent. L'exemple que nous donnons ci-dessous est donc à adapter à votre logique et à vos besoins.

Pour un classement facile à entretenir :

- utilisez des contenants fonctionnels (voir chapitre *Organiser le résultat de mes réflexions*) ;
- faites votre classement régulièrement (environ une fois par semaine) ;
- soyez précis, mais pas forcément méticuleux : il vaut mieux parfois un seul dossier *École* bien rangé qu'un dossier par classe, mais en désordre ;
- une fois par an, retirez tous les documents obsolètes.

Exemple de plan de classement administratif personnel

Nous vous proposons un plan type, vous n'aurez plus qu'à l'adapter à la composition de votre foyer :

Modèle de plan de classement pour la maison

1. Famille
   - Livret de famille, livret de mariage, jugement de divorce
2. Dossier pour chaque adulte
   - Études, diplômes, certificats de stages
   - Contrats de travail, soldes de tout compte, allocations chômage
   - Retraite
   - Santé : caisse d'assurance-maladie, carnet de santé, de vaccination, historique médical
   - Loisirs : contrat d'abonnement, cartes de clubs, de fidélité...
3. Dossier pour chaque enfant
   - Bulletins scolaires
   - Santé
   - Activités extrascolaires
4. Immobilier
   - Résidence principale : quittances de loyer, titre de propriété, copropriété, charges
   - Résidence secondaire : *idem*
5. Transports
   - Véhicules : achat, entretien
   - Transports en commun : abonnements, fidélité
6. Équipements
   - Audio, vidéo, informatique
   - Électroménager
   - Travaux et entretien (factures et contrats)
   - Mobilier et objets de valeur (factures et certificats)

7. Énergie et services pour la maison
   - Factures et contrats de service
   - Eau
   - Gaz
   - Électricité
   - Fuel, bois, autres
   - Téléphones fixes
   - Téléphones mobiles
   - Internet
8. Services à la famille
   - Garderie, cantine, centre aéré
   - Services à la personne
9. Assurances
   - Multirisque habitation et responsabilité civile
   - Véhicules
   - Scolaires et extrascolaires
   - Assurance décès invalidité
10. Taxes et impôts
   - Impôt sur le revenu
   - Taxe foncière
   - Taxe d'habitation
11. Banque

Un dossier par banque puis un par compte
   - Carte de paiement : contrat
   - Prêts, crédits
   - Plans, livrets d'épargne
   - Relevés de compte
   - Assurance-vie
   - Actions, obligations
12. Documents de référence
   - Modes d'emploi des appareils
   - Procédures
   - Mots de passe et accès divers

Le cas particulier des archives

Ce qu'on appelle couramment « les archives » se partage en deux types de documents :

- les documents qu'on garde par nécessité légale : relevés bancaires, avis d'imposition, comptabilité d'une entreprise ;
- les documents qu'on conserve parce qu'ils ont une valeur propre mais dont on n'a pas besoin au quotidien : correspondance, souvenirs.

La loi et la prudence nous dictent de garder un certain nombre de documents sous peine de ne pas pouvoir se défendre en cas de poursuites. Vous trouverez ci-dessous l'ensemble des délais de conservation de documents privés et des documents d'entreprise. Souvent, ces documents se classent dans des boîtes d'archives, correctement étiquetées, et toujours en vous rappelant la question de base : « *À quelle occasion en aurai-je besoin ?* »

Le principe des archives est qu'on en a rarement besoin, mais quand c'est le cas, c'est très important. Donc ne reportez pas le classement de ces documents aux calendes grecques, vous risquez de le regretter un jour.

La plupart du temps, vos archives mériteront d'être classées dans l'ordre chronologique à un moment donné, mais ce sera à vous de déterminer si vous souhaitez plutôt créer un dossier *Archives 2007* et des sous-dossiers *Impôts*, *Banque*, *Mutuelle*, etc., ou inversement un dossier *Archives Impôts*, un dossier *Archives Banque*, etc., et un sous-dossier par année.

■ **Témoignage**

« Pour mes archives personnelles, je trouve plus simple de prendre une heure chaque année pour réunir tous les documents administratifs à archiver dans une chemise. Je les rassemble par type (impôts, quittances de loyer, relevés bancaires). Sur chaque groupe de documents, je note la date de "péremption". Je classe à part tout ce qu'on doit garder toute sa vie. Ainsi, je reprends tous les dossiers des années précédentes et jette ceux qui sont périmés. »

Marion, 38 ans, trois enfants, journaliste

Durée de conservation des documents

Les documents administratifs de la famille

Durée de conservation des documents administratifs (Source : DGCCRF)

Documents	Conservation	Observations
Assurances		
Contrats habitation et automobile	10 ans	Votre responsabilité peut être recherchée pendant dix ans. Les contrats qui la couvrent doivent être conservés pendant ce délai au moins.
Contrats d'assurance décès et d'assurance-vie	Indéfinie	Le plus important, c'est que les bénéficiaires en retrouvent la trace.
Quittances de prime	2 ans	L'assureur n'a que deux ans pour les contester.
Cotisations d'assurance-vie	5 ans	Si vous bénéficiez d'un crédit d'impôt.
Résiliations	2 ans	Conservez le double du courrier et l'avis de réception.
Dossiers de sinistre	10 ans	Courriers et preuves de versements doivent être conservés dix ans après la fin de l'indemnisation. Plus longtemps, si des séquelles (médicales surtout) sont à craindre. Délai ramené à deux ans, à l'exclusion de toute question de responsabilité, si vous avez affaire à votre propre assureur.
Automobile		
Contraventions	2 ans	La prescription des poursuites est d'un an, mais celle des peines est de deux ans.
Factures d'achat	2 ans	Aussi longtemps que dure la garantie.
Factures de réparation	30 ans	Ce délai démarre à partir de la revente (vices cachés).
Brevet Sécurité routière		Jusqu'à l'obtention du permis.
Banque		
Bordereaux de versement	10 ans	C'est votre seule preuve de remise d'argent.

.../...

.../...

Documents	Conservation	Observations
Chèques à encaisser	1 an	Il est imprudent de laisser traîner un chèque aussi longtemps.
Talons de chéquier	30 ans	Ce délai correspond à celui de l'action civile, le talon permettant de garder la référence du chèque.
Prêts à la consommation	2 ans	Le contrat doit être conservé de deux à dix ans après le règlement de la dernière échéance du crédit.
Prêts immobilier	10 ans	
Relevés de compte	10 ans	N'oubliez pas de les vérifier avant de les classer.
Valeurs mobilières	5 ans	Délai pour réclamer coupons, intérêts et dividendes. Gardez les avis d'opéré pendant la détention des titres.
Famille		
Contrat de mariage	Indéfinie	Le notaire peut en délivrer une copie.
Jugement de divorce	Indéfinie	Pour une pension alimentaire, le délai est de cinq ans.
Donations	Indéfinie	Preuves à conserver pour éviter tout litige lors de l'ouverture de la succession ou face au fisc.
Livret de famille	Indéfinie	En cas de divorce, en demander une copie.
Reconnaissances de dette	30 ans	Ce délai court après la fin du remboursement.
Impôts et taxes		
Déductions fiscales	3 ans	Conservez les justificatifs.
Impôts locaux	1 an	La taxe de l'année de référence peut être contestée par l'administration jusqu'au 31 décembre de l'année suivante.
Impôts sur le revenu	3 ans	Conservez les justificatifs.
Preuves du paiement des impôts	4 ans	
Redevance télévision	3 ans	
Honoraires		
Mandat à agent immobilier	10 ans	Les honoraires sont libres, soyez précis dans le contrat.

.../...

.../...

Avocat	5 ans	Les frais et salaires peuvent être réclamés pendant cinq ans.
	30 ans	Les honoraires peuvent être réclamés pendant trente ans.
Huissier	1 an	Si vous êtes client.
		Si vous êtes poursuivi par lui, ne laissez surtout pas filer le temps.
Notaire	5 ans	Pour un acte relatif à un décès, le délai part du décès.
Logement		
Charges de copropriété	10 ans	Même délai pour les correspondances avec le syndic.
Contrats de location	5 ans	Délai pour contester loyers et charges (conserver quittances et état des lieux).
Règlement de copropriété	Indéfinie	Même durée pour les comptes rendus d'assemblée générale.
Titre de propriété	Indéfinie	Aussi longtemps que vous ne revendez pas.
Travaux	10 ans	Même délai qu'en matière de garantie décennale.
Santé		
Bordereaux de Sécurité sociale	2 ans	Ce délai s'applique à la Sécurité sociale en cas de reprise de trop-perçu.
Certificats médicaux	Indéfinie	Radiographie, analyses, carnets de santé, etc., pourront être utilement consultés en cas de récidive de l'affection.
Hôpital	30 ans	Les frais de séjour peuvent être réclamés pendant trente ans. Durée limitée à dix ans pour une clinique privée, et à quatre ans pour un établissement public ayant un comptable public.
Ordonnances, dossier médical (paiement des honoraires)	2 ans	À conserver au moins jusqu'à la fin du traitement. En revanche, une action en responsabilité contre un médecin n'est prescrite qu'au bout de trente ans.
Vie professionnelle		
Allocations chômage	Indéfinie	Les Assedic peuvent réclamer un trop-perçu pendant cinq ans.

.../...

.../...

Documents	Conservation	Observations
Vie professionnelle		
Bulletins de salaire	Indéfinie	Pour votre retraite, vous devez justifier vos revenus, et jusqu'à la retraite, tout ce qui touche votre emploi.
Contrats de travail	30 ans	
Relevés de points des caisses de retraite	30 ans	Pour le calcul de votre retraite, classez méthodiquement tout ce qui a trait à votre activité professionnelle.

▪ Les documents administratifs de l'entreprise

Durée de conservation des documents de l'entreprise (Source : tribunal de commerce de Paris)

Documents	Durée	Textes relatifs aux délais de conservation	Observations
Documents civils et commerciaux			
Contrats conclus entre commerçants ou entre commerçants et non-commerçants	10 ans	Article L.110-4 du code de commerce	Texte applicable en l'absence de disposition particulière.
Contrats d'acquisition et de cession de biens immobiliers et fonciers	30 ans	Article 2262 du code civil	
Correspondance commerciale	10 ans	Article L.123-22 alinéa 2 du code du commerce	
Documents bancaires : talons de chèques, relevés bancaires...	10 ans	Article L.110-4 du code du commerce	
Documents établis pour le transport des marchandises	10 ans	Article L.123-22 du code du commerce	
Documents et pièces comptables			
Livres et registres comptables : livre journal, grand livre, livre d'inventaire	10 ans	Article L.123-22 alinéa 2 du code du commerce	Délais de conservation à compter de la clôture du livre ou du registre.
Pièces justificatives (factures, bons de commande et de livraison)	10 ans	Article L.123-22 du code du commerce	

.../...

.../...

Documents sociaux			
Statuts d'une société, d'un GIE ou d'une association. Pièces modificatives des statuts	30 ans	Article 2262 du code civil	Délais de conservation à compter de la date à laquelle l'acte cesse de produire ses effets.
Comptes annuels	10 ans	Article L.123-22 du code du commerce	
Traité de fusion et autres actes liés au fonctionnement d'une société. Documents de la société absorbée	30 ans	Article 2262 du code civil	
Registre de titres nominatifs. Registre des mouvements de titres. Ordres de mouvement. Registre des procès-verbaux – d'assemblées et de conseils – d'administration (cotés et paraphés)	30 ans	Article 2262 du code civil	
Feuilles de présence et pouvoirs. Rapport du gérant ou du conseil d'administration. Rapport des commissaires aux comptes	3 ans	Article L.235-9 du code du commerce	
Documents relatifs au personnel			
Bulletins de paie	5 ans	Article R.143-2 du code du travail et article L.243-12 du code de la Sécurité sociale	Délais de conservation à compter de la clôture du livre ou du registre.
Registre du personnel	5 ans	Articles L.620-3 et R.620-3 dernier alinéa du code du travail	

.../...

.../...

Documents	Durée	Textes relatifs aux délais de conservation	Observations
Documents concernant les salaires, primes ou indemnités, reçus pour solde de tout compte	5 ans	Article 2277 du code civil et article L.143-14 du code du travail	Délais de conservation à compter de la clôture du livre ou du registre.
Documents relatifs aux charges sociales	3 ans	Article L.244-3 du code de la Sécurité sociale	
Documents relatifs à la comptabilisation des horaires des salariés	1 an	Article L.611-9 du code du travail	
Documents relatifs aux vérifications et aux contrôles au titre de l'hygiène, de la sécurité et des conditions de travail	5 ans	Articles L.620-4 et L.620-6 du code du travail	
Divers			
Disques tachygraphes dans les transports routiers	2 ans	Article 11 arrêté 11/02/71	

Les informations officielles données dans les tableaux ci-dessus sont valables pour la France. Vous trouverez facilement sur Internet les informations spécifiques à d'autres pays, en recherchant « durée de conservation des documents administratifs ».

Les documents « souvenirs »

Même dans l'entreprise, on aime bien garder les photos du congrès de 1982. En famille, la valeur affective d'une lettre d'un être cher dépasse parfois celle d'un précieux bijou. Et pourtant, ces documents sont souvent en vrac dans un gros carton à la cave.

Au moment de chercher la photo de Bon-Papa en maillot de bain à bretelles pour la montrer aux enfants, ou le baccalauréat (manuscrit) du grand-père du patron pour faire une brochure historique sur l'entreprise, on fouille désespérément pour ne retrouver parfois que des documents abîmés.

Faites un tri draconien parmi ces documents, et prenez quelques minutes pour ranger correctement ceux que vous choisissez de garder. Mieux, mettez-les en valeur.

Sans parler des souvenirs familiaux qui animent joliment les cousinades, les photos et autres courriers mémorables peuvent être un jour utiles pour la promotion de l'entreprise. Prenez-en soin.

Fiche 9

Vous recevez

On organise rarement une fête « pour rien », même si on affirme le contraire… C'est parfois pour ne pas s'ennuyer dimanche prochain, pour séduire future Belle-Maman, pour développer son réseau ou encore pour célébrer dignement l'anniversaire de Monsieur. C'est important de le savoir dès le départ, car cela modifiera de beaucoup l'organisation de l'événement : cela permettra de déterminer la forme de votre « réception », la liste des invités, le lieu où vous pourrez l'organiser, la date et l'horaire, sans parler du budget.

D'abord, un objectif

Commencez par préciser ce que vous voulez faire :

- *« Voir la famille Superpotes dans une ambiance détendue et passer un bon après-midi avec tous les enfants »*.
- *« Célébrer le départ à la retraite de M. Joyeux pour lui montrer la sympathie de tous ses anciens collaborateurs dans l'entreprise »*.
- *« Célébrer l'anniversaire de PetitDernier avec ses copains, en lui mettant des étoiles dans les yeux »*.
- *« Montrer à la famille Yakusami un vrai dîner "à la française" et les convaincre de signer le contrat MagicExport »*.

À partir de votre objectif, vous allez donc définir :

- le type de réception : formelle, détendue, familiale, traditionnelle, habillée, « à la bonne franquette »...
- la forme : repas assis, buffet, cocktail, pot, fête dansante...
- l'horaire : plutôt en début de journée (brunch, déjeuner), dans l'après-midi (goûter, apéritif, thé), en fin de journée (dîner, soirée) ;
- le lieu : domicile, restaurant, salle de location, jardin, parc d'attractions...
- le nombre d'invités : il répond à une logique, car vous ne pourrez pas organiser chez vous un dîner formel assis pour cinquante personnes à moins d'habiter une très grande maison et d'avoir une armée de domestiques... Choisissez-les avec soin, pour qu'ils se sentent bien, en tenant compte des atomes crochus, des âges, et de l'ambiance qu'ils peuvent créer ;
- le budget : le budget d'une fête peut aller de zéro euro par personne (chaque invité apporte quelque chose, et vous vous contentez de prêter vos assiettes !) à des sommes exorbitantes ;
- Le thème : il n'est pas obligatoire, mais peut donner un cadre à votre réflexion et favoriser votre créativité !

Tous ces critères s'entrecroisent. On ne peut décemment pas organiser un repas formel, habillé, pour trente convives, dans une chambre de bonne avec un budget de cinq euros par personne.

■ Le livre de réception

Si vous organisez très souvent des repas ou des réceptions, vous aimerez peut-être créer un livre de réception ou une check-list spéciale pour cet usage. Vous pourrez y mettre l'occasion, le style, la forme, le jour, l'heure, le lieu, la liste des invités (avec des cases à cocher pour savoir qui a répondu à votre invitation et qui viendra), et éventuellement le budget. On peut évidemment ajouter le menu pour éviter de servir deux fois la même chose aux mêmes personnes, le plan de table, la liste des objets à louer (s'il y a lieu).

La réflexion préalable

Sur une feuille de papier, prenez le temps de lister tout ce que vous aurez à faire pour préparer votre fête. Vous devez notamment penser à :

- la propreté, l'ordre et l'installation du lieu de la réception : assurez-vous d'avoir un siège pour chacun, de quoi servir vos plats et les manger, de quoi servir à boire, de quoi éclairer la pièce convenablement, et prévoyez un moment pour nettoyer avant l'arrivée des invités ;
- la décoration du lieu : pas besoin de grand « tralala », mais quelques bougies, des ballons, des fleurs, une jolie nappe ou une corbeille de fruits peuvent rendre l'endroit plus attractif en quelques secondes...
- les achats à faire pour le ou les repas, la décoration, la mise en place de la table, les produits d'entretien et de toilette : pour les repas, créez une liste en partant de vos recettes, évitez de faire cette liste de mémoire, vous pourriez vous en mordre les doigts. Et si vous avez un doute sur la présence de paprika (« *Ai-je du paprika ou du piment doux ?* »), vé-ri-fiez ! Pour les grandes réceptions, vous aurez souvent intérêt à faire plusieurs listes : une première liste de denrées non périssables, puis une liste de denrées périssables à acheter dans la semaine précédant la réception, et enfin la liste des choses à acheter la veille ou le jour même, comme le pain ou les primeurs ;
- la préparation des repas : n'ayez pas les yeux plus gros que le ventre en matière de préparation culinaire ; vos invités, en général, ne viennent pas chez vous pour juger vos talents culinaires. Si vous êtes débutant en cuisine, choisissez un plat que vous avez déjà cuisiné, quitte à acheter un dessert tout fait. Si vous pouvez réaliser une partie du repas à l'avance (la veille, par exemple), vous serez d'autant moins stressé. Dans votre menu, évitez d'avoir deux préparations qui cuisent au four au même moment mais à différentes températures. Pour choisir vos

plats, tenez compte de la manière dont ils seront servis : on ne sert pas les mêmes mets pour un buffet ou pour un repas assis ;
- votre propre tenue (vêtements, coiffeur, esthétique, etc.) ;
- ce qui doit être loué ou emprunté ;
- la manière dont vous allez lancer les invitations.

Traitez ces tâches comme autant de 3PA ou de mini-projets regroupant plusieurs 3PA et intégrez-les dans votre système, soit à une date fixe de votre agenda (quand c'est nécessaire), soit dans votre liste 3PA.

Astuce

Si vous vous sentez un peu débordé, préparez une feuille spécifique pour le jour même de la réception. Créez un rétroplanning à partir de l'heure d'arrivée de vos invités. Répartissez les tâches sur la journée, en gardant une marge.

N'oubliez pas que l'ensemble de ces tâches, une fois recensées, peuvent pour la plupart être déléguées, soit à une personne de votre entourage, soit à une personne extérieure, payée pour ça. Après tout, vous n'êtes pas forcé de préparer vous-même ce brochet farci tellement bon, certains traiteurs s'en chargeront volontiers et faciliteront ainsi votre journée.

Exemple d'organisation d'un repas

Menu pour 6 personnes

- Plateau de crudités et trempette au pistou
- Melon au gingembre
- Bœuf en croûte
- Haricots verts
- Gâteau au chocolat au coulis de fraises

Deux jours avant

- Faire la liste de courses et faire les courses (sauf les fraises et le pain)
- Mettre les melons à mûrir si besoin

- Faire le ménage
- Préparer la sauce pour le bœuf en croûte, mettre au frigo
- Préparer la marinade du melon, mettre au frais

La veille

- Faire le gâteau au chocolat, le garder à température ambiante
- Finir le ménage
- Vérifier le contenu du bar
- Vérifier sur les recettes qu'on a bien tous les ingrédients
- Acheter les fraises et éventuellement les ingrédients manquants
- Préparer le bœuf en croûte, mettre au frais
- Préparer le melon

Le matin

- Acheter le pain
- Mettre le couvert et décorer la table
- Éplucher et découper les crudités, installer sur un plat, mettre au frais
- Préparer la trempette au pistou, mettre au frais
- Préparer le coulis de fraises
- Prendre un bain, se changer
- Vérifier de n'avoir rien oublié
- Cuire les haricots verts
- Sortir le plateau apéritif

Quand les invités arrivent

- Les accueillir
- Proposer et servir à boire
- Sortir le plateau de crudités et la trempette
- Mettre le bœuf en croûte à cuire, avec les haricots verts (pour les réchauffer)
- Couper le pain
- Mettre le vin à table
- Allumer les bougies
- Servir le melon dans les coupes individuelles
- Découper le bœuf en croûte et le servir dans le grand plat
- Servir le gâteau au chocolat avec son coulis

Fiche 10

Vous faites votre budget

L'argent est une ressource, au même titre que le temps ou l'espace. On souhaite pouvoir en profiter et non que son absence joue en notre défaveur. Il s'agit donc de le gérer. Autrement dit, de mettre un zeste d'organisation dans nos finances.

Prendre conscience des flux d'argent dans votre vie

■ Où passe mon argent ?

Pour repérer vos dépenses, rien de plus facile : il s'agit de récolter vos « *ampoules financières* » pendant deux mois.

Vos dépenses en liquide

Placez dans votre porte-monnaie un morceau de papier et un petit crayon : vous y noterez vos dépenses en monnaie dès qu'elles surviennent. Car, vous le savez, votre cerveau est un piètre « pense-bête ».

Si vous devez faire ce budget dans une situation d'urgence, estimez (à partir de vos retraits d'argent aux distributeurs) vos dépenses en liquide en tenant compte de vos habitudes : arrêts à la machine à café, achats de magazines, petit creux de l'après-midi assouvi à la boulangerie devant l'école, diverses dépenses futiles ou utiles.

Vos dépenses par prélèvement

Consultez vos comptes bancaires sur Internet ou reprenez les relevés de compte papier adressés par votre banque.

Vos dépenses par chèque

Reprenez vos talons de chèque (écrits lisiblement, c'est mieux. Sinon, transformez-vous en Champollion pour l'occasion).

Vos dépenses par carte bleue

Si vous les avez conservées, récupérez vos facturettes et mettez-les dans une enveloppe. Sinon, consultez vos relevés.

Conservez les tickets de caisse, avec le détail des objets achetés. Cela est particulièrement vrai si vous hantez les hypermarchés et y achetez vêtements, équipement de la maison, nourriture et cadeaux...

Comme pour toute récolte d'ampoules, c'est l'exhaustivité qui est recherchée ici.

■ Qu'est-ce que je gagne ?

Repérez le montant de vos revenus et leur origine. Grâce à vos relevés de compte, regardez tout ce qui entre sur vos comptes bancaires pendant deux mois (ou davantage si vos revenus sont fluctuants sur l'année, vous pourrez faire une moyenne).

Réfléchir

Aucun budget n'est identique à un autre : celui d'un étudiant dans sa chambre de bonne diffère quelque peu de celui d'un couple de travailleurs indépendants, ayant trois enfants et habitant une grande maison de province.

Ajoutons qu'un budget qui « fonctionne » est un budget qui reflète les valeurs de chacun, qui est facile à suivre et à ajuster si besoin est. Alors, reprenez vos dépenses et voyons ce que vous pouvez en faire. À chaque dépense, attribuez une catégorie.

Catégories de dépenses

Les catégories de base les plus courantes :

- logement ;
- alimentation ;
- transport ;
- éducation ;
- divertissements ;
- cadeaux ;
- santé ;
- etc.

Vous pouvez sophistiquer les catégories pour qu'elles reflètent parfaitement votre style de vie. C'est même souhaitable, puisque, si vous avez besoin de diminuer vos dépenses, il faudra jouer finement sur une ou plusieurs catégories. L'honnêteté paye : personne n'ira voir vos catégories et personne ne vous jugera, alors n'hésitez pas à être créatif.

Des catégories adaptées à votre style de vie

Pour un style de vie A, les catégories deviendront par exemple :

Catégorie *Alimentation*

- alimentation à la maison
- repas au travail
- restaurants et bars

Catégorie *Transport*

- carburant véhicule 1
- carburant véhicule 2
- maintenance véhicule 1
- maintenance véhicule 2

Catégorie *Santé*

- abonnement au club de sport
- séjour en thalasso
- parapharmacie et produits bio
- consultations
- médicaments

On peut imaginer qu'en cas de nécessité (projet important nécessitant un apport d'argent supplémentaire, perte d'un travail, désir de décroissance) les personnes du style de vie A pourront réduire une partie des dépenses de chaque catégorie sans trop souffrir de privation. Exemple : remplacer une partie des sorties au restaurant par des repas conviviaux pris à la maison, vendre l'un de leurs véhicules, supprimer un séjour en thalasso et quelques courses à la parapharmacie, mettre fin à l'abonnement au club de sport pour le remplacer par du jogging, etc.

Comment créer les bonnes catégories de dépense ?

Il n'y a pas un nombre idéal de catégories. Raffinez juste ce qu'il faut, ne multipliez pas les sous-catégories à l'infini ! Un même ticket de caisse peut « nourrir » plusieurs catégories.

Mettez en place vos catégories sur un cahier, un tableur ou un logiciel de finances personnelles. Vous pouvez démarrer en créant un ensemble de catégories puis y revenir le lendemain, l'ajuster, en parler avec votre conjoint...

Pour créer les bonnes catégories, celles qui vous conviennent, posez-vous quelques questions comme :

- « les bouteilles d'alcool qui garnissent le bar... alimentation ou divertissement ? »
- « les vêtements achetés pour ne pas porter deux fois de suite la même tenue au bureau... indispensable ou superflu ? »

Organiser le résultat de mes réflexions

Additionnez toutes vos dépenses d'une part, et toutes vos rentrées d'argent d'autre part.

Si tout va bien, vos dépenses sont inférieures à vos revenus. Ce qui reste peut être épargné ou dépensé tout de suite, à votre guise.

Si, en revanche, vos dépenses sont supérieures à vos revenus, des ajustements sont nécessaires.

Vous pouvez soit tâcher de gagner plus, soit « raboter » vos dépenses. Rappelons ici qu'il est plus facile et plus sûr (surtout si vous êtes « dans le rouge ») de commencer par réduire vos dépenses. Dans la plupart des cas, l'argent que vous gagnez est taxé plusieurs fois : vos salaires et honoraires sont ponctionnés de charges diverses. Quand vous le dépensez, vous êtes souvent taxé encore une fois (TVA). Alors faire des économies est finalement plus fructueux que de percevoir de nouveaux revenus.

■ Gare aux exceptions

Ne nous leurrons pas, les justifications du style *« Oui, mais ça, c'était un mois exceptionnel, on a beaucoup dépensé parce que... »*, eh bien... ça n'existe pas. Ou plutôt si, considérons que tous les mois sont exceptionnels et remplis de dépenses imprévisibles.

Voici ce que nous vous proposons :

■ Argent dépensé égale valeur de vie

Demandez-vous si ces dépenses reflètent bien vos valeurs (voir chapitre *Valeurs et objectifs de vie*). Mais, en tout état de cause, à ce stade, aucun jugement de... valeur, s'il vous plaît.

Il ne s'agit pas de se flageller parce qu'on aurait dû acheter ça, parce qu'il ne fallait pas céder devant cette jolie petite robe ou ce PDA si perfectionné... tant pis, c'est fait. L'objectif est d'aligner vos dépenses sur ce qui est important pour vous, pas de juger les montants que vous dépensez.

Ainsi, pour certains, quinze sorties de restaurant, en deux mois, c'est un minimum : ils travaillent beaucoup, peuvent « *se le permettre* » et « *le valent bien* ». À première vue, c'est vrai. Mais imaginons que, en réfléchissant à leurs valeurs, à ce qui compte dans leur vie, ils réalisent qu'ils souhaitent aider les autres. Il se peut qu'ils décident, tout naturellement, de faire basculer cet argent (ou une partie) non plus vers leur estomac, mais vers des associations caritatives.

Argent dépensé égale plaisir

Mais considérons un autre critère : le plaisir, la satisfaction qu'a engendré chaque dépense. Nous le savons bien, beaucoup de dépenses sont issues d'habitudes : les mêmes produits alimentaires, les mêmes sources de tentation, etc. Peut-être vous faudra-t-il les mettre au défi, ces habitudes.

Si, sur les mêmes quinze sorties au restaurant, en y réfléchissant bien, sept étaient le résultat de :

- trop fatigué pour préparer un dîner ;
- poussé à sortir avec des collègues qui gagnent très bien leur vie ;
- rien à manger dans le réfrigérateur ;
- envie d'être vu dans des endroits branchés en ville ;
- etc.,

on réalise que seules les huit restantes nous ont procuré un plaisir réel, parfaitement conforme au prix payé. Alors on peut accepter, sans se sentir privé, d'aller au restaurant bien moins souvent. Et de faire autre chose de cet argent. Ou de ne pas le dépenser, en vue d'un projet plus attractif.

Quelques exemples d'habitudes à observer de près

- Le shopping traditionnel du samedi après-midi en guise de détente.
- La lecture des catalogues de vente par correspondance.
- La navigation sur des sites de vente par correspondance.
- « L'escalade » des cadeaux de Noël.
- La pression (même très subtile) des autres : collègues, amis.
- L'association systématique *« dépense = preuve d'amour »*.

En réfléchissant à chacune des catégories que vous avez créées, vous êtes amené à vous interroger :

- « *Cette dépense reflète-t-elle mes valeurs ?* »
- « *Cette dépense vaut-elle le plaisir, la satisfaction que j'en attendais ?* »

Vous constaterez au bout de quelques semaines que vos ajustements vont se faire naturellement. Le montant des dépenses de certaines catégories va baisser, sans effort réel de votre part et sans sensation de privation.

▪ Les dépenses obligatoires

Là encore, une observation de près peut vous donner quelques pistes : prenez une à une les dépenses que vous considérez comme obligatoires et cherchez ce que vous pourriez bien faire pour les réduire. Une belle brassée de 3PA vous attend !

Quelques idées d'actions à envisager

- Regrouper vos assurances chez le même courtier pour bénéficier d'une remise.
- Vérifier qu'il n'y a pas de doublons entre plusieurs de vos assurances.
- Mettre plusieurs assureurs en concurrence.
- Changer de modèle de voiture pour une plus petite, moins gourmande en carburant.
- Prendre les transports en commun un jour sur deux ou passer au covoiturage.
- Installer des réducteurs de débit sur tous vos robinets.
- Remplacer vos ampoules à incandescence par des ampoules à économie d'énergie.
- Résilier vos cartes de paiement de magasin.
- Changer d'opérateur téléphonique.
- Etc.

Faire le point

À partir des informations réelles récoltées comme de simples ampoules, sur lesquelles vous avez réfléchi (« *Qu'est-ce que c'est ? Qu'en faire ?* »), vous avez mis en place votre système d'organisation concernant votre argent : votre budget. Dès lors, vous pouvez agir sur vos dépenses et piloter votre système.

Encore faut-il se tenir à jour et intégrer l'avenir.

Le point hebdomadaire

Pour se tenir à jour, un point hebdomadaire suffit :

- vous vérifiez vos relevés bancaires ;
- vous attribuez vos dépenses de la semaine, quel que soit le moyen de paiement utilisé, aux catégories qui conviennent ;
- vous prenez les décisions qui s'imposent et notez vos 3PA pour agir ;
- vous réfléchissez à vos projets.

Pour intégrer l'avenir :

- faites la liste des dépenses prévisibles dans les mois qui viennent, qu'elles soient relatives à votre logement, aux personnes qui y vivent ou à d'autres projets ;
- établissez un montant prévisionnel pour chacune de ces dépenses ;
- attribuez des priorités à ces dépenses ;
- planifiez-les en fonction de vos probables rentrées et sorties d'argent.

Agir

Les finances d'une personne ou d'une famille sont constamment en mouvement. Il y a quelque chose à faire toutes les semaines pour les *optimiser*. Entendez par là que vous ne serez jamais à court de 3PA en ce qui concerne vos finances, quand bien même il ne s'agirait que de pointer vos relevés. Sans parler des multiples projets qui surgissent dans votre vie et qu'il faut mettre en place dès que possible : études, logement, enfants, retraite…

À partir de vos observations et de vos projets, les actions en rapport avec vos finances sont à intégrer dans votre liste de 3PA, au même titre que les autres. Très vite, vous en tirerez… des bénéfices.

Fiche 11

Vous organisez votre ordinateur

En matière d'information, peu importe le support. Autrement dit, ce qui est important n'est pas que le document soit écrit avec tel logiciel ou que le catalogue soit numérique ou sur papier glacé. En somme, ranger les documents *Traitement de texte* ensemble, les documents *Tableur* ensemble, ou encore laisser tout en vrac dans le répertoire *Mes Docs à moi* n'est pas l'idéal pour récupérer facilement ce que je veux. Ce que je cherche, c'est à retrouver l'information, d'après un thème qui m'est propre, lorsque j'en ai besoin, sans devoir me demander où diable j'ai bien pu la stocker.

Ce qu'il faudrait également, c'est être sûr que, lorsque je tombe sur le document convoité, il s'agit bien de la bonne version, pas d'un document obsolète. Sous peine de chercher partout où se trouve la version à jour… si toutefois elle existe.

D'où un certain nombre de règles d'organisation applicables aux documents, particulièrement aux documents numériques. Nous passerons en revue d'abord les documents, puis la messagerie.

Créer un classement efficace

▪ Trier

Supprimer les icônes inutiles de votre bureau

Une fois que nous avons découvert les raccourcis clavier qui nous permettent de créer des icônes pour tout et n'importe quoi, on ne nous tient plus. Et nous voici, reproduisant sur notre bureau numérique le désordre de notre bureau réel, entassant les objets d'usage fréquent ou moins fréquent au même endroit : « *Comme ça, je sais où il est* », « *Ça va plus vite pour le retrouver* », etc.

Sauf que, à l'usage, c'est une vraie pollution visuelle que nous nous faisons subir… et une source de distraction. Difficile de résister, selon sa personnalité, au dernier jeu dont l'icône nous attire irrésistiblement, au navigateur qui nous mènera directement à ces pages Internet foisonnantes, à l'application vidéo qui…

Avec, en plus, tous ces documents placés en vrac au milieu de tout le reste. Où est la dernière version de mon courrier à Me Aubarreau ?

Conseils pratiques

Supprimez les icônes devenues inutiles, répartissez les icônes restantes (documents ou applications) en deux groupes, disons *Privé* à gauche et *Pro* à droite. Ne posez plus aucun nouveau document à cet endroit, vous aurez bientôt les répertoires adaptés.

Ne pas mélanger documents privés et documents professionnels

Nous ne saurions trop vous recommander de séparer documents privés et documents professionnels, même si vous travaillez chez vous ou que votre patron est très compréhensif. Créez donc dès que possible deux répertoires principaux où vous les ventilerez. Une parenthèse pour ceux qui partagent leur ordinateur avec un ou plusieurs membres de la famille : ne mélangez pas les jeux des enfants et vos documents importants.

Séparer les applications des fichiers

Pour établir votre classement, ne tenez pas compte des applications utilisées pour créer les documents. Prenons votre projet *Nouveau produit* : si vous avez besoin d'un fichier de tableur, de deux fichiers de diapositives et d'un fichier texte pour mettre en place ce projet, ceux-ci doivent être regroupés dans un même répertoire.

Conseils pratiques

Séparez les applications des documents, en partitionnant votre disque dur (si l'ordinateur vous appartient, sinon demandez à votre support informatique). Votre sauvegarde s'en trouvera simplifiée.

Enregistrer les pièces jointes dans leur répertoire

Nous avons tendance à conserver ensemble e-mail et pièce jointe, comme on le ferait d'une note de service sur papier, agrafée au tableau des remboursements de notes de frais. Ce n'est pas forcément une bonne idée.

Conseils pratiques

Si l'e-mail n'est qu'un simple accompagnement, effacez-le et conservez le document joint dans un répertoire qui lui convient. Donnez-lui un nom significatif, et éventuellement introduisez une date dans le titre.

Définir vos répertoires

Créer des répertoires correspondant à vos projets, immédiatement

Dès que vous croisez un document susceptible d'être intéressant pour l'un de vos projets, créez tout de suite le répertoire correspondant, s'il n'existe pas déjà. Nous vous conseillons de ne pas attendre « qu'il y ait assez de documents » ni d'avoir échangé quatre-vingt-dix messages avant de créer le répertoire *Projet Z*.

Conseils pratiques

Il vaut mieux avoir un répertoire contenant un seul document que de posséder pêle-mêle dossiers et documents isolés.

Créer une arborescence simple et logique

Une arborescence trop profonde, qui contient plus de cinq niveaux, devient compliquée à maintenir. À tout prendre, il est préférable d'avoir, sous le premier niveau *Professionnel/Personnel*, un niveau composé de nombreux dossiers (disons qu'une hauteur d'écran est la limite maximum) plutôt qu'une arborescence plus profonde composée de trois ou quatre répertoires à chaque niveau.

Faire coïncider le monde physique et le monde numérique

Prenons un exemple. Dans ma réserve, j'ai un nouveau centre d'intérêt, en ce moment : la décoration de ma salle de bains. Idée que je réaliserai lorsque j'aurai l'argent nécessaire. En attendant, je recherche activement idées de carrelage et équipements possibles, ne serait-ce que pour me faire une idée du budget à prévoir. Où mettre tous ces documents que je glane sur la Toile, dans des salons, auprès de magasins de bricolage ?

Je vais donc créer un répertoire *Salle de bains* sur mon disque dur. J'y collerai les contenus de différentes pages Internet, par exemple. J'y mettrai aussi les photos numériques d'endroits qui m'ont inspiré. En explorant ce qui existe sur Internet, je créerai un répertoire *Salle de bains* dans les signets de mon navigateur, et j'y stockerai les liens vers les pages Internet qui me plaisent. Dans mon monde physique, je créerai une chemise cartonnée intitulée *Salle de bains*, dans laquelle je déposerai les catalogues papier ou les revues de décoration qui m'ont semblé intéressants.

Si j'échange plusieurs e-mails avec des amis au sujet de ces futurs travaux, je créerai aussi dans ma messagerie un répertoire *Salle de bains*.

Conseils pratiques

Faites correspondre l'arborescence de vos fichiers avec votre classement physique. Par exemple,

- un porte-revues *Déco*, dans lequel une chemise cartonnée *Salle de bains* contient une sous-chemise *Carrelage* regroupant les documents papier ;

– un répertoire *Déco*, dans lequel un sous-répertoire *Salle de bains* contient un fichier *Carrelage* regroupant les documents numériques.

Vous en ferez autant pour vos e-mails, et vos signets Internet.

Ainsi tout fonctionnera à l'avenant.

Aucun des documents que j'ai trouvé intéressants n'est perdu. Il ne peut être qu'à quatre emplacements possibles maximum – trois numériques et un physique. Et non pas… à peu près n'importe où : dans les piles de mon bureau, sous mon lit, au milieu de mes e-mails professionnels, ou en vrac dans mes favoris. Je ne serai pas obligé de les chercher un par un, au moment où je serai prêt à transformer mon centre d'intérêt en projet.

▪ Nommer vos fichiers

Donner des noms explicites

Pour que mon classement fonctionne, une des clés est de donner des noms logiques et explicites à mes documents, mes répertoires et mes chemises.

Je n'hésite pas à renommer les pages Internet que je sélectionne et à rebaptiser les pièces jointes que l'on m'envoie. Par exemple, je transforme le peu clair *VP3tess1.doc* que m'envoie le service administration des ventes en *Vente Produit 3e trimestre 1er jet.doc* si cela me parle davantage. Ou *000087.jpeg* en *photo Mamie repas 65ans.jpeg*.

Conseils pratiques

Pensez à transformer les titres dès réception des documents. Plus tard, vous n'aurez plus le temps ou vous oublierez.

Unicité de l'information

Lorsqu'un nouveau document de référence vous parvient, nous vous conseillons de vérifier s'il est possible d'en supprimer sans danger la version antérieure. C'est ce qu'on appelle assurer « l'unicité de l'information », il s'agit de conserver en permanence à jour les informations qui vous importent. On perd souvent trop de temps à vérifier si la version qu'on a sous les yeux est la bonne : « *Est-ce celle corrigée par Sophie et validée par le supérieur ? Ne faut-il pas prendre plutôt celle qui se trouve dans le répertoire* À valider *?* »

Pour le travail en groupe, une nomenclature commune

Le principe de la nomenclature commune : chaque document possède un nom clair, utilisé par tous les participants ; ce nom est toujours composé de manière identique.

▪ **Exemple**

Pour travailler ensemble sur le plan de développement du produit A.

- **Première possibilité : votre document s'appelle *PlanDéveloppementA*.**
  Il est situé dans le répertoire *Plan de Développement Produit A*. Dans cet exemple, le nom de fichier ne contient pas de blanc, pas de tiret, pas de / ni de _. Et ce, pour éviter les variations possibles entre les personnes, certaines préférant les espaces aux tirets, etc.
  Lors de la modification suivante, le document devient *PlanDéveloppementARév1* (lire *« Révision 1 »*). Puis *Plan DéveloppementARév2*. Et ainsi de suite.
  Lorsque tout le monde est d'accord sur le document, à son ultime version, on stocke les étapes précédentes dans un répertoire nommé *Plan de Développement Produit A versions préparatoires*. Ainsi, seule la bonne version apparaîtra aux yeux de tous, dans son répertoire. Éventuellement avec ses documents annexes.
  Vous déciderez au bout d'un temps correspondant à votre activité (une semaine ? un an ?) si le répertoire contenant les versions préparatoires doit être supprimé ou conservé pieusement.
- **Deuxième possibilité : vous faites débuter vos noms de fichiers par la date (*AnnéeMoisJour*).**
  Ceci pour un tri automatique faisant apparaître sans effort la dernière version en fin de liste. En effet, le classement se fera par ordre croissant des dates.
  Ce qui donnerait, pour le même exemple : *20100228PlanDéveloppementA* pour signifier qu'il s'agit de la version du 28 février 2010, puis *20100301PlanDéveloppementA* pour signifier qu'il s'agit de la version du 1er mars 2010, etc.

En dehors de l'utilisation d'un logiciel conçu pour partager un même document entre plusieurs utilisateurs (*groupware*), si vous êtes plusieurs à travailler depuis votre ordinateur personnel déconnecté du serveur de l'entreprise, vous avez donc, chacun, une version du document. Vous le modifiez à votre guise, potentiellement au même moment, depuis chez vous par exemple. Dans ce cas, pour éviter les confusions, ajoutez les initiales de chacun derrière le titre du document. Lorsque vous synchroniserez vos fichiers, ils seront distincts.

Un entretien régulier

■ De façon périodique

Purger vos fichiers tous les deux mois

Tous les deux mois, environ, passez en revue vos fichiers, en commençant par ceux qui ont servi à la réalisation de vos projets. En effet, dans le lot, certains n'ont plus d'intérêt : on pense par exemple aux versions intermédiaires d'un même document.

Pendant votre revue : quelques suggestions

Lors de votre point hebdomadaire, nous vous proposons de :

- lancer une sauvegarde de vos fichiers ;
- charger votre assistant personnel électronique ;
- charger votre téléphone portable ;
- penser à synchroniser votre PDA avec votre ordinateur.

■ Au quotidien

Gardez nos conseils en tête lorsque vous créerez de nouveaux documents, pour éviter de vous retrouver avec un stock parallèle de nouveaux fichiers au titre mystérieux. N'hésitez pas à vous inscrire sur la liste des participants à la prochaine formation de bureautique de votre entreprise.

Maîtriser votre messagerie

Si vous vous battez depuis des années pour retrouver facilement vos e-mails, farfouillant de l'œil et de la souris parmi votre boîte de réception surchargée, vous demandant si, par hasard, un message important d'avant-hier ne vous aurait pas échappé, voici comment appliquer notre méthode à votre messagerie électronique.

■ Oublier le « chrono » des messages envoyés

En préambule, tâchez d'oublier que les logiciels de messagerie les plus populaires vous proposent d'entrée de jeu des répertoires *Messages envoyés* et *Messages reçus*. Cette structure s'avère inefficace à l'usage pour retrouver vite l'information.

Souvenez-vous, dans les bureaux de « l'ancien temps » se trouvait toujours un classeur « chrono », celui où la secrétaire rangeait, dans l'ordre chronologique, tous les courriers qu'elle envoyait. Pour cela, elle dactylographiait systématiquement tous les courriers avec un carbone (certes, cela fait référence à un temps *« que les moins de 20 ans ne peuvent pas connaître »*) pour en garder deux copies. L'une allait directement dans le dossier, et l'autre dans le chrono, *« au cas où on perdrait le premier »*. À l'époque du « tout papier », cette règle avait une raison d'être.

Aujourd'hui, regardez bien votre messagerie : vous classez (ou votre messagerie classe toute seule) tous les e-mails que vous envoyez, dans un « chrono » et rien dans les dossiers. Vous devez rechercher à chaque fois votre e-mail dans vos messages envoyés... ou dans tous les répertoires, à l'aide de la fonction *Recherche* de votre système d'exploitation ou de votre messagerie.

Ça n'est pas si logique, finalement. Surtout si vous êtes à la fois ornithologue et amateur d'horloges suisses. En effet, le mot *« coucou »* risque de renvoyer un bon nombre d'occurrences ! C'est pourquoi nous vous proposons une autre méthode à l'étape ci-dessous.

Fausse bonne idée : les règles de tri des messages

Les règles de tri automatique des messages entrants

La plupart des logiciels de messagerie proposent des fonctions de tri automatique des messages entrants (par expéditeur, nom de société, sujet...). La séduction principale de cette fonctionnalité réside dans le fait que notre boîte de réception s'en trouve d'autant plus légère, donnant ainsi l'impression que nous avons moins de courrier à traiter et qu'il nous suffit de parcourir chacun des répertoires selon nos « urgences ». Ainsi, au travail, nous commencerions par aller voir les messages identifiés comme provenant d'interlocuteurs « professionnels », puis nous irions voir les messages contenus dans le répertoire *Amis*, réputé moins urgent, etc.

En réalité, cette fonctionnalité de tri préalable de l'information multiplie les boîtes. Si nous ne voulons pas qu'un message, redirigé automatiquement dans la boîte *Amis*, et donc peu urgent dans un contexte professionnel, reste oublié jusqu'à vendredi matin alors qu'il annulait notre soirée de jeudi prévue à 18 h 30, il vaut mieux éviter d'utiliser cette fonctionnalité. Encore une fois, il est préférable de n'ignorer aucun des aspects de notre vie si nous voulons gérer tranquillement tous nos projets.

Les règles de tri par importance des messages

Là encore, la plupart des messageries nous proposent des drapeaux colorés pour nous permettre d'opérer un tri préalable entre les nombreux messages qui nous parviennent.

Tout ce qui provient de personnes identifiées comme « importantes », ou qui est lié à une discussion particulière sera d'un rouge flamboyant, le reste étant réparti entre *« Il n'y a pas le feu »*, *« Peut attendre »* et *« Faut voir »*... Plus sérieusement, vous vous souvenez du prérequis de la phase de récolte des ampoules : tout doit être récolté. Vous ne souhaitez pas courir le risque de rater quelque chose. Par ailleurs, est-il utile de rappeler que tout ce qui provient de votre N+1 ne nécessite pas forcément d'être traité en urgence ?

En somme, ***cette fonctionnalité risque, dans certains cas, de nous compliquer paradoxalement la vie.*** Elle nous aide à reproduire ce qui nous a à tous joué des tours à un moment ou un autre : trier « l'urgent » *versus* « le reste ».

Simplifiez-vous le tri

D'abord, créez quelques répertoires. Tout ce dont vous avez besoin, c'est d'un répertoire *En attente de*, un répertoire *Actions* et un répertoire *Réserve*. Bien entendu, à l'intérieur de ce dernier, vous créerez autant de sous-répertoires que vous avez de centres d'intérêt ou de contextes. Exemple : voyages, concurrents, recettes à essayer, idées de sorties...

Devant un nouveau message, y compris un message que vous avez envoyé vous-même, deux questions s'imposent :

Ce message vaut-il la peine d'être conservé ?

Si non, je l'efface immédiatement. Voilà une boîte d'entrée allégée. Message publicitaire sans intérêt, énième *spam* pour la promotion d'un stimulateur sexuel, canular diffusé (comme d'habitude) par votre naïve maman, réponse de Brigitte à votre demande de déjeuner avec vous hier midi, dossier qui vous a été communiqué « pour info » mais qui ne vous concerne plus depuis six mois... tout ça part rapidement dans la corbeille.

Dois-je faire quelque chose avec ce message ?

Si non, je l'efface ou je le classe dans ma réserve.

Si oui…

Gérer les messages utiles

Chercher la 3PA

Je peux accomplir l'action en moins de deux minutes : je le fais, écrivant ma réponse dans l'e-mail initial. Je peux alors effacer le message d'origine, ce qui purge ma boîte d'entrée d'autant. Si ma réponse appelle un retour de mon destinataire, je copie cet e-mail dans mon répertoire *En attente de*. Ainsi, je pourrai aller y voir lorsque je ferai mon point périodique, et relancer mon interlocuteur si je n'ai pas reçu sa réponse.

Si je dois faire quelque chose avec ce message mais que cela me prendra plus de deux minutes, je le note immédiatement dans ma liste d'actions, et je fais glisser l'e-mail dans mon répertoire *Actions*. Lorsque je serai prêt à répondre, je saurai où le trouver. Cette action peut être aussi variée que « *Vérifier le tableau précédent* », « *Retrouver ma dernière réponse* », « *Demander à mon supérieur son avis* », ou « *Réfléchir à la bonne réponse* ».

Astuce

Certaines applications de bureautique permettent de glisser les messages directement dans votre calendrier. C'est également très pratique en cas de date limite.

Si je peux déléguer cet e-mail, je le transfère avec un petit mot explicite.

Si le message ne nécessite aucune action de ma part, mais qu'il contient des informations auxquelles j'aimerais avoir accès plus tard, je le stocke dans l'un de mes répertoires *Réserve*. Il se peut que j'aie besoin de créer un nouveau sous-répertoire pour cet e-mail : je le crée immédiatement.

Il n'y a donc plus de vieux messages dans ma boîte d'entrée.

Consulter régulièrement tous les répertoires

Bien sûr, je contrôle régulièrement mes répertoires *En attente de*, *Actions* et *Réserve*.

À quelle cadence contrôler sa boîte aux lettres ?

Il n'y a évidemment pas de réponse toute faite. Nous vous conseillons de **supprimer l'alarme sonore ou visuelle** qui vous signale qu'un nouveau message vient d'arriver (allez dans le menu *Préférences* de votre logiciel de messagerie). Cette alarme attire irrésistiblement votre attention et suscite votre curiosité. Comme il vous est sûrement difficile de vous préserver des plages de temps tranquilles, sans interruptions, inutile de multiplier les mini-distractions, n'est-ce pas ?

En revanche, vous choisirez vous-même une cadence régulière de consultation de vos messages. À moins que votre travail consiste uniquement à répondre à des e-mails, **une consultation toutes les deux ou trois heures** est la plupart du temps largement suffisante. Et n'hésitez pas à attendre une heure entière, le matin, avant de consulter votre messagerie. Connaissant les habitudes de vos collègues et clients (qui ont souvent les mêmes horaires que vous), vous aurez ainsi, une heure après leur arrivée, tous les e-mails qu'ils auront envoyés en arrivant au bureau, pendant que vous avanciez sur vos urgences et vos dossiers. Alors que pendant la soirée et la nuit, hormis si vous travaillez avec l'étranger, vous n'aurez reçu que des publicités et des vidéos futiles.

Purger ce qui est devenu inutile

Régulièrement, jetez ce qui peut l'être, comme les messages qui perdent sérieusement de leur valeur au cours du temps : e-mails de confirmation, remerciements, mises au point... Inutile de mentionner les messages humoristiques, on peut supposer que vous ne souhaitez pas les conserver *ad vitam æternam*...

L'art de la communication : techniques à acquérir

Combien de fois par jour échangeons-nous des e-mails peu clairs, difficiles à comprendre et *a fortiori* à trier ? Enseignez quelques règles de base à vos collègues, collaborateurs et supérieurs :

Un sujet par e-mail

Il est impossible de trier convenablement un e-mail qui contient un catalogue de demandes ou d'informations. Rappelez-leur : *un sujet égale un e-mail.*

Un titre explicite

En effet, rien de plus inefficace qu'un objet de message flou. Demandez à vos interlocuteurs de rédiger leur message *avant* d'écrire l'objet de celui-ci.

Un titre détaillé

Demandez que l'on indique dans l'objet du message, s'il s'agit :

- d'un e-mail d'information. Dans ce cas, indiquer PVI (soit « pour votre information ») ;
- d'un e-mail qui nécessite une action de votre part. Dans ce cas, indiquer PA (soit « pour action »).

Pour faciliter votre tri, le sujet doit aussi contenir le nom du projet auquel il se rattache. Par exemple : *Plan marketing 2008 V1.*

Des transferts de message bien expliqués

Il est très déstabilisant pour un collègue de recevoir un e-mail simplement transféré depuis votre adresse, sans consigne explicite qui l'accompagne. Passez quelques instants à expliquer par écrit ce que vous attendez de lui au sujet de l'e-mail que vous lui transférez.

Et n'oubliez pas que certains sujets ne se traitent pas par messagerie électronique. Si le cas l'exige (conflit naissant, incompréhension flagrante), déplacez-vous.

Fiche 12

Vous organisez ou participez à une réunion

Personne n'a de temps à perdre. Et pourtant, dans la vie professionnelle, étudiante, et bien sûr associative, que de réunions où l'on partage des points de vue autour d'une table ! La réunion peut être un bon outil de communication et d'action, même d'organisation, à condition qu'elle remplisse quelques critères fondamentaux : elle doit être bien préparée, nécessaire et cadrée.

Ce qu'est une réunion

Un moment limité dans la durée, pendant lequel deux personnes ou plus se réunissent pour exploiter ensemble leur intelligence collective. Elle n'a en principe qu'un seul objectif, qui doit être réaliste, clair, précis, concret et mesurable. Elle sert à échanger des informations ou des conseils, à prendre une décision collective ou régler ensemble des problèmes spécifiques, le tout dans la bonne entente.

Ce que n'est pas une réunion

Une discussion à bâtons rompus : pour raconter ses vacances ou les dernières frasques de son fils, critiquer le tailleur de sa voisine de bureau ou donner sa meilleure recette de gâteau au chocolat, il existe votre salon, des bistrots, des cafétérias et des machines à café. Ou bien ça ne s'appelle pas une « réunion de travail », mais juste une « rencontre ».

Organiser et animer la réunion

▪ Avant la réunion

Grâce aux critères fixés ci-dessus, décidez si vous pouvez ou non régler la question à traiter grâce à une réunion.

▪ Astuce

Il existe d'autres manières de partager des informations, qui ne nécessitent pas la présence de plusieurs personnes en même temps au même endroit : outre les téléconférences et visioconférences, pensez aux forums et listes de discussion.

Si vous organisez cette réunion juste « *parce qu'il y a toujours eu une réunion d'équipe le premier jeudi de chaque mois avec l'ancien chef de service* », n'hésitez pas à la remettre en question : tout le service pourrait y gagner deux heures par mois. S'il s'avère qu'une réunion est nécessaire, préparez-la avec soin.

- Fixez l'horaire et la durée. Pour ce faire, interrogez d'abord les personnes qui ont l'emploi du temps le plus chargé. Si vous réunissez plus de deux personnes, évitez de dépasser deux heures. Faites commencer la réunion à une heure logique, autant que possible.
- Fixez un objectif et tenez-vous-y. Décidez des sujets qui seront traités et surtout de ce que vous attendez de la discussion : un échange d'informations ? des décisions ? l'organisation de la mise en œuvre d'un projet ?

Conseils pratiques

Si une nouvelle question apparaît pendant la réunion et ne peut se régler en moins de deux minutes, elle devra être traitée à un autre moment, après quelques recherches et parfois avec de nouveaux interlocuteurs : prévoyez une autre réunion.

- Définissez ainsi un ordre du jour, et distribuez-le autant que possible à tous les participants de la réunion, idéalement une semaine avant. Précisez l'ordre dans lequel les sujets seront abordés, et fixez une durée pour chacun. Joignez-y les documents qui serviront de supports de travail le jour de la réunion. Ainsi, chacun peut se préparer à la réunion, et ceux qui le souhaitent peuvent n'assister qu'à la partie qui les concerne.

- Définissez soigneusement les participants. Souvent, quand on a l'impression de perdre son temps dans une réunion, c'est qu'on n'a tout simplement rien à y faire. Dans certains cas, on est invité par « politesse », ou « politique » pour ne pas être tenu à l'écart du groupe. Rien n'interdit d'être curieux, bien sûr, mais rien n'interdit non plus de dire qu'on préfère ne pas y assister (quitte à demander à recevoir le compte rendu pour information).

Conseils pratiques

Si les participants sont trop nombreux, ils ont rarement la possibilité de s'exprimer tous, alors un conseil : limitez-vous à neuf. Certains intervenants (les « experts ») peuvent venir donner un avis ou soutenir les troupes à un moment donné de la réunion, sans assister à la totalité.

- Définissez et préparez le matériel nécessaire. Rien de plus agaçant que les réunions qui s'éternisent parce qu'on n'arrive toujours pas à faire fonctionner le vidéoprojecteur, ou parce qu'on a oublié de photocopier un document sur lequel tout le monde doit travailler en même temps. Réservez ou prévoyez la salle, de quoi s'asseoir, bien sûr, ainsi que quelque chose à boire.
- Invitez les participants suffisamment à l'avance. Précisez sur l'invitation l'objet de la réunion, la liste des participants, la date de la réponse attendue, le travail espéré de chacun (s'il y a lieu).
- Une semaine avant, relancez les personnes qui n'ont pas répondu et rappelez la date aux autres. Cette dernière démarche peut se renouveler la veille de la réunion, on ne sait jamais !
- De votre côté, prenez soin de bien préparer vos dossiers. Personne n'a de temps à perdre.

Le jour de la réunion

Commencez la réunion à l'heure prévue, au risque de lancer un cercle vicieux : « *J'arrive toujours quinze minutes après l'heure de la réunion, puisqu'elle ne commence jamais à l'heure...* » À vous de fixer les règles pour limiter les interruptions dues aux appels sur des téléphones portables, ou les distractions quand votre voisin de table répond à un e-mail de sa fille sur son ordinateur portable.

En début de réunion

- Rappelez que vous organisez et animez la réunion, redonnez les horaires et montrez que vous tenez la montre.
- Expliquez rapidement l'objectif de la réunion (on ne sait jamais, si certains s'étaient trompé de salle !).
- Si tous les participants ne se connaissent pas, faites un tour de table pour que chacun se présente et dise pourquoi il est là.

Ensuite, tout le monde est prêt pour suivre l'ordre du jour, point par point.

En fin de discussion

Pour chaque point, reprenez clairement ce qui a été dit, en prenant prétexte du compte rendu.

- Si une tâche est annoncée, posez les questions qui vous intéressent tout de suite : *qui ? pour quand ?* C'est cette liste qui servira de conclusion : la liste des tâches, avec le délai et celui qui s'en charge.
- Si une autre réunion vous paraît nécessaire, fixez immédiatement la date ensemble, quitte à la confirmer plus tard. C'est moins long de se mettre d'accord tous ensemble que d'envoyer un e-mail, d'attendre les réponses, de les recouper, etc. Si une nouvelle réunion n'est pas nécessaire, assurez-vous cependant que quelqu'un aura en charge le suivi des actions décidées.
- Prévoyez la rédaction d'un compte rendu pas trop long, reprenant les décisions prises, les questions qui restent en suspens et les missions de chacun. Il est diffusé pour action

à tous les participants et pour information à d'autres personnes concernées, et ce le plus rapidement possible (idéalement dans la journée ou le lendemain).

Participer à une réunion

Avant la réunion

Régulièrement, surveillez votre liste de dossiers *En attente de*, pour relancer ou questionner une personne au cours d'une réunion sur le dossier en question, et votre agenda pour savoir quoi préparer avant la rencontre.

Conseils pratiques

Si vous avez une réunion récurrente à laquelle vous êtes systématiquement présent, créez une liste des choses que vous souhaitez évoquer lors de cette réunion. À chaque fois que vous pensez à une question, notez-la à cet endroit. Ainsi, le jour où l'organisateur vous demandera ce que vous souhaitez voir aborder, vous aurez votre liste sous la main.

Il s'agit d'un contexte : si vous ne souhaitez pas créer une liste séparée, vous pouvez aussi l'inclure dans votre agenda, à la page de la réunion prévue, ou dans votre liste 3PA avec un code (par exemple RS, pour réunion hebdomadaire du service).

Pendant la réunion

On sort d'une réunion efficace avec des tâches à accomplir. Pour ne pas noyer ces tâches au milieu de vos notes, vous avez deux solutions :

- si vous avez le temps, pendant la réunion, de noter directement dans votre liste 3PA et dans votre agenda les actions à mettre en œuvre, vous gagnerez forcément du temps ;
- dans certains cas, vous aurez besoin, pour définir clairement la 3PA, de vous référer après coup à vos notes, mais rien ne vous empêche de créer un code, à inclure en prenant vos notes, pour faire ressortir les actions. Certains donneront un coup de surligneur bleu, d'autres ajouteront une étoile entourée, peu importe. À vous de choisir, et

surtout de reprendre votre document le jour même ou le lendemain, pour reporter dans votre liste 3PA un intitulé choisi à tête reposée.

Que faire des notes que vous avez prises ?

Dans un premier temps, elles vont directement dans votre « boîte à ampoules ». Au moment de les traiter, elles font partie, si la réunion a été efficace, des documents qui nécessitent une action. En les relisant, vous retrouvez facilement les 3PA ou les projets que vous avez notés et que vous devez effectuer ou suivre. Vous pouvez vous occuper des 3PA tout de suite (si elles prennent moins de deux minutes) ou les reporter, voire lancer un projet en créant un nouveau dossier et en définissant la première 3PA.

Conseils pratiques

Même si vous êtes convaincu d'être resté concentré pendant toute la réunion, ne comptez pas uniquement sur votre mémoire, reprenez vos notes rapidement !

La plupart du temps, une fois traitées, les notes de réunions sont conservées dans le dossier du projet en cours, ou bien parmi les documents de référence. Cela dépend fortement du contenu des notes. À vous de voir ce que vous en attendez.

Si vous participez à de nombreuses réunions, vous pouvez aussi choisir de créer un « cahier de réunion » qui sera en lui-même une sorte de boîte à ampoules, que vous exploiterez à chaque fois que vous vous occuperez de votre courrier, de vos e-mails, etc.

Attention

Prenez garde à ne pas créer plusieurs « cahiers de réunion ». C'est le meilleur moyen de perdre le plus important au plus mauvais moment...

Conclusion

« Même un voyage de 1 000 kilomètres commence par un premier pas. »

Lao-Tseu

À travers notre méthode, nos astuces, nos exemples, nous espérons que vous aurez l'impression, vous aussi, que la vie est ce voyage qui permet de partir de ce que l'on est, ce que l'on a et ce que l'on vit, à ce que l'on veut être, ce que l'on veut avoir et ce que l'on veut vivre.

Entre le départ et l'arrivée, il y a des millions de petits pas qui sont des tâches à accomplir chaque jour. Et comme notre vie nous offre un « capital-temps » limité, nous souhaitons juste choisir et accomplir les tâches dans le bon ordre pour profiter de notre destination le plus longtemps possible…

S'organiser, vous l'avez compris, ça n'est pas seulement faire « tout ce qu'il y a à faire », mais faire d'abord ce qui est important pour nous. Et pour cela, il faut avoir l'esprit serein et attentif.

Une fois maîtrisées toutes les « ampoules », c'est une autre lumière qui éclairera la vision que vous avez de votre avenir. Quand vous maîtriserez la méthode, mais aussi vos objectifs, votre motivation et votre concentration vers ces objectifs, vous aurez gagné en plus le loisir de profiter longtemps tant de la destination que de chacune des étapes du voyage.

Et si votre vie devenait une croisière dont vous serez le capitaine ?

Bibliographie

D. Allen, *Getting Things Done*, Éditions Piatkus, 2006.

S. Bujon et L. Einfalt, *S'organiser, c'est facile !*, Éditions Eyrolles Pratique, 2005.

T. Buzan, *Une tête bien faite*, traduction de H. Trocmé et P. Sager, Éditions d'Organisation, coll. « Les guides Buzan », 2004.

J. Canfield et J. Switzer, *Le Succès selon Jack*, traduction de P. Nadeau, Éditions Un Monde différent, 2006.

D. Chalvin, *L'Affirmation de soi*, ESF Éditeur, 2007.

M. Coéffé, *Guide des méthodes de travail*, Éditions Dunod, 1993.

J.-C. Courte et J. Lucchino, *Comment travailler... chez soi*, Éditions Eyrolles, 2005.

S. R. Covey, A. R. Merrill et R. R. Merrill, *Priorité aux priorités*, traduction de A. Bréa, P. Saint-Jean et M. Villette, Éditions Générales First, 1995.

J.-L. Deladrière [et al.], *Organisez vos idées avec le mind mapping*, Éditions Dunod, 2006.

J. Dominguez et V. Robin, *Your Money or Your Life : Transforming Your Relationship With Money and Achieving Financial Independence*, Viking Press, 1993.

T. Ferriss, *La Semaine de 4 heures*, traduction de E. Borgeaud, Éditions Pearson Education, 2008.

N. Fiore, *The Now Habit*, Tarcher Penguin Editions, 2007.

M. Haddou, *Savoir dire non*, Éditions Flammarion, 2006.

B. Koeltz, *Comment ne pas tout remettre au lendemain*, Éditions Odile Jacob, 2006.

R. Maurer, *Un petit pas peut changer votre vie, la voie du kaizen*, Éditions Anne Carrière, 2006.

J. Morgenstern, *Organizing From the Inside Out*, Holt Paperbacks Editions, 2004.

G. Rolland, *Seniors, votre futur a de l'avenir*, Éditions Robert Laffont, 2008.

D. Schofield, *Confessions of a Happily Organized Family*, Betterway Books Editions, 1997.

P. Young et P. Jones, *Get Your Act Together : a 7-day Get-Organized Program for the Overworked, Overbooked, and Overwhelmed*, HarperPerennial Editions, 1993.

E. Zelinski, *Réussir quand on est paresseux*, traduction de L. Andriamasinoro, Éditions Eyrolles, 2003.

Liste des exercices

Index thématique

Voici de quoi vous y retrouver dans ce guide, selon vos préoccupations du moment. N'oubliez pas de consulter également nos fiches pratiques en quatrième partie du guide.

Où trouver des réponses à vos préoccupations ?

.../...

…/…

Votre préoccupation	Une réponse	Page
Je DÉLÈGUE une tâche et je veux la suivre		
▬ L'art de la 3PA	partie I, chapitre 4	74
▬ La délégation	partie II, chapitre 2	193
Je veux canaliser mes DOCUMENTS		
▬ Vider mes boîtes à ampoules	partie I, chapitre 2	52
▬ Organiser le résultat de mes réflexions	partie I, chapitre 5	109
Je veux maîtriser le flux des E-MAILS		
▬ Les ampoules extérieures	partie I, chapitre 2	45
▬ Cinq critères pour agir	partie I, chapitre 7	168
▬ Organiser mon ordinateur	partie IV, fiche 11	371
Je démarre un HOBBY		
▬ Développer un nouveau hobby	partie III, chapitre 5	294
Je veux retrouver toutes les INFORMATIONS stockées		
▬ Quand la réponse est NON. La réserve	partie I, chapitre 3	62
▬ La réserve	partie I, chapitre 5	126
Je veux minimiser les INTERRUPTIONS		
▬ Les bons plans du cadre. Gérer les interruptions	partie III, chapitre 3	272
▬ Si l'ampoule me vient en plein travail, dois-je m'interrompre ?	partie I, chapitre 4	85
Je voudrais du temps pour M'INFORMER		
▬ Pour gérer la masse des informations à lire	partie III, chapitre 3	265
Ma MÉMOIRE est saturée		
▬ Récolter les ampoules	partie I, chapitre 2	35
Je ne sais pas dire NON		
▬ Dire non, non et non	partie II, chapitre 2	202
Je veux NOTER les choses à faire efficacement		
▬ Noter mes 3PA	partie I, chapitre 4	89
Je choisis mes OBJECTIFS de vie		
▬ Objectifs de vie	partie II, chapitre 1	183
Je veux atteindre mes OBJECTIFS		
▬ Question 3 : Est-ce rattaché à un de mes projets en cours ?	partie I, chapitre 4	68
▬ Objectifs de vie	partie II, chapitre 1	183

…/…

.../...

.../...

.../...

Table des matières

Partie I
Une méthode tout-terrain

Partie II
Pour approfondir la méthode

Partie III
Trouvez votre meilleur profil

Partie IV
Les fiches pratiques

Dépôt légal : janvier 2009 - IMPRIMÉ EN FRANCE - Imprimeur n° 12389
Achevé d'imprimer le 15 janvier 2009 sur les presses de l'imprimerie « La Source d'Or » - 63039 Clermont-Ferrand

Dans le cadre de sa politique de développement durable, La Source d'Or a été référencée IMPRIM'VERT® par son organisme consulaire de tutelle. Cet ouvrage est imprimé - pour l'intérieur - sur papier offset "Amber Graphic" 90 g des papeteries Arctic Paper, dont les usines ont obtenu les certifications environnementales ISO 14001 et OHSAS 18001 et opèrent conformément aux normes E.C.F. et E.M.A.S.
Le papier "Amber Graphic" est certifié FSC et ISO 9706 "papier permanent".